实用学校教育学

主　编　梁　俊

副主编　廖策权　刘代友

西南交通大学出版社

·成　都·

图书在版编目（CIP）数据

实用学校教育学 /梁俊主编. —成都：西南交通大学出版社，2010.7（2013.9 重印）
ISBN 978-7-5643-0757-8

Ⅰ. ①实… Ⅱ. ①梁… Ⅲ. ①学校教育－教育学
Ⅳ. ①G40

中国版本图书馆 CIP 数据核字（2010）第 145114 号

实用学校教育学

主编 梁 俊

*

责任编辑 王 婷
特邀编辑 梁 红
封面设计 墨创文化
西南交通大学出版社出版发行
（成都二环路北一段 111 号 邮政编码: 610031 发行部电话: 028-87600564）
http: //press.swjtu.edu.cn
成都蓉军广告印务有限责任公司印刷

*

成品尺寸: 185 mm×260 mm 印张: 14.25
字数: 356 千字
2010 年 8 月第 1 版 2013 年 9 月第 3 次印刷
ISBN 978-7-5643-0757-8
定价: 25.00 元

前　言

《中国教育改革和发展纲要》指出:“振兴民族的希望在教育，振兴教育的希望在教师”，“一个学校能不能为社会主义建设培养合格人才，培养德、智、体全面发展，有社会主义觉悟、有文化的劳动者，关键在教师”。《国家中长期教育改革和发展规划纲要（2010—2020 年）》也指出:“教育大计，教师为本。有好的教师，才有好的教育。”造就一支思想作风过硬、业务素质精良的教师队伍是教育教学质量得以不断提高的关键所在。要成为一名合格的教师，除了要有丰富的科学知识以外，还必须懂得教育规律，掌握教育艺术。

教育学是研究教育现象、揭示教育规律的一门科学，是教师教育专业学生的一门公共必修课，它对于帮助未来的教师树立正确的教育理念、全面提高自身的素养和教育教学工作的水平和能力，具有十分重要的意义。目前，教育学教科书已有许多版本，但适合专科层次教师教育专业学生的教材则很少，而且大都偏重于理论的阐述。于是我们经过多年的努力，编写出了这本《实用学校教育学》。本教材是针对专科层次的学生编写的，教材减少了繁复的理论分析，抓住了教育学中几个关键的问题，如教育基本规律、教师与学生、教学、德育与教学评价等。本教材不仅注重理论知识的阐释，更注重这些理论知识在教育工作中的实际运用。每章都以案例导入，并补充一定的阅读参考材料，以增长学生的知识，开拓学生的视野。

本书由四川职业技术学院长期从事教育学教学与研究的教师编写，由梁俊任主编，廖策权、刘代友任副主编。本书共八章，罗惠文编写第一章；刘代友编写第二章；李英编写第三章、第四章；梁俊编写第五章、第六章；李艳、梁俊编写第七章；廖策权、易彬编写第八章。

本书在编写过程中，我们参阅或引用了国内外有关教育学教材、专著、论文的一些观点和材料，在此谨向这些文献资料的作者表示衷心的感谢！本书的编写和出版得到了西南交通大学出版社的大力支持，在此一并表示感谢！

由于水平所限、时间仓促，书中难免有一些不妥之处，敬请各位专家和学习者批评指正，以期再作修订。

编　者

2010 年 6 月

目 录

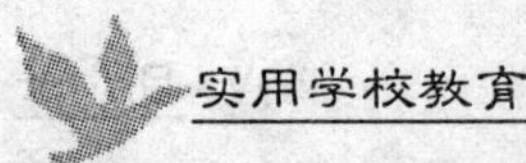

第一章　教育和教育学

【本章要点】

- 教育的概念
- 教育的起源
- 教育的发展阶段及其特点
- 教育学的概念
- 教育学的产生发展概况

一天，孙敬修老师在楼下散步，两个孩子在摇一棵新栽的小树，一位街道老大妈正用高声训斥的方法进行“镇压”，孩子做着鬼脸还在摇，孙敬修看在眼里，迈不动腿了。他走上去，抱着小树，把耳朵贴在小树上，装作在认真听的样子，还不住地点头。“您听什么哪？”“我听小树说话哪!”“它说什么啦？”“它说你们刚才摇得它难受极了。根都要折了，让我告诉你们别摇了。等它长大了好给人们遮阴凉，行吗？”“行!”两个孩子高高兴兴地走了。老大妈直冲孙老师伸大拇指：“孙老师您真有办法!”老大妈夸孙老师真有“办法”，这个“办法”就是教育学知识在具体教育实践中的运用。①

第一节　教育概述

教育作为一种社会活动，伴随着人类社会的产生发展而产生发展。相应的，人们对教育的认识也在不断丰富和深化，进而形成教育学。罗素曾说过：“教育是通向新世纪的钥匙。”可见教育在人类生活中的重要性。因此，深入了解并切实把握有关“教育”及“教育学”的实践、思想和理论，是每一名肩负着教书育人神圣职责的师范生不可回避的任务。

一、教育的概念

何谓教育？古今中外人们对其概念的认识不尽相同。但教育理论研究，对这个问题又是不能回避而且必须是要做出科学分析与正确回答的。因为我们已经有过这些方面的教训，对于教育概念的随意理解，一方面造成教育理论研究的混乱，另一方面导致了教育实践的“迷茫”。这是教育学中的一个根本问题，也是教育工作者首先应明确的问题。

① 傅道春. 情境教育学. 哈尔滨：黑龙江教育出版社，1996：2.

（一）“教育”的词源

在中国，战国以前的古籍中“教”和“育”很少连用。“教”的甲骨文常见写法是“[illegible]”，它左下方的“[illegible]”表示一个孩子，是教的对象；左上方的“[illegible]”表示占卜的活动，是教的内容；右下方的“[illegible]”表示手，右上方的“[illegible]”表示鞭子，是教的过程与手段。其象形意义是手执教鞭的教师对准被教的学生。“育”的甲骨文写法是“[illegible]”，像妇女在生小孩。许慎在《说文解字》中说：“教者，上所施，下所效也；育者，养子使作善也”。《中庸》说：“修道之谓教”，还说“自诚明，谓之性；自明诚，谓之教”。《荀子·修身》说：“以善先人者谓之教”。《学记》说：“教也者，长善而救其失者也”。《论语》说：“夫孝，德之本也，教之所由生也”。一般认为最早把“教”和“育”连为一词的是《孟子·尽心上》：“得天下英才而教育之，三乐也”，但这两个字在当时不见得就是一个有着确切含义的词。

在西方，“教育”一词英文的“Education”，法文的“Edcation”，德文的“Erziehung”，三者均起源于拉丁文“Educare”。“Educare”是个名词，它是从动词“Educere”转换来的。“Educere”是由前缀“e”与词根“ducere”合成的。前缀“e”有“出”的意思，而词根“ducere”则为“引导”的意思，二者合起来就是“导出、引出”。即教育者引导受教育者，使其能力得到完善的发展。

从“教育”的词源学意义上看，我国的教育中，儿童是在成人的棍棒监督下学习的，强调“外压”；而在西方教育重在引导儿童固有能力得到完满发展，强调“内发”。中西方教育间的差异，于此已见端倪。

（二）“教育”的定义

在教育学界，对教育概念的理解和对教育所下的定义多种多样，可谓仁者见仁，智者见智。如美国实用主义教育家杜威认为：“教育即生活，教育即生长，教育是经验的改造或改组。”英国教育家斯宾塞认为：“教育是为人的未来美好生活做准备的活动。”俄国教育家乌申斯基认为：“教育是一种有目的地自觉地培养和谐发展的人的过程。”

以上罗列的关于教育概念的认识与表述虽各不相同，各执一词，但这些说法都有一个共同点，就是他们都把教育看做培养人的活动，把教育看做感化、培养、引导、训练人的过程。“教育是培养人的活动”这一本质属性贯穿于所有教育活动之中。自人类社会产生以来，就有培养人的活动，也就有教育。

教育有广义和狭义之分。广义的教育是指有意识地增进人们的知识技能和促进人的发展的社会活动。举凡家长教育子女，师傅带徒弟，教师教学生，社会团体教育其成员等活动都包括在内。狭义的教育是指教育职能机构，根据一定社会（或阶级）的要求，有目的、有计划、有组织地对人施加影响，促使其身心得到发展的社会活动。它主要指学校教育，但不限于学校教育，目前的函授教育、远程教育等也属于此类。我们这里研究的“教育”一词即狭义的教育。

二、教育的基本要素

作为一种有目的、有计划、有组织地对人施加影响，促使其身心得到发展的社会活动。

教育是一种相对独立的社会子系统，这个子系统包括三种基本要素：教育者、受教育者和教育影响。深入地认识这三种要素，是对教育概念认识的深化。

（一）教育者

教育者：凡是在教育活动中承担教的责任（包括直接承担者和间接承担者）和施加教育影响的人都是教育者。从广义上看，教育者并不因职业、年龄、地位、场所等而仅仅局限于某些特定的人群，诸如学校领导、党团组织、学生会、教育机构的工作人员以及家长、长辈、新闻记者，甚至政治家等都可成为教育者。从狭义上看，学校教育中教育者主要是指具有一定资格的专职教师和兼职教师。我们这里谈论的是学校教育中的教育者。

教育者是教育活动中教的主体。在教育过程中起主导作用。教育者以其自身的活动来唤醒、激发、引导和促进受教育者发展变化。教育者的这种主导作用表现在两个方面：一方面表现在为受教育者的努力提供方向，为整个教育活动提供方向；另一方面表现在确定教育内容和方法等。教育者对教育活动方向和内容的确定并不是随心所欲的。他们的教育方向、内容，都是经过较高层次的概括，既要较为全面完整地反映一定社会的要求，又要充分考虑到受教育者身心发展的特点和规律。

（二）受教育者

受教育者：在教育活动中承担学习任务和接受教育的人都是受教育者。从广义上看，指接受各种形式教育的人。包括接受家庭教育的婴幼儿；接受学校教育的儿童、青少年；接受社会各种形式教育的成年人和老人。从狭义上看，主要是指在校接受教育的大、中、小学生，是学校教育研究对象。

受教育者是教的客体，是学的主体。在整个教育活动过程中，受教育者是处于第一位的，若没有受教育者的存在，教育者也就没有了用武之地，教育活动就无法进行。教育活动是使受教育者将一定的外在的教育内容和活动形式内化为他自己的智慧、才能、思想、观点和品质的过程，受教育者不是消极地被动地被塑造、雕刻和接受，而是积极主动地参与教育过程，自主地成长发展的主体。如果没有受教育者的积极参加并发挥其主观能动性，教育活动是不会获得好的效果的。

（三）教育影响

教育影响是置于教育者与受教育者之间的一切“中介”的总和，它包括作用于受教育者的影响以及运用这种影响的活动方式和方法。具体来说就是教育内容、教育场地设施以及教育手段和教育方法。

教育的内容是教育者用来作用于受教育者的影响物，它是实现教育目的的基础，是教育者、受教育者赖以活动的依据，是教育者借以实现教育意图、受教育者借以实现发展意图的媒介，是检查教育质量的客观尺度。教育内容是根据一定的教育目的以及受教育者的身心发展规律和需要，从人类积累的浩若烟海的知识宝库中精心选择和组织的，具有丰富的发展价值。教育工作的全部宗旨就在于充分和有效地利用教育内容来促使受教育者的最大发展，并间接满足整个社会的最大发展需要。在不同历史条件、不同对象那里，社会价值和教育价值的标准是不同的，教育内容也有所不同。

教育手段是教育者将教育内容作用于受教育者，以帮助实现对客体认识的媒介物。它既包括教育活动中所用的教和学的方式和方法,也包括进行教育活动时所运用的一切物质条件。教育手段是围绕着一定的教育内容设计的，因而是受教育内容性质制约的；同时也反映了受教育者身心发展规律的要求，是把教育内容以适合的方式呈现给受教育者，并促使他们有意义地学习和积极地发展。

教育者、受教育者和教育影响是构成教育实践活动必不可少的三个基本要素，缺少任何一个因素都不能形成完整的教育过程。三要素之间相互作用，相互制约，影响教育目的的实现。没有教育者，教育活动就不可能展开，学习者也不可能得到有效的指导；没有学习者，教育活动就失去了对象，无的放矢；没有教育影响，教育活动就成了无米之炊、无源之水，再好的教育意图、再好的发展目标也都无法实现。因此，教育是由上述三个基本要素构成的一种社会实践活动系统，是上述三个基本要素的有机结合。

三、教育的属性

（一）教育的本质属性

教育是人类特有的社会现象，这种现象与人类其他社会现象的根本区别就是教育是一种有目的、有计划、有组织的培养人的社会活动。

从古今中外教育家们对教育所作的定义中可以看出，教育的根本属性是培养人。古人说：“育者，养子使作善也”，教育孩子做好人做好事，成为一个有道德的人。捷克教育家夸美纽斯认为：“教育在于发展健全的个人”，英国教育家洛克认为：“教育目的在于完成健全精神与健全身体”，瑞士教育家裴斯塔洛齐认为：“教育在于使人各方面能力得到进步与均衡发展”。教育的含义有广义和狭义之分，都可以看出教育的目的是培养人。培养什么样的人，洛克认为是培养绅士，孔子认为是培养君子，陶行知认为是培养真善美的活人，毛泽东认为是培养“德智体”全面发展的人，邓小平认为是培养“四有”新人。目前学校教育是培养德、智、体、美、劳全面发展的社会主义建设者和接班人。教育作为一种有目的、有计划、有组织的培养人的社会活动它具有以下特点：

（1）目的性和预期性。人的活动是有目的的，这是人的活动与动物活动的根本区别。教育是人类社会特有的活动，教育的活动也是有目的的，无论是广义教育还是狭义教育，无论是父母教育孩子还是老师教育学生、领导教育群众，都是有目的的。教育目的是一种预期的愿望或者说是理想。正如狭义教育所讲，教育目的是培养我们所期望的人，但人的转化，可变因素太复杂，育人过程不一定完全达到教育者事先设计的目标，只能是尽可能地养成教育者所希望的品质。

（2）主导性和主体性。在教育史上，关于教师和学生的地位与作用曾有两种不同的观点，即教师中心论和学生中心论。重教轻学，无视受教育者的主体性，根本达不到育人的目的；重学轻教，无视教育者的主导作用，育人过程就无法组织实施，教育就没有存在的必要了。确切地说教师在教育过程中起主导作用，学生在教育过程中起主体作用。正所谓“师傅引进门，修行在个人”。一个学生即使有良好的遗传素质，有良好的家庭环境，有好的老师，但自己不努力学习仍然不能成才。影响人发展的因素中教育者的教育只是外因，个人的主观努力才是内因。

(3) 理论性和实践性。学生在学校是以学习书本知识间接经验为主，这些知识如果不通过实践不能转变成学习者的精神财富。只有通过实践学生才能消化理解间接经验，只有通过实践学生才能将人类的认识转化为个体的认识，将他人的认识转化为自己的认识。在品德方面，只有通过实践，才能使学生成为言行一致、表里如一、知行统一的一代新人。

(4) 长期性和周期性。学生知识的掌握能力的培养、品德的形成并非一朝一夕之功，必须循序渐进、日积月累、持之以恒。正如俗话所说"十年树木，百年树人"。

(5) 多样性与一致性。多样性表现为：一是教育影响的多样性。有学校的影响、家庭的影响和社会的影响；有积极影响也有消极影响；有正面影响也有负面影响；有健康影响也有不健康影响。二是教育的途径方式的多样性。途径方面有教学、生产劳动、课外活动、社会实践活动。方式方面有说理教育法、榜样示范法、情感陶冶法。一致性表现为家庭内部的一致、学校内部的一致、学校社会家庭的一致。

(6) 滞后性和超前性。由于育人的周期较长，人的素质变化不可能立竿见影，尤其是品德、思想和态度的转化等都要到相当长的时期才能显现出来。所以老师不仅要具有爱心，还要具有恒心和耐心。教育是为未来培养人的，育人必须面向现代化、面向世界、面向未来。

（二）教育的社会属性

教育是一种社会现象，教育与社会生活的方方面面有着千丝万缕的联系，所以教育还具有体现自身本质属性和特点的社会属性。

1. 永恒性

教育是随着人类社会一起产生的，自从有了人类社会就有教育，而且教育还将随着人类社会永远存在下去，只要人类社会存在就有教育存在，教育与人类社会共存亡，同始终。教育是人类社会赖以存在和发展的必要条件，是人类社会物质资料和人类自身再生产的必不可少的手段，教育是人类社会生活的普遍范畴，社会的存在和延续一刻也离不开教育，教育事业是永恒的事业，教育工作是永恒的工作，教育是一种永恒的社会现象。

2. 历史性

教育不仅随着人类社会的产生而产生，同时也将随着人类社会的发展而发展，在不同的历史时期，由于生产力水平不同、生产关系不同，政治经济制度不同，教育的社会性质、教育内容、方法也就不尽相同。如古代教育的内容与现代教育的内容不同，古代教育的目的与现代教育目的不同，古代教育的方法与现代教育的方法也不相同。

3. 相对独立性

教育的相对独立性体现在教育有其自身存在和发展的规律，教育一方面与社会中各因素有着千丝万缕的联系，它与社会政治、经济、科技、文化、人口等因素密切相关；但另一方面，教育作为一个独立实体，又有其自身的发展规律、运行机制、组织形式和管理模式。如教学组织形式，在古代社会采取的是个别教学。欧洲中世纪后，随着资本主义工商业的发展，从而对学校教育提出了新的要求，要求学校扩大教育规模，增加教育内容，提高教学效率，而原有的个别教学显然已无法适应社会发展的需要了，于是在16世纪西欧一些国家中，出现了萌芽状态的班级授课制，即课堂教学。

四、教育的起源

教育究竟是怎样产生的，实质是教育产生发展的动力问题，是教育的社会职能问题，它既是教育史研究中的一个重要问题，也是教育学研究中的一个重要问题。教育学史上，关于教育起源问题有以下几种观点：

（一）生物起源说

该学说的代表人物是法国社会学家、哲学家勒图尔诺与英国的教育学家沛西·能。

该学说的基本观点：教育是一种生物现象，教育起源于一般的生物活动。勒图尔诺在《人类各种人种的教育演化》（1900）一书中认为教育不仅存在于人类社会之中，也存在于人类社会之外，甚至在人类社会产生之前，教育早就在动物界存在了，他们把生物界的生存竞争看做是教育关系存在的根本原因。勒图尔诺把小鸭跟老鸭游水，小猫跟老猫捕老鼠也看成是教育，甚至认为动物界也存在老师与学生交往关系。认为人类社会的教育是对动物界教育的继承、改善和发展，人类的教育就其本质而言与动物没有不同。[①]沛西·能在他的《教育原理》中也明确提出“教育从它的起源来说，是一个生物学的过程，不仅一切人类社会有教育，不管这个社会如何原始，甚至在高等动物中也有低级形式的教育”，又认为教育“既无需周密地考虑使它产生，也无需科学予以指导，它是扎根于本能的不可避免的行为”，“生物冲动是教育的主要动力”。[②]

教育的生物起源说是教育学史上第一个正式提出的有关教育起源的学说，也是较早地把教育起源问题作为一个学术问题提出来。这标志着人们在教育起源问题上开始用科学来解释。但教育的生物起源说把教育起源归之于动物的本能行为，教育过程即按生物学规律进行的本能过程。这完全没有区分出人类教育行为与动物类养育行为之间的差别，从而把教育的起源问题生物学化，否认了人类教育的目的性和社会性。

（二）心理起源说

该学说的代表人物是美国教育家孟禄。

该学说的基本观点：教育起源于儿童对成人无意识的模仿。孟禄在《教育史教科书》中，从心理学的角度出发，根据原始社会没有学校、没有教师、没有教材的原始史实，判定原始社会的教育“普遍采用的方法是简单的无意识的模仿”，这种原始社会中儿童对成人无意识的模仿就是最初教育的产生，是教育过程的本质。

教育的心理起源说在学术界被认为是对教育的生物起源说的批判。它避免了生物起源说的错误所在，提出模仿是教育起源的新说，有其合理的一面。模仿可作为一种学习方式，可视为教育的诸多途径之一，但如果将教育全部都归之于儿童对成人行为的“无意识模仿”的

---

① 勒图尔诺. 教育的起源/教育学文集·教育与教育学. 北京：人民教育出版社，1993：156-177.

② 沛西·能. 教育原理. 王承绪，等，译. 北京：人民教育出版社，1992：8.

话，那么这种“无意识模仿”就肯定不是获得性的，而是遗传性的，是先天的而不是后天的，即是本能的，而不是文化的和社会的。

（三）劳动起源说

该学说的代表人物是苏联教育家、教育史学家康斯坦丁、麦丁斯基、巴拉诺夫等。

该学说的基本观点：教育的劳动起源说也称为教育的社会起源说，它是在直接批判生物起源说和心理起源说的基础上，在马克思历史唯物主义理论的指导下形成的。认为教育起源于劳动，具体地说起源于劳动过程中的生产需要和人的发展需要的辩证统一。人类的教育是伴随人类社会的产生而一起产生的，推动人类教育起源的直接动因是劳动过程中人们传递生产经验和生活经验的实际社会需要。其次，教育也起源于人的自身发展的需要。生产本身又有两种：一种是生活资料的生产，即食物、衣服、住房以及为此所必需的工具的生产；另一种是人类自身的生产，即种族的繁衍。所以教育起源于人的社会需要和人的自身发展需要的辩证统一。“劳动创造了人本身”，劳动不仅创造了人本身，而且劳动也创造了教育。

五、教育的历史发展

教育伴随人类社会的产生而产生，又伴随着人类社会的发展而发展，在人类社会的不同阶段又有不同的特点。社会通过教育向受教育者传授一定的文化知识和思想意识，目的就是要使受教育者能够成为社会所需要的人。因此，教育的过程，从本质上说，也就是使受教育者逐步实现社会要求的过程。正因为如此，在不同的历史时期，社会对受教育者有着不同的要求，教育也就具有不同的历史发展特点。在此，我们按原始社会、古代社会和现代社会这几个阶段来分析教育在不同时期的显著特点。

（一）原始社会的教育

原始社会是人类社会的最初形态，也是最低级的阶段，生产力水平十分低下，使用的是石器工具，人们依靠集体狩猎采集的生产方式，过着刀耕火种、茹毛饮血的生活。由于生产方式极其落后，生活条件极其艰苦，劳动产品基本没有剩余，所有的社会成员都必须参加劳动，劳动产品平均分配，社会生产资料是公有的，没有阶级，没有剥削，人与人之间的关系是一种原始的无差别的平等关系。原始社会的教育是一种萌芽状态的教育，有以下一些特征：

（1）教育的非独立性。

教育同生产劳动与社会生活紧密结合，当时没有专门的教育机构和专职的教育工作者，也没有文字书籍，人们依靠把生产经验物化在劳动工具上，记忆在头脑中的办法，通过言传身教传授给下一代。教育形式和方法极为简单。儿童们是在生产劳动中和日常生活中学习一些生产知识和制造工具、使用工具的技能，以及祭祀、礼仪、艺术、军事等知识。原始社会的教育是与生产、生活融合在一起的，没有分化独立。

（2）教育的平等性。

原始社会没有私有制、没有阶级、没有剥削、压迫，因而教育对每个人来说都是平等的，不管什么人都享受同等的教育权利和机会。在原始社会，所有社会成员，不分性别年龄，人

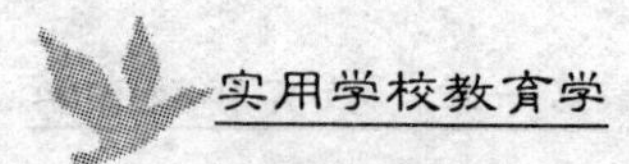

人都有受相同教育的权利和机会。教育充满了平等精神。

(3) 教育内容贫乏。

在原始社会教育水平极低。教育方式主要靠年长一代的言传身教，内容极为简单和贫乏，主要是些狩猎、捕鱼、采集、种植、畜牧等生产知识和维系社会秩序的生活准则、风俗习惯、宗教仪式、民族禁忌等生活经验。

（二）古代社会的教育

古代教育包括奴隶社会和封建社会两个阶段的教育。与原始社会相比，这两个社会生产力水平有了很大进步，使用的是青铜器和铁器工具，但出现了私有制，有了阶级、有了剥削和压迫。这两个社会历史阶段的生产力发展水平和政治经济状况虽然不同，但相同的剥削阶级社会形态，落后的生产工具、手工操作的劳动方式、自给自足的自然经济形态，使这两个社会的教育存在一些共同的特征：

(1) 出现了专门的教育机构——学校。

古代教育发展的主要标志是学校的产生和发展。从此社会上出现了一种独立的教育形态——学校教育。学校教育产生于奴隶社会，是人类社会发展到一定的历史阶段的产物，是人类教育发展过程中的重大飞跃。学校产生的条件：① 社会生产水平的提高，为学校的产生提供了必要的物质基础；② 脑力劳动与体力劳动的分离，为学校的产生提供了专门从事教育活动的知识分子；③ 文字的产生和知识的记载与整理达到了一定程度，使人类的间接经验传递成为可能；④ 国家机器的产生，需要专门教育机构来培养官吏和知识分子。

据可查证的资料显示，人类最早的学校出现在公元前 2500 年左右的埃及。我国的学校产生于公元前 1000 多年前的商代。《孟子 · 滕文公上》：“夏曰校，殷曰序，周曰庠。学则三代共之，皆所以明人伦也”。“庠，序，校”是当时的小学，“学”是当时的大学。欧洲最早的学校是古代希腊斯巴达，雅典的文法学校、弦琴学校和体操学校。无论是中国还是西方，古代学校都有一些共同特征：以文法学校、修辞学校等古典学校为主。学校的主要目的：一方面是培养古代统治阶级所需要的“治术人才”，如官吏、牧师、骑士、君子等，另一方面是对劳动人民进行宗教、道德或政治的教化。教学方法强调严格的纪律和严酷的体罚。教学组织形式以个别教学为主，教师没有统一的计划，没有严格的班级和学年，学生入学与结束学业都比较自由随意。

(2) 学校教育具有鲜明的阶级性和森严的等级性。

阶级性是说古代社会只有统治阶级及其子弟才享有教育的权利和机会，劳动人民基本上被排斥在古代学校教育体系之外，只在日常生活和生产中接受一些朴素的教育。如西周实行的“学在官府”、“政教合一”、“官师一体”。等级性表现在统治阶级内部，各个阶层的人入何种学校，均有严格的等级规定。如唐代，由中央直接设置和管理的“六学二馆”。六学：国子学（招收文武三品以上官员的子弟入学）、太学（招收文武五品以上官员的子弟入学）、四门学（招收七品以上官员的子弟入学）、书学、律学、算学（招收八品及八品以下官员以及庶族地主的子弟入学）。二馆，崇文馆和弘文馆（专门招收皇亲国戚及宰相大臣的子弟）。

(3) 学校教育严重脱离生产劳动。

剥削阶级遵循“劳心者治人，劳力者治于人”的原则，鄙视生产劳动和劳动人民，他们要求自己的子弟学习一些统治术、战争术、外交术等，从思想观念上教唆他们鄙视生产劳动和与之有关的知识技能。学校教育内容主要是一些人文学科和工具性知识，如中国古代教育内容的“六艺”（礼、乐、射、御、书、数）、“四书”（《论语》、《大学》、《中庸》、《孟子》）、“五经”（《诗经》、《尚书》、《礼记》、《周易》、《春秋》）；古代欧洲教育的主要内容“七艺”（包括文法、修辞、辩证法、算术、几何、天文、音乐）和“骑士七技”（包括骑马、游泳、投枪、击剑、打猎、下棋、吟诗）。生产劳动的经验一开始就被排斥在学校的大门之外，有关这方面的经验的传递主要是依靠生产过程中“师徒制”的方式进行的。

(4) 官学和私学并行的教育体制。

到了封建社会，学校教育有了很大的发展，学校分了三类：官学、私学和书院。古代官学分中央官学和地方官学两个层次。地方官学指由地方官府所办的学校，学校经费源于官费。西周时的“乡学”即是地方官学。中央官学创始于汉，盛于唐，衰于清末。与官学并行，行于民间的教育则为私学。私学起于春秋，孔子、少正卯都是私学的创始者。中国的私学伴随着整个中国古代社会的历史形成。书院是有别于官学的另一种教育系统，是唐宋至明清出现的一种独立的教育机构，是私人或官府所设的聚徒讲授、研究学问的场所。宋代著名的四大书院是江西庐山的白鹿洞书院、湖南善化的岳麓书院、湖南衡阳的石鼓书院、河南商丘的应天府书院。

（三）现代社会的教育

现代教育包括资本主义教育和社会主义教育两个社会的教育。现代社会是在古代社会基础上建立起来的一种比较高级的社会形态，是以机器大工业的出现为主要标志。科学技术的迅猛发展成为生产力发展的重要动力和组成部分，与生产日益一体化。新技术革命不断改变传统工业的面貌，形成新的产业部门并促成社会各个方面的变革，推动社会迅速发展。这一形势向教育提出新的要求，从而使现代社会的教育出现许多新特征：

(1) 现代学校的出现和发展。

从时间上说，现代学校最早出现在 18 世纪，是应现代大工业生产的要求而产生的；从内容上说，自然科学的教育内容大为增加；从教育目的上说，学校教育的任务，不仅是培养政治上所需的人才，而且还担负着培养生产工作者的任务；从类型上说，既包括传统的文法学校，也包括一些专门传递现代科学技术知识、为现代工厂训练劳动力的实科学校、职业技术学校，还有各种类型的大学等；就教学组织形式而言，现代学校普遍实行班级授课制的集体教学形式，极大地提高了教学效率。

(2) 学校教育与生产劳动紧密结合。

马克思认为教育与生产劳动相结合，既是提高社会生产的一种方法，又是造就人的全面发展的基本途径。现代生产是社会化大生产，它要求劳动者必须具备一定的生产知识，必须掌握一定的生产技能，这样的劳动者不是仅仅通过生产过程就可以培养出来的，只有通过同生产劳动紧密结合的学校教育，才能培养出大批的熟练工人和管理者；另一方面，现代生产促进科学技术的发展，也为教育同生产劳动相结合提供了可能，所以教育与生产劳动相结合是现代教育发展的必然趋势。

(3) 现代教育的普及性。

古代学校教育为少数剥削者所独占。而现代教育则为现代生产服务，为培养、提高劳动者服务。因此，现代教育对象不断扩大。这是由于现代科技生产发展不仅要求培养各级专门人才，而且要求每一个劳动者都必须具备一定的文化知识。劳动力的发展水平与劳动者应具备的文化知识水平成正比。设备水平越高，要求劳动者的文化水平越高。比如：以蒸汽机为主要标志的机械生产，工人有小学文化水平就可以胜任；以电动机为主要标志的电气化生产，需要工人有中等文化水平；而当前以电子、核能为主要标志的新技术革命时代，则要求工人有高中或大专文化方能胜任。因此，现代教育的对象已不限于统治阶级及其附庸或是少数人，所有参加生产劳动的人都要接受一定程度的教育，这是生产力发展的必然要求。

在现代社会，义务教育的年限、高等教育的发展水平都由生产力的发展水平决定。反之，又促进了生产力的飞速发展，也是一个社会文明程度的标志。各个工业化国家先后从法律上废除了古代学校教育的等级性，并颁布义务教育法令。世界上最早颁布义务教育法令的是德意志的普鲁士公国（1763 年），随后是美国的马萨诸塞州（1852 年）、英国（1870 年）、日本（1872 年）、法国（1882 年）。

（4）教育方法、手段的现代化。

现代教育注重启发法，谈话法，练习法，实验、实习。传统的教育手段如黑板、粉笔、教科书、教鞭等已不能满足现代教育教学的需要。现代教育中大量采用现代化手段，广播、电影、电视、录音、录像、幻灯、实验室、电子计算机等，使教育教学突破时间、空间的限制。

第二节　教育学概述

一、教育学的研究对象

从词源上看，教育学“Pedagogy”一词是从古希腊语“Pedagogue”，即“教仆”派生而来的。古希腊把照料、陪送年幼奴隶主子弟来往于学校，并帮他们携带学习用品的奴隶称为“教仆”。由此，从词源学意义上说，教育学就是如何照管儿童的学问。

教育学是研究教育现象、揭示教育规律的一门科学。教育现象是以培养人类下一代为主体内容的各种教育活动的外在的表现形式，它看得见、摸得着，可以感知。人类的教育活动发展到今天，有各种各样的外在形式。从纵向上看，有原始教育、古代教育、现代教育及当代教育。从横向上看，有家庭教育、学校教育、社会教育、自我教育、自然形态的教育。

教育规律是教育现象与其他社会现象及教育内部各个要素之间内在的、本质的、必然的联系。它看不见、摸不着，不能感知。但我们可以认识它、把握它和运用它。教育规律可以分为基本规律和特殊规律。基本规律存在于一切教育活动中。教育基本规律是：教育适应并促进社会发展的规律，教育适应并促进人的身心发展的规律。教育中方方面面的关系都是由此派生出来的。派生出来的是教育学的特殊规律，特殊教育规律存在于某些教育活动中，如幼儿教育规律、职业教育规律、成人教育规律、教学过程的基本规律、学生思想品德形成过程的规律等。

教育规律虽然看不见，摸不着，但它是客观存在的，是可以认识和把握的。我们学习和研究教育学的目的，就是要不断地认识和把握教育规律，并用它来指导教育实践。只有这样，才能提高我们的教学水平和教育质量，才能使我们的教育工作富有成效。

二、教育学的产生与发展

教育学是一门源远流长的科学，它具有悠久的历史和丰富的遗产。列宁曾说过：进行科学研究，“最可靠、最必需、最重要的就是不要忘记基本的历史联系，考察每个问题都要看某些现象在历史上怎样产生，在发展中经历了哪些主要阶段，并根据它的这种发展去考察这一事物现在是怎样的”。[①]了解教育学的历史、研究它的遗产，对于学习教育学、丰富与发展教育学，都具有重要的意义。

教育学是随着人类社会的发展而逐渐形成和发展起来的一门学科。在原始社会，教育同社会生产和社会生活是融合在一起的，教育还没有分立为一种特殊的社会职能。随着社会生产力水平的发展，有了剩余产品，从而使一部分人脱离生产劳动，专门从事教育活动，成为专职教育工作者——教师。再加上文字的出现，因而在奴隶社会就出现了专门的教育机构——学校。学校教育要求比较高，要求有比较严密的计划，有合适的教育内容，有科学的教育方法和技巧。因此，就引起了人们对教育工作经验的总结和概括。这些经验经过不断地积累和提炼，逐渐上升为理论，从而形成了教育学。教育学的产生和发展，大体上可以分为以下几个阶段：

（一）萌芽阶段

这一阶段在欧洲始于古希腊到资产阶级革命以前，即从公元前 5 世纪到公元 16 世纪；在我国是从春秋战国开始，一直持续到清朝末年，即公元前 6 世纪到公元 19 世纪，约 2 500 年。

自从人类社会步入奴隶社会以后，随着社会的发展，教育也逐渐分化出来，产生了专门的教育机关以及专门从事教育职业的教师，教育成为单独的社会活动和理论研究领域。在这一时期，一些哲学家、思想家开始对教育实践进行总结和概括，对教育问题进行研究。如中国古代的孔子、孟子、荀子、墨子、韩愈、朱熹、王阳明、王夫之等；西方的苏格拉底、柏拉图、亚里士多德、昆体良等人，在他们的哲学、政治等思想中有了对教育问题的论述和说明。如孔子的“温故知新”、“举一反三”、“不愤不启，不悱不发”、“因材施教”，苏格拉底的“启发式教学”都是富有理论色彩，影响深远的教育思想。

这一时期所取得的教育成果主要散见在一些哲学家、思想家的哲学或思想著作中，中国的如孔子的《论语》、老子的《老子》、孟子的《孟子》、庄子的《庄子》、无名氏的《中庸》、朱熹的《四书集注》、王守仁的《传习录》；西方的如柏拉图的《理想国》、亚里士多德的《政治学》、昆体良的《雄辩术原理》。在这一时期，也出现了一些教育专著，如无名氏的《学记》、韩愈的《师说》。

成书于战国晚期的《学记》，不仅是中国古代也是世界上最早的一篇专门论述教育、教学问题的论著。它系统而全面地论述了教育的目的及作用，教育与政治的关系，教师的地位、作用和师生关系，教育和教学制度、原则和方法。《学记》对教育规律的认识达到了较高的水

① 列宁选集：第四卷. 北京：人民教育出版社，1971：43.

平，揭示和表述了许多重要的教育原理，如“教学相长”“及时而教”“道而弗牵，强而弗抑，开而弗达”“长善救失”等，至今仍有指导意义。

这一阶段古代学者提出的教育思想尚未从哲学体系中分化出来，对教育的研究只停留于现象的描述和经验的总结，缺少独立的科学命题和理论范畴，没有形成自己独立的学科体系。因此，这一时期只可以说是教育学的萌芽或雏形期。

（二）独立形态阶段

教育学作为比较系统的理论体系的出现，是从欧洲文艺复兴和宗教改革开始的。随着封建社会逐渐衰落，资本主义生产方式的建立和发展，新航线的发现，自然科学与人文科学的发展，工场手工业的和商业的繁荣，资产阶级反封建的斗争都促进了教育思想的发展。在这场“人类前所未有的最伟大的进步的革命”①中，产生许多对后世颇有影响的教育思想家，如意大利的人文主义思想家与教育家维多利诺、法国的拉伯雷等都是当时的代表人物。他们对封建教育进行了猛烈的抨击：反对神权，提倡人权；反对禁欲主义，提倡个性自由；反对体罚，主张尊重儿童；反对经院式的烦琐教学方法，提倡实验、启发式和直观教学法。这些都为新兴的资产阶级教育的发展开辟了道路。教育学就在教育实践和学科分化中从哲学中分离出来，成为一门有完整体系和丰富内容的学科。

1623 年英国哲学家培根首次在科学分类中将教育学作为一门独立的科学提了出来，与其他学科并列。

1632 年捷克教育家夸美纽斯的《大教学论》问世，这是近代最早的一部教育学著作。这部名著的宗旨是为了“阐明把一切事物教给一切人类的全部艺术”。在该书中，提出了普及初等教育，统一学校的思想；论证了“班级授课制”；规定了“百科全书式”的教学内容；阐明了教育目的论、方法论、教育原则体系、课程与教学论、德育论等方面的问题。全书以学校教育为研究对象，形成比较系统的教育学科体系。为教育学成为一门独立形态的学科奠定了基础。

1776 年德国哲学家康德在哥尼斯堡大学开始讲授教育学，这是教育学列入大学课程的开端。康德在哥尼斯堡大学期间，先后四次讲授教育学，并在晚年将自己有关教育学的讲演稿交给学生编纂发表。1803 年，《康德论教育》一书出版。在该书中，康德认为人只有通过接受教育才能成其为人“人完全是教育的结果”，教育是一门很难的艺术，“教育的方法必须成为一种科学”②，否则决不能成为一种有系统的学问。

德国心理学家、教育家赫尔巴特继承了康德的教育学讲座。1806 年他的《普通教育学》出版，被公认为第一本现代教育学著作。他是第一个试图把教育学理论建立在科学理论基础上的人。他在《普通教育学》里对教育目的、教学的德育问题作了比较深入的阐述，第一次确定了“教学的教育性”“课程体系”“教学阶段”“管训制度”等教育范畴，为教育学建立了一个新体系。他以伦理学为基础建立了教育目的论，以心理学为基础建立了教育方法论，为教育学奠定了科学基础。赫尔巴特在世界教育史上被认为是“科学教育学的奠基人”。

还有很多著名的哲学家、思想家，在不同的历史时期，根据社会发展的需要，提出了各

① 恩格斯．自然辩证法．北京：人民出版社，1956：5.

② 康德．康德论教育．瞿菊农，译．北京：商务印书馆，1926：5-13.

自的教育主张，出版了相关的教育著作。如英国教育家洛克的《教育漫话》，书中阐述了他的"绅士教育"思想，将教育分为体育、智育和德育三部分，强调环境和教育的作用。法国启蒙思想家卢梭的《爱弥儿》，是第一本小说体教育著作。书中对当时流行的成人化的儿童教育进行了猛烈的抨击。他主张对儿童进行适应自然发展过程中的"自然教育"，刻画了未来新人的图景。他的重视个体发展和自然教育与自由教育的思想，对后世产生了重要影响。

独立体系的形成是一门学科建立的重要标志。在这一阶段中，教育学独立体系的建立，标志着教育学这门学科的正式诞生，对教育问题的论述，逐渐从现象的描述过渡到理论的说明，开始运用伦理学、心理学的成果来论述教育教学问题。但由于唯心主义世界观和方法论局限，他们对教育问题的研究还缺乏科学的方法论指导，他们的教育著作还未达到真正科学化的地步。

（三）教育学的发展

自 19 世纪 50 年代到 20 世纪中叶，随着科学技术的发展，伦理学、心理学、社会学、法律学、政治学等经验学科的进步，对教育学的发展产生了重大影响。教育学从这些学科中吸取研究成果，逐渐利用社会学所常用的实证方法和心理学所采用的实验方法来研究教育问题，使得对教育各种命题的论证，富有更强的科学性，让教育学从简单的经验总结、缺乏实证的理论猜想，进入科学实证的理论探索领域。这一阶段出现了各种各样的教育学。

1. 实验教育学

19 世纪下半叶，在欧洲形成了以实证主义为主流的科学主义思潮，出现了把自然科学的观察、统计、归纳尤其是实验等方法运用于人文科学、社会科学的动向，这种思潮既对教育思想产生了影响，也使教育学研究的方法向科学化迈进，直接催生了实验教育学。其中代表人物就是德国教育家梅伊曼和拉伊。代表著作主要有梅伊曼的《实验教育学纲要》及拉伊的《实验教育学》。

实验教育学的基本观点是：① 反对以赫尔巴特为代表的思辨教育学，强调以"行动"为整个教育的最基本原则；② 倡导教育的实验研究，主张把教育纳入客观的科学研究范畴；③ 把教育实验分为三个阶段，即假设阶段（假定的成立）、实验阶段（实验的计划与执行）、应用阶段（在实际工作中证明所得结果的准确性）；④ 认为教育实验与心理实验的差异在于心理实验是在实验室里进行，而教育实验则要在真正的学校环境和教学实践活动中进行；⑤ 主张凭借广泛的观察、统计和实验来补充旧教育学研究方法的不足、使之日趋精密。认为教育理论工作者应从综合实验、统计、系统观察及生物学、哲学基础两个方面的相互关系来促进教育学的进一步发展。实验教育学所强调的定量研究成为 20 世纪教育学研究的一个基本范式，近百年得到了广泛的应用和发展，极大地推动了教育科学的发展。但是，实验教育学要求任何学科都要在"感知、类化、表现"上统一起来，这只能导致新的形式主义，具有一定的局限，因为像教育目的这样涉及价值的判断和选择的问题就不能通过实验的方法来解决。当实验教育学及其后继者把科学的定量方法夸大为教育科学研究的唯一有效方法时，它就走上了教育学研究中"唯科学主义"的迷途。

2. 文化教育学

文化教育学又称精神科学教育学，是 19 世纪末以来出现在德国的一种教育学说。代表人物是狄尔泰、斯普朗格、利特等。代表著作主要有狄尔泰的《关于普遍妥当的教育学的可能》、斯普朗格的《教育与文化》、利特的《职业陶冶、专业教育、人的陶冶》等。

文化教育学的基本观点是：① 人是一种文化的存在，人类历史是一种文化的历史；② 教育的对象是人，教育又是在一定社会历史背景下进行的，因此教育的过程是一种历史文化过程；③ 教育研究必须采用精神科学或文化科学的方法进行；④ 教育的目的就是要促使社会历史的客观文化向个体的主观文化的转变，并将个体的主观世界引导向博大的客观文化世界，从而培养完整人格；⑤ 培养完整人格的主要途径就是“陶冶”与“唤醒”，发挥教师和学生个体两方面的积极作用，建构和谐的师生关系。文化教育学在教育的本质、教育的目的、师生关系以及教育学性质等方面都能给人以许多的启发。文化教育学的不足之处表现在它的思辨气息很浓，在许多问题的论述上具有很强的哲学色彩，这就决定它在解决现实的教育问题上很难提出有针对性和可操作性的建议，从而限制了它在实践中的应用。另外，它一味地夸大社会文化现象的价值相对性，忽略了教育受制于政治、经济及个人身心发展规律的影响，用理解作为教育研究的唯一方法具有很大的片面性。

3. 实用主义教育学

实用主义教育学是 19 世纪末 20 世纪初在美国兴起的一种教育思潮，是典型的“美国版”教育学，对 20 世纪整个世界的教育理论研究和教育实践发展产生了极大的影响。其代表人物是美国的杜威、克伯屈等人，代表作有杜威的《民本主义与教育》、《经验与教育》，克伯屈的《设计教学法》等。

实用主义教育学的基本观点是：① 教育即生活，认为教育与当前的生活紧密相连，而不是为将来的某种生活做准备的；② 教育是学生个体经验继续不断地增长，认为教育不是从外在方面让学生学习与他们生活无关的一些知识，而是促进学生日常生活经验的不断改造和改组。③ 学校是一个雏形的社会，认为学校不应该是一个与社会隔绝的象牙塔，而应该是社会的一部分，学生在其中要学习现实社会中所要求的基本态度、技能和知识；④ 从做中学，认为教学过程中应重视学生自己的独立发现、表现和体验，尊重学生发展的差异性；⑤ 以学生为中心，认为师生关系中以学生为中心，而非以教师为中心，教师只是学生成长的帮助者，而非领导者；⑥ 课程组织以学生的经验为中心，而不是以学科知识体系为中心。

实用主义教育学是以美国实用主义文化为基础的，是美国文化精神的反映，对以赫尔巴特为代表的理性主义教育理念进行了深刻的批判，推动了教育学的发展。其不足之处就是在一定程度上忽视了系统知识的学习，忽视了教育的相对独立性，忽视了教师在教育教学过程中的主导作用。

4. 马克思主义教育学

这一学说包括两部分内容：一部分是以马克思、恩格斯以及其他马克思主义的经典作家对教育问题的论述，也就是他们的教育思想，另一部分是教育学家们根据马克思主义的基本原理对现代教育一系列问题的研究成果。代表人物有凯洛夫、马卡连柯、杨贤江等。

马克思主义教育学的基本观点：① 教育是一种社会历史现象，在阶级社会里具有鲜明的阶级性，不存在脱离社会影响的教育；② 教育起源于生产劳动，劳动方式和性质的变化必然引起教育形式和内容的改变；③ 现代教育的根本目的在于促进学生的全面发展；④ 现代教育必须与生产劳动相结合，这不仅是促进生产力发展的重要方法，也是培养全面发展的人的唯一方法；⑤ 在与政治、经济、文化等的关系上，教育一方面受它们的制约，另一方面又具有相对独立性，并反作用于它们，对于促进社会政治、经济、文化等的发展具有巨大作用；⑥ 教学必须以马克思的科学认识论为指导，即遵循从感性认识到理性认识，从实践到理论再到实践的认知规律。

1930 年，杨贤江以李浩吾为化名出版的《新教育大纲》，是我国第一部以马克思主义观点系统论述教育基本原理的著作。

马克思、恩格斯第一次从社会、教育与人三者之间历史的、现实的总体联系中来考虑教育和人的发展问题，为教育学的发展奠定了科学的方法论基础，对于后来教育学的发展起到了巨大的作用。

5. 批判教育学

批判教育学是 20 世纪 70 年代之后兴起的一种教育思潮，也是当前在西方教育理论界占主导地位的教育思潮。代表人物是美国的鲍尔斯、阿普尔、法国的布厄迪尔等。

批判教育学的基本观点：① 当代资本主义的学校教育不是一种民主的建制和解放的力量，而是维护现实社会的不公平和不公正的工具，是造成社会差别、社会歧视和社会对立的根源；② 社会的政治意识形态、文化关系、经济结构都强烈地制约着学校的目的、课程、师生关系、评价方式等，学校教育的功能就是再生产出占主导地位的社会政治意识形态、文化关系和经济结构；③ 社会大众已经对这种事实上的不平等和不公正丧失了“意识”，将其看作是一种自然的事，而不是某些利益集团故意制造的结果；④ 批判教育学的目的就是要揭示看似自然事实背后的利益关系，帮助教师和学生对自己所处的教育环境及形成教育环境的诸多要素敏感起来，即对他们进行“启蒙”，以达到意识“解放”的目的，从而积极地寻找克服教育及社会不平等和不公正的策略；⑤ 教育现象不是中立的和客观的，而是充满着利益纷争的，教育理论研究不能采取唯科学的态度和方法，而要采用实践批判的态度和方法。

综上所述，教育学的发展是一个历史过程，是人类社会和教育实践活动发展到一定历史阶段的产物，是在社会对于教育的需要日益增长的情况下产生和发展起来的。

第三节　当代教育的现状、面临的挑战及发展

一、当代教育的现状

（一）教育不和谐

我国目前的教育发展状况相对于我国经济与社会的发展呈现出诸多的“不和谐”，主要表现在：① 教育的城乡差距。集中表现在乡村教育在资源配置、教学水平、教学条件、教学内容、入学率、升学率与辍学率上与城镇教育差距拉大。② 教育的地区差距。中西部地区的教育发展水平及各项教育经费指标与东部地区比较起来差距很大。甚至有的生均教育经费地区差距大于 10 倍。③ 教育的阶层差距。强势群体占有优质教育资源是世界普遍现象，这一现象在中国有加剧的趋势。④ 教育类别的差距。主要在重点学校与非重点学校、

研究性大学与非研究性大学、普通学校与职业教育、公办学校与民办学校的差距。[①]

（二）教育不公平

我国政府大力推进免费义务教育和教育事业的均衡发展，以促进教育公平。但由于社会发展中诸多新情况、新问题的发生，特别是教育资源配置的严重差异，仍造成了众多的教育不公平。当前教育不公平主要表现在以下几个方面：① 基础教育发展的薄弱。公共教育资源在各教育层次的配置，存在不公平现象，主要表现在高等教育与基础教育资源的配置失衡。[②] ② 城乡基础教育差距过大。城乡经济差距巨大，在义务教育“以县为主”的情况下，县财政困难，必然使得教育资源配置困难，造成城乡教育差距加大。③ 重点学校与普通学校之间的不公平。从中小学到大学各式的重点、示范学校占据社会大部分教育资源，使得强势学校越来越强，但无力负担起普及教育；弱势学校越来越弱，无力承担正常教育，造成教育领域的“两极分化”。④ 高考录取上的差异。现在的高校招生制度并非凭分数择优录取，而是给各地方发放名额，在分配名额时，又不考虑人口和生源多少。这种招生方式给一些地方的高中生升大学造成困难。⑤ 弱势群体子女受教育不公平。弱势群体子女虽然接受义务教育没有问题，但因家庭经济困难，在教育的投资上必然较少，而且由于高校收费较高，往往使得他们丧失了继续深造的机会。

（三）德育问题

在计划经济向市场经济转型的复杂环境中，随着经济成分和经济利益多样化、社会生活方式多样化、社会组织形式多样化、就业岗位和就业方式多样化、交往方式复杂化、价值目标多元化的客观现实，致使一些学生思想道德观念呈现出较为复杂的思想状况。主要表现为：① 道德情感缺失，不知感恩，不思进取，缺乏诚信，强调个人利益，对家庭、朋友、邻居冷漠，缺乏社会责任感；② 价值取向功利化，少奉献多索取、不奉献不索取、不奉献只索取、有奉献就应有索取、多奉献就应多索取是当代大多数年轻人道德的主要信条；③ 理想目标现实化；④ 政治主体意识差，政治参与度缺乏；⑤ 心理状态封闭，部分学生把自己封闭起来，不愿与老师沟通交流，更不轻易向外人透露心思。[③]

（四）城市化进程中的教育问题

(1) 农村教育问题。农村教育观念落后，片面追求升学率，以升学作为农民进入城市的唯一途径；教育经费缺乏；由于教育经费投入不足，导致师资力量薄弱，优秀教师流失严重；教育内容脱离实际，教育水平落后。

(2) 留守儿童教育问题。留守儿童是因父母双方或一方在外打工而被留在家乡，需要他人照顾的16岁以下的孩子。父母外出务工，孩子的抚养一般采用“隔代教养”的方式，这对留守儿童的教育带来很多问题：① 对待孩子，一般在物质上给予满足的多，在精神上关注的少，孩子的身心受到严重影响；② 由于祖父辈对孩子比较溺爱，对孩子的不良行为难以及时

① 袁振国. 教育均衡发展：构建和谐社会的基础. 教育发展研究，2005（4B）.

② 陈文成，曾武成. 教育公平与建设和谐社会. 当代教育论坛，2005（13）.

③ 唐爱荣. 高校思想道德教育应坚持以学生为本. 教育与职业，2005（11）.

纠正，再加上老人年迈，文化层次较低，导致孩子缺少有效的管理和监督；③ 受打工挣钱的诱惑，许多留守儿童不安心学习，甚至辍学打工。

(3) 流动人口子女教育问题。① 失学严重。由于家长流动变换工作地区，导致孩子无法系统地进行学习，甚至被迫失学。② 教学质量低。流动人口子女大多进入专门招收流动人口子女的、学费相对比较低廉的简易学校，而这些学校管理不规范、不科学，没有任何监督机制，条件极差。学校的规模也很不规范，从几十人到一百人不等。这些学校的师资状况也令人堪忧，常常是一个老师兼任多门课程，且部分教师的素质也很低下。①

二、当代教育面临的挑战

(一) 社会方面

当今社会，人们在物质生活和精神生活方面都有了很大的提高。但社会在进步的同时，也产生了文明的副产品。一些对青少年身心健康发展不利的现象、观念在影响着青年一代的健康成长。

(1) 互联网管理缺乏。互联网确实对青少年的成长起到促进作用，但一些网络信息和网络主体的不良行为给青少年带来负面的影响。有调查表明：近 30%的大学生每天上网，10%的大学生每天上网超过 3 个小时。40%的男生和 20%的女生选择打游戏，60%的男生和 70%的女生选择聊天。许多学生沉溺于互联网不能自拔，引发青少年的人格障碍。网络领域里没有形成统一的道德规范，大量的网上行为处于没有道德规范可依的状态，而青少年的好奇心又强、自控力又弱，从而诱发了大量的道德行为失范。互联网中大量的文化垃圾，对世界观、人生观和价值观尚处于模糊阶段的青少年产生极其消极的影响。

(2) 宣扬名利、金钱、色情、凶杀等内容的影视媒体作品，对在校学生的价值观和人生观产生着不良的影响。在社会上，能挣大钱，有香车豪宅，出人头地的才是成功。相反，乞讨博士，卖肉才子便成了失败的典范。过去的那种"能让卫星上天的是天才，能让马桶不漏水的也是天才"的观念已经被人们摈弃。由于这种不良社会风气的诱惑，致使教育的意义也偏离了原来的轨道。

(3) 各种办学实体的出现，使得各层次的学生都可以凭借一定数额的学费来成就自己的未来升学而不是求学之梦。在部分学校的招生标准中，分数已经不重要，付得起学费才是唯一的标准。学生及家长把学习仅仅当成了一个获得毕业证书或文凭的途径。

(4) 现在许多家长和社会人士对维权意识日益敏感，而行政部门面对社会舆论却机械应对，这造成学校教育工作闻风而动的不良习气。极大挫伤了教育工作者的工作热情，形成了他们明哲保身的教育工作心态。

(二) 家庭教育方面

家庭教育的困境成为教育工作的新瓶颈。教育是学校教育和家庭教育同步推进的事业，而市场经济的冲击使家长与学校配合受到了冲击和限制，无疑潜伏着教育问题。

---

① 陈健. 流动人口子女义务教育边缘化问题的对策. 贵州教育，2005 (8).

(1) 宠爱、溺爱孩子。在一些“倒金字塔”的结构家庭里，四个祖辈、两个父母溺爱着一个孩子。孩子成了全家所有希望的寄托，家长对他们细心照料、关怀备至，“捧在手里怕飞了，含在嘴里怕化了”。无论在家里还是在学校，孩子永远是对的。一旦孩子在学校里受了一丁点儿委屈，总会老少齐上阵，孩子成了学校的“宝贝”，谁也不敢管，导致了学生道德责任、道德意识的退化。

(2) 家庭管理失衡。家庭管理呈现两种态势：一类父母功利心十足。父母望子成龙心切，把所有的希望寄托在孩子身上，太注重于上大学或出成果，并将其视为最终目标，给孩子造成了沉重的心理负担，进而滋生厌学心理，成为教育问题的导火索。另一类父母对孩子听之任之。这类父母一个星期和孩子见不了几次面，孩子渐渐地养成了孤独、封闭、畏惧的性格。有些家长甚至认为，教育孩子是学校和老师的事，家长既然出了钱，把孩子送到学校，那一切就都交给学校了，孩子的好坏也就都是学校和老师的事情，自己也没有那个专业能力。

(3) 单亲家庭教育缺失。对子女的教育是父母双方的责任，其中任何一方的作用都是难以代替的。双亲都在身边会给孩子带来更高的安全感和情感满足，这是单亲家庭所不具备的。单亲家庭的孩子性格上可能会出现缺陷。

（三）学校教育方面

现代教育的评价制度，使升学教育仍然是中小学的主要教育目标，大搞应试教育，片面追求高考升学率以求提高学校档次。

(1) 以分数论英雄。长期以来，受应试教育的影响，在残酷的升学压力之下，人人跟着分数这个指挥棒走，学校名为素质教育实际上还是在搞应试教育，在有些地方甚至成为“素质教育包装下的应试教育”，这种现象格外令人担忧。

(2) 过度比较成绩。我国传统的教育观点认为，公布学生的学习成绩和排名，既是激励学习落后的学生向学习优秀的学生学习，也是对学习落后的学生的一种批评。这种对成绩的过度利用给学生的心里带来莫大的压力，使其产生无谓的紧张和焦虑。

(3) 师生功利色彩加重。教育的内容，除了传授知识外，还应有对精神层面的培养和人格的熏陶。而今，师生间成了单纯的传递知识关系，忽视了对精神层面的教育；学校、教师对学生学习成绩过分重视，而对学生心理状态关注不够，欠缺对学生的人格塑造。

(4) 素质教育南辕北辙。素质教育目前没有统一的思路和教育大纲，没有量化的评价标准。因此素质教育把语文课上成情景表演，把数学课娱乐化。学校和父母整天忙着塑造孩子，却缺少对孩子的人格教育，导致孩子为自己考虑得周全，却为别人、公众和社会考虑得少。

(5) 新的教育问题的出现。社会上部分素质不高的家长、不法分子随意闯进校园，对教育活动造成了恶劣的影响，使其成了新的教育问题。

三、当代教育发展的趋势展望

当代社会是一种以知识经济为特征的社会形态。知识经济是以知识为基础的经济的简称。按照经济合作组织的提法，知识经济是指以现代科学技术为核心的，建立在知识和信息的生产、存储、使用和消费之上的经济。知识经济也就是高技术经济、高文化经济、高智力经济，它以高技术产业为第一产业支柱，以智力资源为首要依据。而与这一社会发展相适应的当代教育发展呈现以下趋势：

（1）学校将发生一系列变革。学校的目的不仅是为了满足人们职业预备的需要，而且也要满足人们人文关怀的需要；学校的类型进一步多样化，以满足不同学习者的多样化需求；数字化教育将普遍适用，网络教学与远程教育是世界教育发展的大趋势，学校的教育教学时空也得到根本改变；教学形式更为活泼，教学手段更为多样化，培养学习者良好的学习品质与习惯将成为教学的核心任务；利用多媒体技术和交互网络，使当代教育课程向着多样化、综合化、软件化、积木化、模块化的方向变化；多媒体技术使教材发生巨大的变革，使其不再仅仅是印刷体的书本，还有融文字、声音、图画为一体的电子教科书。

（2）教育的国际化与教育的本土化趋势都非常明显。进入 20 世纪后半叶，随着经济一体化的发展，世界各国之间的交往增加，相互依赖性增强，共享全球教育资源已经从自发阶段进入自觉阶段，一个既相互独立又相互依存并且在高等教育中依赖性逐步增加的全球教育体系正在形成。与此同时，教育本土化的浪潮将在教育国际化的背景下出现，成为人们重建本土文化和教育传统的主要论题。

（3）教育的终身化和全民化理念成为指导教育改革的基本理念。在科技高度发展，社会变革十分激烈的社会中，人们需要培养适应变革的能力和理解未来的能力，而这些能力的获得取决于教育的连续性和及时性，于是就催化和构成未来教育的一个基本特征，即今后的教育应当能够在每一个人需要的任何时刻，以最好的方式提供必要的知识和技能。教育已不局限于学龄阶段，而是贯穿人的一生。教育也不再是青少年一代的专利，而是所有社会成员的基本需要。教育在时间上将扩展到人的一生，在空间上将扩展到全社会。教育的终身化促进了学习型社会的形成。教育的终身化必然要求教育的全民化。所谓教育的全民化，就是全体国民都有接受教育的基本权利，并且必须接受一定程度的教育。受教育权成为与人的生存和发展权紧密相关的公民的一项基本权利，国家和政府有责任通过各种方式保证满足全民基本的学习需求。

阅读材料

美国分析哲学家谢弗勒（I. Scheffler）在其《教育的语言》（the Language of Education，1960）一书中，探讨了三种定义，即规定性定义（the Stipulative Definition）、描述性定义（the Descriptive Definition）和纲领性定义（the Programmatic Definition）。所谓规定性定义就是作者自己所创制的定义，其内涵在作者的某种话语情境中保持同一。也就是说，不管其他人所用的“教育”一词是什么意思，我所用的“教育”一词就是这个意思。所谓描述性定义就是另外适当地描述被界说的对象或使用该术语的方法。实际上，词典就是试图罗列描述性定义。所谓纲领性定义就是明确地或隐含地告诉人们，事物应该是怎样。“教育”一词的纲领性定义，往往包含是和应当两种成分，是描述性定义和规定性定义的混合。教育毕竟是人类的一项复杂事业，人们不应该对教育的定义经常明显地或内隐地包含某些纲领、规范、规定或价值观而感到惊奇。

（资料来源：霍藻奎. 教育学文集·教育与教育学. 北京：人民教育出版社，1993：31-37页.）

樊迟请学稼，子曰："吾不如老农。"请学为圃，曰："吾不如老圃。"樊迟出。子曰："小人哉，樊须也！上好礼，而民莫敢不敬；上好义，则民莫敢不服；上好信，则民莫敢不用情。夫如是，则四方之民襁负其子而至矣，焉用稼？"

（资料来源：论语·中庸·大学. 太原：山西古籍出版社，2003：97.）

未来的学校必须把教育的对象变成自己教育自己的主体。受教育的人必须成为教育他自己的人；别人的教育必须成为这个人自己的教育。这种个人同他自己的关系的根本转变，是今后几十年内科学与技术革命中教育所面临的最困难的一个问题。

未来的教育必须成为一个协调的整体，在这个整体内，社会的一切部门都从结构上统一起来。这种教育将是普遍的和继续的。从个人的观点来说，这种教育将是完整的和富于创造性的，因而也是个别化的和自我指导的。这种教育既是保障和促进专业活动的动力，又是文化中的堡垒和推动力。这个教育运动是不可抗拒的和不可逆转的。这是我们时代的文化革命。

（资料来源：学会生存——教育世界的今天和明天. 北京：教育科学出版社，1996：200-203.）

复习思考题

1. 什么是教育？怎样认识教育的本质特点？
2. 结合实际，谈谈你对教育三要素的认识。
3. 现代教育的特征是什么？
4. 马克思主义教育的基本观点有哪些？
5. 教育学的研究对象是什么？
6. 当代教育学的发展趋势是什么？

第二章　教育的基本规律

【本章要点】

➢ 教育规律和人的发展的概念
➢ 影响人发展的因素
➢ 教育如何适应并促进人的发展
➢ 教育与社会发展之间的关系

某中学新来一名大学生，被安排在初中一年级担任政治课教学工作。几堂课后，就有学生到教务处要求换老师。教导主任和校长商量后，决定听听这位新老师的课，并提前两天告诉了他。新老师经过认真的备课，信心十足地登上讲台。一些辩证唯物论常识问题，经他引申发挥、归纳、提炼，上升到了理论高度；许多深奥的哲学原理与术语，尽付于他的侃侃而谈之中。然而学生的反应却不是很好。一些学生睡着了，一些学生讲话，一些学生睁着一双迷惘的眼睛。校长和教导主任与他交换意见后，这位老师陷入了深思之中。[①]

教育规律是一个非常重要的教育基本理论问题，它是教育学理论的“精髓”之一，与教育本质问题几乎同等重要，甚至有学者高呼“教育理论研究的全部使命在于揭示教育的发生发展规律”[②]。规律是指客观事物内部或与其他事物之间的本质的、必然联系。教育规律是教育内部诸要素之间、教育与其他事物之间客观存在的、本质的、必然的联系。教育规律大体上可分为一般规律（基本规律）和特殊规律两大类。教育的一般规律是指在一切教育活动领域中存在和发生作用的规律。教育的特殊规律是指在教育的某些范围、某些层次、某些活动中存在和发挥作用的规律。一般而言，教育有两条公认的基本规律：一是教育适应并促进人的身心发展的规律；二是教育适应并促进社会发展的规律。此二者是教育中最普遍的一般规律，任何时代、社会、国家的教育都要基于这两条基本规律展开，这与教育的对象以社会性个体的方式存在相关。

第一节　教育与人的发展

教育是培养人的一种社会活动，教育与人的发展之间存在着密切的联系，教育必须按照人的身心发展的客观规律进行，同时，教育在人的发展中发挥着主导作用并培养出社会所需要的人才。

① 魏青．教育学．成都：西南交通大学出版社，2006：51.
② 唐永久．教育规律研究的逻辑．广东教育学院学报，1999（1）.

一、人的发展概述

人的发展，包含着人类发展和个体发展两个密切相关的不同层次。根据教育学的研究对象和任务，这里主要讨论的是个体的发展，即个体从出生到生命终止的全过程。它包括婴儿、幼年、童年、少年、青年、成年和老年等不同的年龄阶段。其中，青少年阶段是个体生长、发育最旺盛、变化最快、可塑性最大的时期，也是接受教育最有效的时期。因此，在教育学里对教育与人的发展关系的研究，也都以这一时期为主。但随着人才的早期开发和终身教育事业的发展，婴、幼儿的发展与教育、成年人的发展与教育也日益受到教育科学的重视。同时，对于个体发展来讲，包含着身体和心理等层面的发展。因此，关注人的发展首先应该关注人的发展的特点。人是一种社会动物，与动物相比它具有以下几个主要的特点：

（一）自然属性与社会属性的统一

人和动物一样，都是具有生命的自然实体，是直接的自然存在物。这个具有生命的自然存在物是人发展的物质基础。没有它，人就不存在了，当然也谈不上人的发展。凡是有生命的自然实体，都具有一定的自然属性。人的自然属性指的是人的有机体、遗传素质和本能，它包括人的体态、外形、各种器官的构造和机能，以及饮食、性别等。它和动物的自然属性一样，都要服从生物学发展、变化的规律。但是，人不仅只是一个自然的实体，同时又是一个社会的实体。人的本质属性，即人的社会属性是人与动物的最根本的区别。正如马克思所说："人的本质并不是单个人所固有的抽象物。在其现实性上，它是一切社会关系的总和。""'特殊的人格'的本质不是人的胡子、血液、抽象的肉体的本性，而是人的社会特质。"

为什么人会具有它特有的社会属性呢？简而言之，是由于人与自然的关系。人和动物一样，为了生存，都要向自然界索取生活资料。但人与动物的区别就在于：人不是只依靠自然界直接提供的天然物来维持自身的生存，而是通过自己的劳动去改造自然，并调整、控制自然之间的物质变换过程。人在改造自然的过程中，也改造着人自身的自然属性，如直立行走的双腿，会劳动的双手，能发出复杂声音的声带和口腔，善于思维的大脑等。并为人类创造了一个人化的自然界，与此同时，还为人类创造了一个社会关系的系统。因为人在改造自然的同时，不仅产生了人与自然所特有的关系，同时也产生了人与人的关系。人们由于在生产中的不同地位，也就结成了人与人之间不同的生产关系，并相应地产生了不同的思想、观点、心理、性格和需求，等等，从而构成了人所特有的社会属性。这种社会属性与人的自然属性不是各自独立的，而是互相交织在一起，融合在一起，相互依存在对立统一之中。人的自然属性含有人的社会属性的积淀形态，人的社会属性又赖以人的自然实体而存在。所以，人的衣食住行、性爱、母爱、友情，等等，都具有与动物决然不同的内涵。它并不仅是生物的本能，同时也是人的社会需要，是人的社会关系。因此，人是自然和社会的统一体。

（二）个体性与群体性的统一

人出生以后，新生的婴儿与初生的动物相比，总是显得非常孱弱和无能。如果没有成年人的照顾，新生儿几乎是无法生存的。但是，新生婴儿降生以后，它却有着与动物迥然不同的发展路线。最初，新生儿只是一个无知、无识、无能的个体，但他一旦进入人世，生活在人类社会的群体之中，在社会环境和教育的影响下，他就可以逐渐地发展成为一个体魄健全，具有一定思想观念、文化科学知识、审美情操和劳动能力的社会成员。动物则不然，它基本上只能按照生物学上安排的程序自然地成熟。动物的个体是可以单独存在的。当其离开该物种的群体时，它依然可以按照预定的程序自然地发展，基本上不改变预定的发展程序和方向。一只鸟是鸟，一群鸟也是鸟；一只兽是兽，一群兽也是兽。但人则不然。新生儿出生以后，必然要遇上一个现成的、有组织的人类社会，人的个体只能存在于人类社会的群体之中，只能存在于他和别人的关系之中，离开社会，离开人与人的关系，人也就不能发展成其为人。印度“狼孩”卡马拉发展的事实证明：人的个体一旦离开了人类的社会，脱离了人的群体而生活在异类之中，那么它只能成为一个空具人形的自然人。因此，人的个体与人的群体是相统一的。离开了人的群体，个体也就不能从一个自然人发展成为社会人了。

（三）体力劳动与脑力劳动的统一

人类的祖先，在从猿到人的转化过程中，从树上到地下，由劳动的萌芽发展到劳动都要运用自身的力量，如手、臂、腿和大脑。前者属体力，后者属脑力。人就是运用这些力量去认识自然、改造自然、战胜自然，并在运用这些力量的过程中，发展这些力量。其中尤其是双手和大脑，更给人增添了不少奇异的光彩，使人成了“万物之灵”。

实践早已证明：人的双手能够做出无数种或粗或细的、既灵活又准确的动作，它几乎是万能的。如人的一切生产活动，制造工具或使用工具，以及艺术创作中的绘画、绣花、雕刻、乐器的弹奏等无不有赖于人的双手。大脑的作用就更为显著，它是人身上最重要的器官，也是人和动物最根本的区别之一。这种区别，首先表现在大脑的结构上，即脑的内部的微观构造以及它所含有的基本的物理化学过程。有资料说明：“在一秒钟之内，我们的脑中，有超过十万种不同的化学反应在进行。这些化学反应，令我们产生思想、情绪以及动作。”同时，这种区别还表现在大脑的功能上，有人把它概括为四个方面：即观察与感受（从外部世界接受感觉）、储存与记忆（收集、整理感觉材料）、判断与思维（评价收集的新信息）、想象与创造（按新的方式把各种信息结合起来），从而使人成为一个有智慧的物种，这些变化源于人类生物进化和自我训练。

人正是凭借着人脑的力量，有理性、能思维。随着语言、文字的产生，精神生产就成为人类所特有的现象。人的理性能力，可以使它在个别事物中找出它们共同的、一般的东西，从而形成理论，即科学知识。尽管个人的理性会随着个体的死亡而消失，但人类的理性借助于语言、文字可以打破空间和时间的限制，形成一种独特的超个体的信息系统。这种信息系统可以使个体的理性汇合成人类的理性，以致世代积累、储存和传递。它不仅可以进行纵向交流，在同代人之间也可以进行横向交流。由此，人们就可以免于在认识和实践中一切从头做起。这样，它与那些只能按照遗传规律而世代相传的动物行为相比，人类的理性，或者说意识，显然是远远地超越了动物的本能。

但是，人的有机体是一个整体。尽管人脑在人体中处于极为重要的地位，但人脑、神经系统以及身体的各种器官都是处在一个统一体中。它们之间是相互促进，相互作用的。尤其在劳动中表现得更为明显。据研究，人的大脑是指挥各种器官进行各种活动的神经中枢，它的不同区域具有不同的构造和机能。如头顶的前部为运动区，由于人在劳动中手的活动，特别是大拇指的活动较多，因而在人脑的运动区中，手的代表区尤其是大拇指的代表区就占有很大的面积。可见，人的体力和脑力是统一的，手的发展促进了脑的完善，脑的发展又推动着手的活动。因此，我国伟大的民主主义教育家陶行知先生一贯倡导“手脑并用”。他认为，中国教育革命的对策是使手脑联盟。“在劳力上劳心，是一切发明之母，事事在劳力上劳心，便可得事物之真理。”

以上是从人的存在、发展及对客观世界认识的角度，简要地说明人与动物相区别的特征。它将有助于理解人的发展的各个方面。

二、人的发展的内涵

人的发展包括人的种系发展和个体的发展。

从种系来看，人的发展指特定种族特质的形成过程。从动物到人类的种系演化过程中心理的发生和发展是非常重要的。心理这一反应形式是物质世界长期发展的产物，是有机体在适应或改变环境中发展起来的，与神经系统，特别是和脑的发展有密切的联系。动物心理一经产生，就随着种系演化的阶梯不断由低级走向高级。生物体最早出现的反应形式是感应性，即对某些直接影响机体生命的刺激所产生的应答性反应。感应性之后便是感受性的出现，感受性是心理反应形式的开始。昆虫类等低等动物，不仅对那些具有直接生物意义的刺激作出反应，而且对那些只发出对有机体生存具有重要意义的信号也作出应答性反应。到了脊椎动物便出现了更为复杂的反应形式，它能反映完整的对象和对象间的联系，即能反映复合刺激物，这就是知觉。最后，到动物的最高阶段——类人猿，高级神经系统的发展达到了更复杂和更完善的水平，产生了更为复杂的心理活动形式。巴甫洛夫称类人猿已具有思维，即思维的萌芽。动物从对自然环境的适应，过渡到以劳动为基础的生活，产生了人类和人所特有的高级心理形式——意识，这是一种本质上全新的心理形式。研究心理种系发展的历史有助于从心理的发生和演化中深入研究心理的实质。

本书主要探讨个体的发展。个体的发展包括身体和心理两个方面的发展，即个体从出生到生命终止时在生理和心理两方面有规律地进行量变和质变的过程。

身体的发展包括人的生长发育，身体机能发展，身体素质发展，身体基本活动能力，以及对自然、对疾病抵抗能力等方面的发展。简单地说就是指机体的正常生长发育和体质的增强两个方面。这两个方面是密切相关的，机体的正常发育有利于体质的增强，体质的增强又有助于机体的健全发育。

心理的发展，主要是指知识、技能和能力的发展，以及思想品德和审美能力的发展。人的心理活动，究其本质来说，是人脑对于客观世界的反映。主要包括：① 心理过程：这是反映对客观事物的认识的现象。主要包括认识过程，如感觉、知觉、注意、记忆、思维、想象；情感过程，如情绪、情感、情操等；意志过程。② 心理状态：是指人在某一时刻的心理活动水平。如一个人在一定时间里是积极向上还是悲观失望；是紧张、激动还是轻松冷静等。心理状态犹如心理活动的背景，心理状态的不同，可能使心理活动表现出很大的差异性。心理状态是联系心理过程和心理特征的过渡阶段，主要包括注意、前意识、潜意识（梦）等状态。③ 心理倾向性：是指一个人所具有的意识倾向，也就是人对客观事物的稳定的态度。它是人从事活动的基本动力，决定着人的行为方向。主要包括需要、动机、兴趣、理想、信念和世界观等。世界观在个性倾向诸成分中居于最高层次，决定着人的总的意识倾向。④ 个性心理特征：是一个人身上经常表现出来的本质的、稳定的心理特点。主要包括能力、气质、性格。如有的人有数学才能，有的人有写作才能，有的人有音乐才能，因此，在各科成绩上就有高低之分，这是能力方面的差异；有的人活泼好动，有的人沉默寡言，有的人热情友善，有的人冷漠无情，这些都是气质和性格方面的差异。

身体的发展和心理的发展是统一的，是相互影响和相互制约的。身体的发展，特别是神经系统的发展影响着心理的发展；同时，身体的发展也受到认识、情感、意志和性格等心理过程的影响。

总的来说，人的身心发展是指人的身体的发展，知识、技能的获得，思想、品德的形成，审美情操的陶冶，也就是德、智、体、美、劳等几方面的发展。

三、影响人发展的因素

影响人的发展的因素是多种多样的，这些因素之间又是错综复杂地交织在一起。因此，历来学者对于各种因素在人的发展中的作用，往往持有不同的见解。我们认为影响人的发展的因素主要有遗传、环境、人的主观能动性和教育等四个方面。

（一）遗 传

遗传是一种生物现象，传递着祖先的生物特征。遗传的生物特征指的是在遗传基因中具备的与生俱来的解剖、生理特征，如机体的构造、形态、感官和神经系统等。这些遗传的生物特征就叫做遗传素质。包括先天遗传因素、先天非遗传因素、肌体成熟度、遗传差异等方面所造成或者带来的影响。

(1) 先天遗传因素为人的身心发展提供了可能。人的发展总是要以遗传获得一定的生命力、生理组织为前提的。没有这个前提，任何发展都是不可能的。例如，一个生而失明的人，就不能发展他的视觉能力，当然也就不可能培养他成为一个画家；一个生而聋哑的人，就不能发展他的听觉能力，当然也就不可能把他培养成为一个音乐家。神经系统，特别是大脑的构造和机能对人的心理发展具有直接的关系。人对外界环境之所以能做出各种反应，产生各种心理现象，就其生理机制而言，都是大脑皮层上暂时神经联系的建立。神经系统的这种生理机制是一切心理发展的物质前提。无脑儿长期处于昏睡状态，根本就没有所谓的心理发展。健全发育的大脑为受教育者的心理发展提供了生理基础，也才使他们具有接受教育的可能性。

(2) 先天非遗传因素主要是指先天带来的、但是是后天影响造成的因素。例如，在怀孕期间感冒吃错了药，四环素、土霉素等容易造成婴儿兔唇；在怀孕期间吸烟、酗酒、吸毒、跌打损伤等容易造成婴儿先天性心脏病、情绪障碍、智力低下、四肢残缺等，这些现象将造成人的发展的某种限制和差异。

(3) 肌体的成熟程度制约着身心发展的过程及其阶段。格赛尔“婴儿爬梯实验”证明：人的遗传素质是逐步成熟的，人的身心也是连续不断地向前发展的。在发展的每一阶段都表现出不同的特征，这种身心发展的水平是与一定阶段内遗传素质的成熟程度相适应的，前者是以后者为基础的。这也就是说，遗传素质的成熟程度制约着身心发展的水平，为一定阶段的身心发展提供了可能。

(4) 遗传素质的差异性在构成身心发展的个别特点上具有一定的影响，造成个别差异和限制。不可否认，人的遗传素质，如感觉器官、神经系统等的构造和机能具有不同的先天特点。高级神经系统生理机能的各种特征，如神经过程的强度、灵活性和平衡性等都是有差别的。在这种不同物质基础上发展起来的心理当然也是各具不同的特点。有实验证明，在思维活动方面，神经过程灵活性高的人比神经过程不灵活的人，在解决问题上可以快 2～3 倍；在知觉广度方面，神经过程强而灵活的人比较大，反之，神经过程弱而不灵活的人比较小；在注意分配方面，神经过程平衡的人较快，兴奋占优势的人有困难，抑制占优势的人较慢。总之，在每个受教育者身上表现出来的不同特点，如不同的智力水平、才能、个性特征等，都在一定程度上受先天遗传素质的影响。

可见，遗传素质对于人的身心发展来说是具有一定作用的，不是可有可无、无足轻重的。因此，怎样把最优良的遗传素质传给后代，同时避免将有害的遗传素质给下一代造成先天性的身心缺陷，这是关系到子孙后代民族兴旺的重大研究课题。那种完全否定遗传素质的作用，一提到它就扣上“生理禀赋论”“遗传决定论”等帽子是完全错误的。

虽然遗传素质对人的身心发展具有一定的影响，但是它在人的身心发展中不能起决定性作用。这是因为：

(1) 遗传素质仅仅为人的发展提供了可能，这种可能必须在一定的环境和教育的影响下才能转化为现实。人只是生来具有学习知识和技能、形成一定思想和品质的遗传条件，而不是生来就具有现成的知识、技能、思想和品质。例如，印度“狼孩”卡马拉和阿马拉，虽然她们都是人，具有人的遗传素质，但由于她们自幼在野兽群中成长，没有接受过人类社会环境和教育的影响，因此，她们身心的各方面发展都受到了抑制和阻碍。当她们刚被人们发现时，生活习性与狼一样，几乎不具有任何人的心理，既不会言语和思维，又没有人的情感和兴趣。这一事实足以证明，遗传素质只是提供了发展的可能性，没有一定的环境和教育的影响，这种可能决不会转化为现实。

(2) 遗传素质本身也是可以随着环境和人类实践活动的改变而改变的。人在实践活动中，一方面作用于自然和社会，创造新的自然条件和社会条件；另一方面也改变着人自己的本性。例如，实验证明，神经细胞中核糖核酸的含量与人在积极活动中所接受的感觉刺激有直接的联系，刺激的数量和种类可以加速或延缓先天的生长因素。近些年来，国外有不少心理学家对于动物所进行的大量实验反复证明，生活早期的刺激对于动物的形态、生理、生化等方面都有重大影响。许多实践证明，一个在遗传素质上神经过程强，平衡而灵活的人，在不良的环境和教育影响下，也可以变成类似弱而不灵活的人。以上这一切都说明，遗传素质虽有从先天而来的稳定性，同样也具有随环境影响而改变的可塑性。

(3) 对于遗传素质上的个别差异也不能过分夸大它的作用。人在发展中所出现的各种个别特点，并不完全是由先天条件所决定的，主要是由教育和环境的影响，以及各人主观能动作用发挥的程度所决定的。例如，由于长期进行某一方面的特殊训练，就可以使脑的某一方面反应能力得到提高。一个卷烟工人可以每把只抓起 20 支烟，黑色织品的工人可以识别 40 种不同的黑色色度。

总的来说，遗传素质是人的身心发展的生物前提。没有这个前提是不行的，但是也不能过分夸大遗传素质这个条件，它对人的身心发展不能起决定作用。

阅读材料

“生而知之”的“天才论”，“性也者，与生俱生也；……上焉者，善焉而已矣；中焉者，可导而上下也；下焉者，恶焉而已矣”等“先天决定论”，把人的知识才能和道德品质的好坏，说成是天生的遗传决定的，都是非常荒谬的，是为剥削阶级的统治制造理论根据的。那种反动的“血统论”，把人的革命或是反革命说成是从父母那里遗传得来的，更是荒谬的。依照这种观点，不论后天的生活条件如何变化，社会制度怎样不同，教育上采取什么措施，都改变不了遗传基因所决定的方向，培养不出新的个性。这种观点，否认了社会生活条件和教育的作用，显然也是错误的。

（资料来源：http：//www.docin.com/p-4385359.html.）

（二）环 境

环境是指环绕在人们周围并对其发生影响的外部世界，是影响人的一切外部条件的总和。它包括自然环境（如日光、空气、水土等，这些是人与动物共同存在的基础）和社会环境（包括经过人改造了的自然环境、家庭邻里、亲戚朋友、各种场所、风俗习惯、各种社会意识形态和全部的社会关系）。

(1) 自然环境是人的发展的必要条件，它是人类赖以生存和发展的基础，但它必须与社会环境发生联系才能起作用。对人的发展产生影响的环境主要是社会环境。

(2) 社会环境一般包括三个组成部分：

一是被人改造的自然，即马克思说的“人化的自然”。“人化的自然”与“纯粹的自然”不同。“纯粹的自然”是人和动物生存的基础，如森林、高山、湖海，对人发展很少起作用。而“人化的自然”则是被人加工改造过的，打上了人的印记的社会化的自然。如绿化了的城市、建设的园林、开发利用的山林河流，等等。这些自然，积淀着丰富的历史文化，体现人类的智慧、勇敢、勤劳和改造自然的力量，它可以陶冶受教育者的情操，提高他们的文化素养，磨砺他们的意志，锻炼他们的身体，对促进受教育者的身心发展有重要作用。

二是人们之间的交往活动。人一生下来，先与家庭成员——母亲、父亲、爷爷、奶奶等交往，后与社会其他成员交往，社会各类人的言论、行动和思想会在每个人身上产生各种各样的影响，从而形成自己的观念和思想意识。在交往中人们会结成一定的社会关系，在阶级社会中表现为阶级关系。每一个人都处在一定的社会关系之中，必然要受这种关系的影响。正是在这个意义上，马克思认为，“在其现实性上，人是一切社会关系的总和。”处于不同社会和不同的阶级中的人，他们的思想意识、道德品质和行为习惯都要打上不同社会和阶级的烙印。

三是社会意识形态。即哲学、道德、艺术、宗教、风俗习惯，等等。这些社会意识通过电影、电视、戏剧、广播、报刊、杂志等各种媒介传播，对受教育者的身心发展会产生巨大影响。

俗话说“近朱者赤，近墨者黑”，历史上流传的关于“孟母三迁教子”的故事，都说明了社会环境影响受教育者的身心发展。环境对人的发展的影响表现在以下几个方面：

1. 环境为人的发展提供了多种可能性，包括机遇、条件和对象

人生活在不同的环境中，这些环境所提供的条件并不相同，对个体发展的意义也不相同，因而不同环境中人的发展有很大区别。但个体对环境持积极态度，就会挖掘环境中有利于自己发展的因素，克服消极的阻力，从而扩大发展的天地。所以教育者不仅要注意为受教育者的发展提供较为有利的条件，更要培养受教育者认识、利用和超越环境的意识和能力。

2. 环境对个体发展的影响有积极和消极之分

在同一环境中，各种因素作用的方向、力量的大小是不相同的。环境对学生的影响，既有积极性质的、与学校教育相一致的一面，也有消极性质的、与学校教育相矛盾的一面。因此，既要善于利用环境中的积极因素，又要控制、排除环境中的消极因素，才能有利于学生的健康成长，有利于造就人才。对于教育者来说，分析、综合利用环境因素的积极作用，抵制消极影响是极其重要和困难的工作。教育需研究如何既保持校园小环境的有利条件，又积极加强与社会的联系，充分利用社会的有利教育力量。

环境对人的身心发展虽然具有重大的影响，但对一个人的发展和成就，一般来说不能起决定性的作用。这是由于环境对人的影响是自发的、无计划的、无系统的，只具有耳濡目染、潜移默化的性质。同时，人的发展也不是由环境机械地决定的，因为人接受环境的影响，并不是消极的、被动的，而是积极的、能动的过程。人在实践过程中，既接受也改变环境，并在改造环境的实践活动中发展着自己，二者是一致的。所以，同样的环境，因为个人的主观认识不同，对待环境的态度不同，结果也可能完全不同。比如，同样在顺境或者同样在逆境中，有的人发展得好，有的人可能发展得不好。

延伸观点：

（1）由于人们对待环境的主观态度不同，人们就有不同的发展和成就。因为人们总是按照他已有的知识、经验、兴趣、爱好以及自己的需要等来对客观环境作出反应的。由于人们的知识、经验和心理倾向不同，对客观环境的反应也就不同。在良好的环境中，有的人却没有什么成就，甚至走向与环境所要求的相反道路。在恶劣的环境中，有的人却出污泥而不染，成为很有作为的人。因而，离开人的实践，单纯的客观环境不能决定一个人的发展和成就。那种忽视人的主观能动性，把人看作环境的消极的适应者，认为生长在某种环境中的儿童，就只能消极地成为某种样子的人的“环境决定论”，是完全错误的。

（2）虽然环境制约着人的发展，但是，个人接受环境影响不是消极被动的，而是一个积极能动的实践过程。社会环境对人的发展，无论提供什么条件，都要经过人的实践和主观努力才能实现。如果片面夸大环境的作用，把环境看做是影响人发展的唯一因素，认为生长在某种环境中的儿童只能成为这样的人，就会导致“环境决定论”。美国心理学家华生曾断言：“给我一打健康而没有缺陷的婴儿，并在我自己设定的特殊环境中教育他们，那么我愿意担保，随便挑选其中一个婴儿，我可以用任意的方法加以改变，或者使他们成为医师、律师、艺术家、商界首领，或者使他们成为乞丐和盗贼，而不管他们的才能、嗜好、趋向、能力、天资和他祖先的种族。”

（三）人的主观能动性

唯物辩证法告诉我们，外因是变化的条件，内因是变化的根据，外因通过内因而起作用。

人的主观能动性是人的身心发展的动力。遗传、环境和教育的影响，只有与人的主观能动性相结合才能起作用。没有人的主观自觉活动，遗传素质、环境和教育所赋予的一切发展条件，都不能成为发展的现实。所以，从个体发展的各种可能变为现实这一意义上来说，个体的活动是个体发展的决定性因素。至此，我们就可以下这样的结论：不仅“遗传决定论”是错误的，那种片面夸大环境或教育在受教育者发展中的作用，否认遗传和人的主观能动性作用的“环境决定论”或“教育万能论”，同样是错误的、有害的。人是一个能动的个体，具有主观能动性。人不是消极被动地接受和适应这些环境和教育的影响，而是在积极主动地与周围的环境进行相互作用。

那么，人的能动性是怎样来的呢？客观环境不断向人们提出新的要求（任务、问题或困难等)，当这些客观要求为人所接受，就引起了人们的需求。需求分为生物方面的需求和精神方面的需求，前者是与维持人的机体生命活动有关的低级要求，如对营养、自卫、繁殖后代的需求。后者是体现着人的社会动机的高级要求，如对社交、劳动、文化、科学、艺术、政治活动等的需求，它对人的学习和思想品质的形成具有巨大的推动作用。学生心理上的需求总是在一定的心理发展水平上产生的，如果教师所提出的要求，与学生已有的知识、经验等心理发展水平毫无联系，远远超过了学生的心理发展水平，或者与学生已有的知识、经验等丝毫没有差别，完全一致，都不能引起学生的需求、构成学生的心理的内部矛盾和推动学生的心理发展。例如，向高中学生讲九九乘法表或向小学生讲微积分，是不会引起他们的需求的。在本章开篇案例中也反映了这样的现象。在教育工作中，只有善于向学生提出要求，引起他们的内心需求，才能有效地促进学生的发展。换句话说，学生的学习积极性，是在教师的引导下产生的。

（四）学校教育

学校教育是人的发展的一个重要组成部分，是一种经过有目的的选择和提炼的特殊环境，同时它是一种特殊的实践活动，这就决定了它的特殊作用。与遗传因素和自发的环境影响相比，它在人的身心发展中起主导作用，这是因为：

(1) 教育对受教育者的影响是有计划、有系统的。它是根据一定社会的需要，按照一定的方向，选择合适的内容，有专门的教师，采取有效的方法，对受教育者进行有计划、有系统的培养。而一般的环境对人的影响是自发的，它的作用当然与教育无法比拟。

(2) 教育可以根据受教育者的遗传素质，有意识地发挥他们的长处，弥补他们的短处，使先天的生物因素向有利于他们成长的方面发展。例如，某个受教育者的神经类型是弱型的，他反应迟缓、胆怯、积极主动性差，教师就应有意识地鼓励他参加集体活动，以培养他的信心和积极性。

(3) 教育能对各种环境加以一定的控制和利用。它能有意识地按照预定的目的选择和提炼有利于受教育者身心发展的因素，克服和排除不利于受教育者发展的因素。

(4) 学校有专门负责教育工作的教师。由于这些专职教育工作者接受了专门训练或在长期实践中积累了丰富的经验，他们又有高度的教育责任感，他们明确教育目的，掌握教育内容，懂得教育方法，能有效地培养学生。这是其他社会环境所不具备的。

教育对人的发展起着主导作用，随着社会的发展，科技的进步，教育在人的发展中的作用将会越来越明显。但是，教育在人的身心发展过程中起主导作用是有条件的，不是绝对的。

只有当教育适应了人身心发展的规律，它的主导作用才能充分发挥。也就是说，教育必须同人的身心发展相适应。同人的身心发展相适应，就是要求教育对人的主导作用要通过受教育者身心发展的内部矛盾运动来实现。受教育者的知识和才能，思想和品德，以及体力和体质的形成，并不是人类的知识经验和社会意识的简单“传授”或“移植”，而是在一定的社会环境影响下，特别是在教育的作用下，通过他们本身的积极活动实现的。

受教育者身心发展的根本原因或根本动力，是他们已有的身心发展水平同新的需要之间的矛盾。受教育者已有的身心发展水平，是指他们以往形成的心理过程、心理状态和个性心理水平，它是进一步接受外界条件影响（环境和教育）的基础；新的需要，是指他们对当前社会环境和教育的要求在其主体内部的反映，一般表现为兴趣、爱好、需要、动机和志向等。由于社会生活环境和教育要求总是不断发展变化，总是不断增加新内容，故一处要求实现了，新要求又提了出来，随之，受教育者内部新的需要也不断出现。这样，新的需要同已有身心发展水平之间就不断地形成矛盾。这种矛盾就是受教育者身心发展的内部矛盾，就是内因，构成了受教育者身心发展的根本动力，也就是我们平常所说的人的主观能动性。这种矛盾运动的内因，离不开教育这个外因的作用。也就是说，通过教育把客观要求转化为受教育者自身新的需要，形成已有身心发展水平同新的需要之间的矛盾；通过教育引导把受教育者新的需要转化成新的发展水平，实现已有身心发展水平同新的需要之间的转化统一。

由此可见，教育对受教育者身心发展的主导作用，就在于能促使他们自身内部矛盾的形成和转化。因而，教育必须遵循受教育者身心发展的基本规律，必须同受教育者身心发展过程的矛盾运动相适应。

人的发展是一个统一的完整过程，是不断变化运动的过程。人的发展不是某一因素单独影响的结果，而是全部因素综合地、系统地影响的结果。静止地看待人的发展，孤立地强调遗传或环境和教育的作用，或抹杀人的主观能动性，都不能科学地认识教育和发展的问题。

四、教育要适应并促进人身心发展的规律

（一）教育要适应人的身心发展的顺序性

人的身心发展有一定的顺序性。人从出生到长大成人，他们的身心发展是一个由低级到高级、由量变到质变的连续不断的发展过程。例如，身体的发展遵循“头尾原则”和“中心边缘原则”，即是由头部到下肢，由中心到边缘；大脑皮层的发展顺序是：枕叶—颞叶—顶叶—额叶。心理发展也有一定的顺序，例如，思维的发展遵循动作思维—具体形象思维—抽象逻辑思维的顺序；记忆是由机械识记到意义识记；注意是由无意注意到有意注意；情感是先有“七情六欲”等基本情感，后有理智感、道德感和美感等高级情感；意志品质也是在面对困难时付出努力、克服困难逐步形成和提高的；个性心理品质是随着认识水平的提高逐步形成和提高的，等等。

针对人的这一发展规律，教育工作就要适应这种顺序性，在向青少年进行教育时，应遵循由具体到抽象、由浅入深、由简到繁、由低级到高级的顺序，做到循序渐进。不能“揠苗助长”“凌节而施”。

（二）教育要适应人的身心发展的阶段性

人的成长是一个持续不断的发展过程，在这个总的发展过程中，不同年龄阶段表现出一些不同的特征，面临着不同的发展任务，这就是身心发展的阶段性。前后相邻的阶段是有规律地更替的，在一段时期内，发展主要表现为数量的变化，经过一段时间，发展由量变到质变，从而发展水平达到一个新的阶段。一般而言，依据人的身心发展的生理和心理特征可以把人的发展划分为八个主要阶段：乳儿期（0～1岁）、婴儿期（1～3岁）、幼儿期（3～6、7岁）、童年期（6、7～11、12岁）、少年期（12、13～15、16岁）、青年期（16、17～31、32岁）、成年期或中年期（31、32～55、60岁）、老年期（55、60～死亡）。

受教育者身心发展的阶段性决定了教育工作的针对性。因此，在教育工作中，要从教育对象的实际出发，针对不同年龄特点的学生，主动适应，提出不同的具体任务，采用不同的教育内容和方法，主动地、更好地发挥教育的主导作用。

（三）教育要适应人的身心发展的不均衡性

人的身心发展有一定的顺序性和阶段性，但他们的身心发展速度并不是在每个阶段都是一样的，而是不均衡的。这种发展的不均衡性表现在两个方面：一是在不同的年龄阶段，同一个方面的发展速度是不平衡的。有的阶段发展快，有的阶段发展慢。这就要求教育工作要探明受教育者发展的成熟期、关键期，为他们做好接受某一方面教育和学习的准备，以取得最佳的教育效果。二是在同一年龄阶段，不同个体的同一方面的发展速度也是不平衡的。

针对这一规律，教育工作者就要做到抓住关键年龄期，适时而教。心理学工作揭示在儿童的发展中，有如下关键年龄期：2～5岁是心理、智力发展的关键年龄期；2～3岁，是口语学习和发展的关键期；3～4岁是书面语言形成和发展的关键期；5岁是音乐（3岁小提琴、5岁钢琴）学习的关键期；5～6岁是数字及方位概念学习和形成的关键期；3～8岁、10～14岁是外语学习的关键期……，家长和教师特别要注意抓住这一规律，适时施教，达到事半功倍的效果。

（四）教育要适应人的身心发展的稳定性和可变性

在一定的社会和教育条件下，人的身心发展有一定的稳定性，即每一个阶段人身心的发展速度、变化过程等大体是相同的，表现出每个阶段共同的基本特征。如发展阶段的顺序，绝不可能从一个发展阶段跳跃到另一个发展阶段而越过中间阶段。但这种稳定性是相对的，而不是绝对的。由于不同时代人的生理条件、生活环境和教育的不同，甚至跌打损伤、吃药、吸毒等都会造成同一年龄阶段人的发展水平的差异。这就要求我们在教育工作中，既要注意受教育者发展的稳定性、各个年龄阶段的共同特征，确定合适的教育内容和方法，同时又要注意受教育者发展的可变性，及时调整教育措施以促使他们的身心较快地发展。

（五）教育要适应人的身心发展的个别差异性

在人的身心发展中，由于遗传、环境和教育影响的不同，个体主观努力和实践的不同，使得同一年龄阶段上的受教育者在身心发展上存在差异。这种差异首先表现在不同学生在同一方面的发展，其速度和水平各不相同。其次，表现在不同学生不同方面的能力发展上。如有的学生具有艺术才能、有的学生具有科技活动才能、有的具有组织才能、有的具有体育才能，等等。另外，个别差异还表现在不同学生具有不同的个性心理特征方面。比如有的沉静、有的活泼、有的坚强、有的柔弱、有的勇敢、有的胆小，等等。还有些差异表现在性别上。

学校教育应该针对这些个别差异，充分发挥教育的主导作用，做到“因材施教”，“一把钥匙开一把锁”，才能使学生的身心得到充分发展，成为学有专长、富有个性的人才。

（六）教育要适应人的身心发展的机能互补性

在人的身心发展中，由于遗传、环境和教育影响的不同，会先天或者后天地带来一些机能损伤，但是人的发展会依靠其他机能超常发展来弥补，使人能以整体形象出现在社会面前。

因此，教育工作者在面对这类学生时，要给学生树立信心，使其扬长避短，长善救失。

第二节　教育与社会的发展

一、社会概述

（一）什么是社会

社会是共同生活的人们通过各种各样社会关系联合起来的集合，其中形成社会最主要的社会关系包括家庭关系、共同文化以及传统习俗。微观上，社会强调同伴的作用，并延伸到为了共同利益而形成的自愿联盟。宏观上，社会就是由长期合作的社会成员通过发展组织关系形成的团体，并形成了机构、国家等组织形式。

（二）社会的构成要素及其相互关系

所谓社会的构成要素是指人类社会赖以存在发展的前提和基础条件。人类社会是最大的社会系统，这个大系统中又有国家、地区、城市、公司、家庭等各个层次的子系统，这些子系统也是社会系统，它们虽然属于不同层次、不同类型、不同结构，但是都有相似的功能，每一个社会系统都在不断演化。社会系统的要素是个人、人群和组织，联系着经济关系、政治关系和文化关系。例如，婚姻关系和血缘关系构成家庭，家庭的要素是夫妻、父母、子女等；雇佣关系、聘用关系、产权关系、股东关系等构成公司，公司的要素是设备、技术、资金、员工、管理者、老板等；一个国家的要素是政府、公民、公司和社会各类组织，它们之间存在着经济、政治和文化的关系。

对于社会构成要素，社会学界尚无统一的认识。中国早期社会学家曾提出“四要素说”，认为地理要素（气候和地形）、生物要素（人口的数量和品质）、心理要素（社会态度和它的机械）、文化要素（文化物质和模式）是社会存在发展的前提性构成要素。

1. 自然环境

人类社会必须依赖于自然环境，而且永远也摆脱不了对自然环境的依赖。我们通过以下四点来说明这个问题。自然环境决定着人类生产活动的方式，从而也决定着人类的生活方式或生存方式。从某种意义上说，人类生产活动也就是一个加工和利用自然资源的过程。草原适宜于放牧，平原适宜于耕种，所谓靠山吃山，靠水吃水，不仅在生产技术水平低下、生产力水平不高的时代，人们对环境的依赖和环境对人的制约是巨大的，即使是科学技术高度发达的今天，人类的生产活动也会以环境条件为前提，遵循环境规律。自然环境影响人们的社会文化，社会心理，进而影响社会组织形式。人类思想史上著名的地理环境决定论有诸多的代表人物，孟德斯鸠就是其中突出的一位。他在《论法的精神》中，详尽而系统地阐述了地理环境决定社会制度的理论，论述了地理条件如气候、土壤，甚至国土面积的大小即幅员如何影响各地区各民族人们的生活习惯、民族性格，进而影响到各国的经济、政治及至法律制度。自然环境对社会发展起着加速或延缓的作用。人类文明最早的发源地大多是气候适宜，交通便利的地方。开发较早和发展较快的地区总是自然条件比较好的地区。人类对环境的依赖还表现为人类必须处理好与环境的关系，否则就会影响到人类社会的可持续发展。人类在进入工业社会以后，开发自然的能力大大增强，对自然资源的过度开发和破坏性开发也与日俱增，从而带给人严峻的问题，可持续发展就是人类对自己过去行为的一个反省。

2. 人　口

人口是特定地域内一定数量和质量的人的总称。人口对于人类社会的重要性和前提性作用是不言而喻的，尤其突出地表现在人口对生产，对消费的作用和影响。人口不足和人口过剩都是影响人类发展的基本问题，当人口与生产发展水平不相适应时，人们就必须采取干预人口的政策，鼓励人口增长抑或是抑制人口的增长。

3. 文　化

文化是与自然现象不同的人类社会活动的全部成果，它包括人类所创造的一切物质的与非物质的东西，人类社会生活的一切都可以归结为文化，文化联系着社会生活的方方面面，是人类社会区别于动物社会的根本所在。文化对于社会的基础性意义表明了人类的生存就是文化状态的生存，表明了文化对人的重要性。文化体现为一定社会的经济关系、政治关系、生产力与科技水平关系，等等。

二、教育与社会发展之间的相互关系

广义的社会发展，指人类社会由低级向高级、由落后向先进、由不发达向发达过渡的逐步发展；狭义的社会发展，指一国的政治、经济、文化等主要社会指标方面的不断发展。本文所指为后者。“作为一种社会现象，教育的发展始终受到政治、经济、文化等因素的影响，同时也对这些因素产生反作用。”①

（一）教育与政治的关系

政治是上层建筑的核心，它对社会生活的各个方面都有重大影响，当然也包括作为社会实践活动之一的教育。同时，教育对政治又有反作用。

---

① 丁锦宏. 教育学. 第2版. 南京：南京大学出版社，2006：63.

1. 政治对教育的制约

政治对教育的制约作用，主要表现在以下几个方面：

（1）政治制约着教育目的。

教育培养具有什么政治方向和思想意识的人，为谁服务，这是由一定的社会政治制度决定的。不同的阶级由于经济利益和政治利益不同，因而有不同的教育目的。例如，奴隶社会的教育目的是把奴隶主的子弟培养成善于镇压奴隶和抵御外患的新一代奴隶主；封建社会的教育目的是把地主阶级子弟培养成为为国家政权服务的士大夫，即所谓的“学而优则仕”；社会主义的教育目的是培养全面发展的社会主义事业的建设者和接班人。可以说，教育目的是统治阶级的政治权力与政治哲学在教育领域的延伸。

（2）政治决定着教育的领导权。

在阶级社会中，谁掌握了国家政权，谁就支配着精神产品的生产，控制着学校教育的领导权。统治阶级主要通过颁布教育方针政策、制定教育目的，通过选择和任免教育行政长官、管理人员与教师，通过控制、支配教育经费等手段，对教育进行组织、管理、指导和监督，把教育的领导权牢牢掌握在自己手里，使教育为维护、巩固其政治制度服务。

（3）政治制约着受教育权。

政治的作用之一就是在社会成员之间进行有限资源的分配与再分配，在相当长的历史时期内，作为短缺资源的教育在分配中都要受到政治和政府的直接影响。政治经济地位的不平等势必造成受教育权利的不平等，谁有接受学校教育的权利，能受到什么样的学校教育，是由代表统治阶级利益的政治所决定的。例如，奴隶社会的学校专为奴隶主子弟开设，接受学校教育是他们的特权；封建社会不仅把农民子弟排斥在学校门外，即使在统治阶级内部受教育的权利也有严格的等级差别；在社会主义的中国，法律规定全体国民在政治上一律平等，享有平等的受教育权。

（4）政治制约着教育内容。

教育内容是教育目的的具体体现，政治决定着教育目的，进而决定着教育内容特别是思想品德教育内容的选择。思想、道德具有阶级性，符合统治阶级利益的思想道德成为学校思想品德教育的主要内容。我国古代教育灌输的“三纲五常”，资产阶级宣扬的“自由”“平等”“博爱”和“天赋人权”，社会主义中国提倡的“五爱”教育，都体现了政治的影响。

2. 教育的政治功能

现代社会，尽管教育逐渐从过去较多地为政治服务转移到为经济服务，但教育的政治功能仍然是非常明显的，只不过现代社会中教育的政治功能具有新的特点。

（1）教育能够促进年轻一代政治社会化。

教育的政治功能，无论是稳定政治还是变革政治的功能，主要都是通过培养人来实现的。社会成员的政治社会化状况直接关系到一定社会政治制度和政治秩序的稳定。教育作为传播文化、训练思想、培养情感和养成社会行为习惯的活动，能以直接或间接的、显性或隐性的方式向年轻一代传播一定的社会政治意识，促进他们的政治社会化。

教育通过政治社会化，不仅可以使年轻一代养成社会所需要的政治意识和政治态度，还可以培养出各种专门的政治人才或者为这种人才成长打下必要的基础。在现代社会，学校已成为培养政治人才的主要场所，通过系统教育的方式来培养政治人才的趋势日益明显。许多资料显示，西方发达国家的高级政治领导人大多毕业于名牌大学。例如，英国历史上50多位首相中毕业于牛津、剑桥两校的就达30位以上，日本70%的高级文职人员毕业于东京大学。

（2）教育能够制造政治上的舆论和思潮。

政治舆论和政治思潮是政治稳定与发展不可缺少的思想力量。通过教育，能宣传一定阶级或政党的政治纲领、方针、路线、政策并为群众所接受。学校常常是营造政治舆论的重要场所，因为学校特别是高校是知识分子和青年学生集中的地方，他们知识丰富，思想活跃，政治敏锐性强，对社会上的各种政治主张能积极地学习和宣传。所以，历来的政治家和思想家都十分重视通过学校这个阵地来“化民成俗”。

学校往往是新思想、新思潮的发源地和集散地，会对国家的政治决策产生重要影响。许多国家把大学看成是重要的政治咨询机构。学校也是社会政治最为敏感的地方之一，政治运动经常从这里发端。例如，“五四”运动就是由北京大学发端，最后扩散到社会，成为一场全国范围的反帝、反封建政治运动。

（3）教育能够促进政治民主化。

民主是现代政治的核心与实质，政治民主化是现代社会政治发展的必然趋势。一个国家的政治民主程度直接取决于国家的政体，但也与一个国家人民的文化程度或受教育水平有着密切的关系。教育是推动政治民主化的重要力量，教育不仅可以通过提高人们的一般科学文化素质来为政治的民主化提供前提与保障，还可以通过教育自身的民主化来培养年轻一代一定的民主意识和正确的民主观念。教育制度的民主化、受教育权利的民主化、教育决策与管理的民主化、教育资源分配的民主化、师生关系的民主化等，都可以在教育中营造一种平等、自由、合作的民主氛围，对学生的民主意识产生潜移默化的影响。

（二）教育与经济的关系

随着社会生产力的发展和人们物质生活水平的提高，教育与经济的关系越来越密切。经济发展为教育提供了雄厚的物质基础，教育对经济的促进作用也越来越大。

1. 经济对教育的制约

经济发展是教育发展的物质基础，经济发展水平制约着教育发展的各个方面。

（1）经济发展水平制约着人才培养的规格。

教育的根本任务是培养人，学校要培养具有怎样质量和规格的人，这固然是出于统治阶级的愿望，但是社会经济发展水平也在对年轻一代不断提出新要求，具体规定着社会劳动者在劳动技能、生产知识和科学文化方面所应具有的规格。

从工业发展史来看，文盲可以从事手工业劳动；利用蒸汽机进行生产的时代，要求工人要具有初等教育的文化水平；电气化生产的时代，要求工人要有中等教育的文化水平；现代利用核技术、电子技术等进行自动化生产的时代，要求工人要具有高中和专科以上的文化水平。由此可见，不同的经济发展水平，要求教育为其提供不同数量、规格和质量的劳动力。

（2）经济发展水平制约着教育发展的规模和速度。

任何社会办教育都需要一定的人力、物力和财力，办多少所学校、有多少人接受教育，不是由人的主观意志任意决定的，它与社会经济发展水平密切相关。首先，经济发展水平决定一个社会所能提供的剩余劳动数量，这种剩余劳动的数量与社会上可能受教育的人口之间

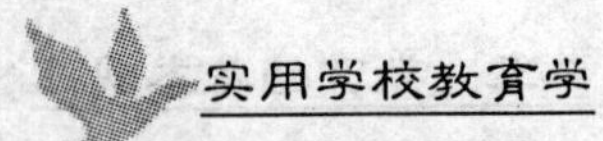

存在着直接联系，影响着一个国家或地区的教育发展规模。一般说来，经济越发达，剩余劳动数量越多，社会上可能受教育人口的基数就越大，教育的规模就会扩大。其次，经济发展水平还直接决定一个国家的教育经费支付能力。一般说来，一个国家的经济发展水平越高，教育经费支付量就越大，教育经费在国民总收入中所占比例就越高，教育经费支付能力是影响教育事业发展规模和速度的根本性因素。

(3) 经济发展水平制约着教育的内容、手段和组织形式。

人类在长期的生产劳动和社会生活中积累、发展起来的知识经验，是选择学校教育内容的基础。学校所传授的知识内容，必须反映所处历史时期的经济发展水平和科技进步成果，才能适应生产力的发展要求。因此，随着经济的发展和科技的进步，学校课程门类不断增减，课程结构不断调整，教育内容也不断更新。以西欧学校为例，14 世纪以前自然科学方面的课程仅有算术、几何和天文学。从文艺复兴开始到 16 世纪，增加了地理和力学。17 世纪以后，又增加了代数、三角、植物学、动物学、物理、化学等学科。20 世纪 50 年代以后，随着第三次科技革命的兴起，电子计算机、遗传工程等新兴学科也逐渐进入学校。

经济发展、科技进步所创造的成果也促进了教育手段与组织形式的变革。原始教育受极端低下的生产力发展水平制约，采用“口传身授”的方式进行。随着生产力的发展、造纸和印刷术的发明，教育达到了“黑板加粉笔，学生读书本”的水平，并且出现了课堂教学的集体教学形式。20 世纪中叶以来，幻灯机、投影仪、收录机、电视机、电子计算机等相继进入教学领域，教学手段日趋现代化，个别教学、班级授课和网络教育相得益彰，大大提高了教育质量和教育效率。

(4) 经济结构制约着教育结构。

教育结构通常指各种不同类型和层次教育的比例构成。经济发展不断引起产业结构、行业结构、技术结构、消费和分配结构的变革，与此相适应，教育结构也将随之发生变化。例如，大、中、小学的比例关系，普通中学与职业中学、全日制学校与业余学校的比例关系，高等教育中不同层次、不同科类之间的比例关系等，都要与一定的经济发展水平和一定的经济结构相适应。

2. 教育的经济功能

教育是社会经济生活中的一个重要因素，它通过再生产劳动力、生产及再生产科学技术推动经济的发展。

(1) 教育能够提高劳动力的整体素质。

劳动力是重要的经济因素，但是人的劳动能力不是与生俱来的，需要通过教育和训练才能获得，教育是劳动力再生产的重要手段。当人还没有掌握任何生产知识和劳动技能时，他只能是一种可能的、潜在的劳动力，只有通过教育才能使之变成现实的、直接的劳动力。

通过教育可以改变劳动力的形态，把一个简单劳动力训练成一个复杂劳动力，把一个体力劳动者培养成为一个脑力劳动者。通过教育还能不断提高劳动力的素质，使之掌握一定的技能和技巧，成为专门人才。教育通过提高劳动力的整体素质，来促进社会经济的发展。

(2) 教育可以促进科学技术创新。

教育是科学技术再生产的重要手段。科学技术是第一生产力，但它在未应用于生产之前时，只是一种意识形态的或潜在的生产力。只有当它为劳动者所掌握，并应用于物质生产过程中时，才能成为直接的生产力。要实现这种转化，只有靠教育。教育对已有的科学技术进行加工，并传授给下一代。教育对科学知识的再生产，是一种扩大的高效率的再生产，它可以使原来为少数人所掌握的科学技术为更多的人所掌握，还大大缩短了再生产科学技术所必需的劳动时间。

教育不仅通过培养劳动力实现科学技术的再生产，还能直接生产科学技术。学校尤其是高等学校，既是教学中心，又是科研中心。由于科研力量集中，学科门类齐全，研究设施充足，学术思想活跃，信息来源丰富，高等学校在发明创造高新科技方面发挥着重要作用。例如，美国的“硅谷”、日本的“筑波”、中国的“中关村”等高新科技开发中心，周围都有一些闻名于世的高等学校，许多高新科技产品就是高校直接生产或是与科研单位联合生产出来的。

阅读材料

表 2.1　1820—2050 年中国经济与人力资本积累各个阶段的特点

年代	经济发展特点	教育发展特点	人口增长特点
1820—1949	传统农业解体，经济迅速衰落	传统教育向现代教育模式转型时期，人均人力资本开始增长，但仍以精英教育为主，农村文盲充斥（80%以上）	高出生率、高死亡率、低增长率（0.03%）
1950—1978	现代经济增长初期，经济同世界平均水平趋同，温饱问题尚未解决	现代人力资本增长初期，普及小学教育，人力资本开始趋同，文盲率大幅度下降	高生育率、高增长率（2.06%）
1979—2000	经济起飞期，经济迅速上升，人均收入趋同，基本达到小康	人力资本起飞期，普及九年义务教育，基本扫除青壮年文盲，人力资本趋同	较低生育率、较低增长率（1.45%）
2001—2020（预测）	经济起飞中后期经济持续上升，人均收入趋同，全面实现小康	人力资本迅速追赶期，普及高中阶段教育，高等教育大众化，人力资本与发达国家水平迅速趋同	人口低增长率（约为 0.7%）
2021—2050（预测）	经济向成熟推进期，经济持续上升，人均收入趋同，基本实现现代化	人力资本继续全面追赶期，高等教育向普及推进，人力资本达到发达国家水平	人口低增长率，并出现零增长或负增长

（资料来源：袁振国. 当代教育学. 北京：教育科学出版社，2004：43.）

人力资本理论：它主要包括：① 人力资源是一切资源中最主要的资源，人力资本理论是经济学的核心问题。② 在经济增长中，人力资本的作用大于物质资本的作用。人力资本投资与国民收入成正比，比物质资源增长速度快。③ 人力资本的核心是提高人口质量，教育投资是人力投资的主要部分。不应当把人力资本的再生产仅仅视为一种消费，而应视同为一种投资，这种投资的经济效益远大于物质投资的经济效益。教育是提高人力资本最基本的主要手段，所以也可以把人力投资视为教育投资问题。生产力三要素之一的人力资源显然还可以进一步分解为具有不同技术和知识程度的人力资源。高技术知识程度的人力带来的产出明显高于技术程度低的人力。④ 教育投资应以市场供求关系为依据，以人力价格的浮动为衡量符号。这一总结尽管并非无懈可击（譬如，人力资本理论是经济学的核心问题这一结论就值得商榷），但基本上给出了人力资本理论的框架。

（资料来源：http：//baike.baidu.com/view/743635.htm.）

（三）教育与人口的关系

1. 人口对教育的影响

（1）人口数量影响教育发展的战略目标和战略重点的制定和实现。一般说来，新增人口多，发展教育就不得不看重量；如果人口实现了零增长或负增长，发展教育就可能看重质。

（2）人口结构及其分布状况影响教育结构及学校布局状况。由于人口结构不同，各国教育的初、中、高三级之间的构成比例出现相应差异，形成不同模式。低龄人口比重大，初、中级教育比重就不得不增大；低龄人口比重小，高等教育在整个教育体系中所占比例就会相对增大。影响教育横向结构的，主要是人口的职业构成。如果生产力发展水平高，从事技术性工作的人口所占比重大，专业教育、职业教育占整个教育的比例就会较大；如果生产欠发达，从事纯体力劳动的人口所占比重大，该比例就小。人口的现存分布状况和迁移变动则会对学校的地域布局结构产生巨大影响。学龄人口数量是设立学校的基本依据，中小学校的布局必须与人口的地域分布状况相适应。随着人口的迁移、变动，人口的地域结构会发生变化，中小学布局也该做适应性调整。中小学布局结构与人口分布状况不相适应会造成两种情况，一种是学校班额太小，办学不经济；另一种是班额过大，给教学、管理都带来不便。

（3）学龄人口数量影响教育规模及经费使用。这种影响来得最直接、最明显。学龄人口与新增人口也就那么六七年的时间差。为了使每个学龄儿童都有接受教育的机会和条件，教育规模、教育经费、教师数量、校舍设施等都应该据学龄人口数量的多少和增减的快慢相应做一定调整。

2. 教育对人口的影响

教育对人口的影响是很大的。其作用具体表现为：

（1）教育具有控制人口增长的作用。受教育程度高的妇女因为就业机会多，容易接受计划生育观念而更愿意节制生育。受教育程度的普遍提高，能改变人们的一些不利于降低人口出生率的观念，有利于控制人口增长，少生优生。而且随着平均受教育年限的增加，培养孩子的教育成本增高，会间接起到控制人口增长的作用。

（2）教育具有提高人口素质的作用。教育是提高人口素质的基本手段。教育能够直接而又比较突出地改变教育对象的思想觉悟、道德品质、知识水平、智力能力和劳动技术水平，即改变人口质量中的精神要素。自然经济状态下，增加家庭人口数量对增加家庭收入有利。但当生产力发展水平有了巨大提高以后，人们就不得不强调人口素质。要提高人口素质，必须借助于教育。教育的作用不仅仅表现在培养人才上，更重要的是，通过接受教育能提高全民素质。就我国目前的情况而言，抓好基础教育，特别是抓好农村基础教育，事关整个中华民族素质的提高，事关社会的持续发展。

（3）教育具有使人口结构合理化的作用。合理的人口结构即有利于社会发展的人口结构。通过接受教育，可以改变人口的文化结构和职业结构，可以促使人口的地域分布向合理的方向流动，使人口结构更好地适应社会发展的需要。就我国的情况来看，整个人口的文化水平不高，职业结构方面技术性职业人口所占比例小，人口分布不合理，偏东、偏南的人口密度大。要改变这种人口结构不合理的状况，教育事业还任重道远。

人口问题是现代社会里普及教育、继续教育不得不考虑的大问题。人口对教育的影响是十分广泛的，不同社会或同一社会的不同时期的影响也是不同的。社会现存的人口状况及其发展趋势，对制定教育发展战略、确定教育规模、目标、结构、内容及形式会产生重要影响；而现存的教育发展状况，又影响着以后的人口数量、质量和结构。应特别值得注意的是今日的教育对明日的人口质量有着实质性的、决定性的巨大影响。

（四）教育与文化的关系

教育既是文化的重要表现形式，也是文化的重要组成部分，教育与文化相互渗透、相互影响，其关系较为密切。

1. 文化对教育的制约作用

文化对教育的渗透与影响是必然的，文化对教育有制约作用。具体讲，体现在如下几方面：① 民族文化传统必然渗透于教育，一方面成为教育发展的根据、基础，另一方面也构成教育改革的惰力、阻力；② 蕴含在文化中的价值观，直接影响着社会对教育的重视程度、培养人的规格和教育内容的选择等具体环节；③ 文化的创造、更新，要求教育必须随着文化的变迁而进行主动或被动的改革。

2. 教育对文化的影响

教育对文化的渗透与影响也是不可避免的，教育也制约着文化的发展。具体讲，体现在如下几方面：① 教育活动本身就是一种文化活动；② 教育不仅可以通过课程实施普及文化、延续文化，使学生具备适应社会生活的知识、技能、规范和价值，而且也通过教育科学研究、师生的活动进行文化创造和更新；③ 教育有时成为文化变迁的阻力。一方面，教育传统本身就是文化传统的重要组成部分，它对文化的变迁具有阻滞作用，如教师所具有的性别差异的思想会阻碍学生形成性别平等的观念；另一方面，由教育所导致的社会分层一般具有较高的稳定性，其所共同具有的价值、规范等也具有较高的稳定性，为维护其现有地位、获取更多利益，不同层次的个体会尽力保持现状。

总之，教育与社会之间的关系是相互影响、相互渗透、相互制约的。一方面，社会的发展制约着教育的发展；另一方面，教育的发展又促进社会的进步。它们是辩证统一的。

阅读材料

几种影响较大的关于人的发展的理论。

1. 认知发展理论

其代表人物皮亚杰认为，儿童认知的发展可以分为四个主要时期：感觉运动时期（婴儿期或从出生到 2 岁）；前运算时期（2～7 岁）；具体运算时期（7～11 岁）；形式运算时期（11 岁到成年期）。年龄的规定只是一个大体的平均数，因此，阶段的划分会随着某些因素如儿童成长的环境不同而变化。对于每一个主要的时期，他都概括了标志着该阶段儿童特点的认知活动，构成这些认知活动的形式，以及这些认知活动形式在未来发展中的作用。这一理论认为个人具有实现某种逻辑行为的潜能，这种潜能起源于人最初的动作图式，思想是动作的内化。皮亚杰强调智力发展的生物成熟基础，并认为发展的各个阶段都是严格确定的。在他看来，外部刺激会引起个体的主动反应，或者同化，或者顺应。但是外部刺激本身和智力发展并无关系。

2. 智力发展理论

（1）斯腾伯格（S. Sternberg）的三元智力理论。

美国心理学家斯腾伯格采用信息加工学说去解释与度量智力，提出三元智力理论。他认为智力与人类处理日常生活事件的能力有密切的关系，因此把智力分成三个子理论，即成分子理论（组合智力，Componential Intelligence）、经验子理论（经验智力，Experimential Intelligence）、情境子理论（实用智力，Contextual Intelligence）。组合智力指个体在问题情境中，运用知识分析资料，经由思考、判断、推理以达到解决问题的能力。这类智力由三个成分构成。元成分，如预先计划的能力、监督事情进行的能力或制定策略的能力；表现成分，这种能力可以使计划付诸实现；获取知识的技能。经验智力指个体运用已有的经验处理新问题时，整合不同观念而形成顿悟或创造力的能力，即运用旧经验迅速解决问题的能力与改造旧经验、创造新经验的能力。实用智力指个体在日常生活中，运用所学的知识经验处理日常事务的能力，包括适应环境的能力、改变环境的能力和选择能力。

三元智力理论是现代具有影响力的智力理论，它与当代认知心理学的发展产生了契合，使智力研究有了新的突破性进展，为编制较为理想的智力测验提供了一个较为适合的理论框架。

（2）加德纳的多元智力理论。

他认为，智力一方面与一定社会和文化环境下人们的价值标准有关，这使得不同社会和文化环境下的人们对智力的理解不尽相同，对智力表现形式的要求也不尽相同；另一方面，智力既是解决实际问题的能力，又是生产及创造出社会需要的产品的能力。他提出了关于智力及其性质和结构的新理论——多元智力理论。他的多元智力框架中相对独立地存在着七种智力：言语—语言智力、音乐—节奏智力、逻辑—数理智力、视觉—空间智力、身体—动觉智力、自知—自省智力和交往—交流智力。这打破了以往存在的单独以数理逻辑能力判断人的智力的不合理做法。

（3）卡特尔的流体智力与晶体智力理论。

美国心理学家卡特尔与霍恩（J.L.Horn）根据因素分析的结果，按心智能力的功能差异，将人类智力划分为两种，即流体智力和晶体智力。

流体智力是以生理为基础的认知能力，是不依赖于文化和知识背景而对新事物学习的能力，如注意力、知识整合能力、思维的敏捷性等。晶体智力是以学得的经验为基础的认知能力，与文化知识、经验的积累有关，如知识广度、判断能力等。经研究发现，流体智力的发展与年龄有密切的关系。一般在 20 岁以后发展达到顶峰，30 岁以后随年龄的增长而降低；晶体智力与年龄变化没有密切关系，不因年龄增长而降低，甚至有些人因知识经验的积累，晶体智力反而有随年龄增长而升高的趋势。

3. 道德发展理论

道德发展理论的代表人物是美国著名心理学家科尔伯格。他认为道德发展有一个固定的、不变的发展顺序，是从特殊到一般，从自我中心和关心直接的事物到基于一般原则去关心他人的利益；肯定道德判断要以一般的认知发展为基础；强调社会相互作用在道德发展中的作用。科尔伯格继承并发展了皮亚杰的道德认知理论，在运用道德两难故事进行研究的基础上，把儿童的道德发展划分为三个水平六个阶段。

（1）前习俗道德水平。这一水平的主要特征是对是非的判断着眼于行为的具体结果。这一水平又分为两个阶段即服从与惩罚的定向阶段及天真的利己主义的定向阶段。处于第一阶段水平的儿童认为，规则是由权威制定的，必须无条件地服从。服从权威或规则只是为了逃避惩罚。违背规则理应受罚。行为的好坏应以行为的结果来评定。处于第二阶段水平的儿童认为规则并不是绝对的、固定不变的东西。一个人应根据自己的需要和快乐作出决定。正确的行动包含着能够满足个人需要的行动。个体服从规则是为了受到好的待遇。

（2）习俗的道德水平。这一水平的主要特征是对是非的判断满足于社会的期望。这一水平亦分两个阶段。即好孩子的定向阶段及维护社会制度与权威的定向阶段。处于前一阶段即第三阶段水平的儿童已能根据行为的动机和感情来评定行为。他们认为好的行为就是能使别人高兴，受到别人赞扬的行为。处于后一阶段即第四阶段水平的儿童已看到了法律所起的社会作用。他们注意的中心是维护社会秩序，每个人应当承担社会的义务和职责。正确的行为即尽到个人的职责，尊重权威，维护普遍的社会秩序。

（3）后习俗道德水平按自己认定原则的道德水平。这一水平的主要特征是对是非的判断着眼于自己认可的道德标准。这一水平亦分为两个阶段。前一阶段即第五阶段是社会契约的定向阶段。处于这一阶段的儿童看待法律比较灵活。认为法律是为了使人们和睦相处，如果法律不符合人们的需要，可通过共同协商和民主的程序加以改变。后一阶段即第六阶段，为普遍的道德原则的定向阶段。这一阶段的儿童有了某种抽象的、超越法律的普遍原则的确定概念。这些原则包括对全人类的正义和个人的尊重。他们不只是认识到社会秩序的重要性，也领悟到不是所有的社会都能实行完善的原则的。

4. 需要层次理论

需要层次理论的代表人物是美国心理学家马斯洛。该理论的提出是基于两个基本假设：第一，人主要是受满足某种需要的欲望所驱使的需求动物。人类的需要是无止境的，当个人满足一种需要之后，就会产生另一种需要。第二，人类所追求的需要具有普遍性，这些需要有层次之分。由此，马斯洛把人的需要分为五个层次，即生理需要、安全需要、社交的需要、尊重需要、自我实现的需要。其中，生理需要是维持人类自身生存的基本需要，是人类最原始、最基本的需要，如衣、食、住、行、性的需要。在生理需要得到满足之后，人就会产生安全需要，如避免职业病及事故，摆脱失业威胁及某些社会保障的需要。再上一层需要，是社交的需要，如满足归属感，希望得到友爱等。尊重需要可分为内部尊重及外部尊重。前者指希望自己有实力，后者指对地位、威望的需求。自我实现的需要是个人的最高需要，要求实现个人抱负，施展才能。马斯洛认为，上述五种需要是按次序逐级上升的。当下一级需要获得满足之后，追求上一级的需要就成为行动的动力了。在教育上，他认为教育的任务是帮助人们满足最高的需要——自我实现的需要。为了进一步说明自我实现的教育目的，把教育划分为外在教育与内在教育，外在教育以行为主义为基础，强调向学生传授工业社会所需要的知识，关心知识的接受效率。马斯洛认为外在教育使学生缺乏创造性，漠视学生的内在世界，难以达到自我实现，因而重视内在教育，唯有内在教育能帮助人们达到自我实现，最大限度发挥人的潜能。内在教育就是帮助人们体验人生，促成人的最高发展，形成丰富人性。他的人本主义教育观实际上就是探讨教育怎样才能促使人的最大发展问题，注重自主体验，注重经验、直觉、情感等。

（资料来源：http：//blog.sina.com.cn/s/blog_6122c65a0100e3ib.html.）

复习思考题

1. 学校教育发挥主导作用的条件是什么？
2. 学校教育在个体的发展中具有独特作用，其特殊性的表现有哪些？
3. 环境对个体发展的影响表现在哪些方面？
4. 结合自己的成长过程，谈一谈遗传、环境、教育等因素在人的身心发展中所起的作用。
5. 依据人的身心发展规律，教育者应采取哪些措施来促进儿童的发展？
6. 试论述教育与社会发展的相互制约关系。

第三章 教育目的

【本章要点】

- 教育目的的含义及确定依据
- 学校教育制度的含义及确定依据
- 素质教育的概念
- 素质教育的困境

教育部从2002年开始，在北京、内蒙古、辽宁等14个省（市、区）建立了全国学生体质健康监测网络，每两年对我国学生健康状况进行一次监测并发布公告。2004年进行的第二次监测结果反映，中国学生体质发展趋势很不乐观。18万余名7～22岁城乡学生中，60%左右的年龄组超重及肥胖检出率继续上升，其中10～12岁城市男生肥胖率已达15.97%。与此同时，学生视力不良检出率仍然居高不下，小学生三成，初中生六成，高中生接近八成，大学生八成。与2002年相比，学生爆发力、力量等素质继续下降，除反映速度素质的50米跑成绩略有提高外，其余各方面素质自2000年以来继续呈下降趋势。

为什么会出现这样的结果呢?

第一节 教育目的概述

一、教育目的的概念

教育目的由“教育”和“目的”两个词语构成，要准确理解教育目的的概念，首先应该弄清楚什么是目的。

伟大的人类导师马克思说过这样一段经典的话：“蜘蛛的活动与织工的活动相似，蜜蜂建筑蜂房的本领使人间许多建筑师感到惭愧。但是，最蹩脚的建筑师从一开始就比最灵巧的蜜蜂高明的地方，是他在用蜂蜡建筑蜂房以前，已经在自己的头脑中把它建成了。劳动过程结束时得到的结果，在这个过程开始时就已经在劳动者的表象中存在着，即已经观念地存在着”[①]。由此可见，目的性是人类活动的根本属性。而什么是目的呢？我们先看一些权威工具书中对“目的”的定义，兹简列如下：

《汉语辞典》：“意欲所达之境。”[②]

---

① 马克思. 资本论//马克思恩格斯全集：第23卷. 北京：人民出版社，1979：123.

② 中国辞典编纂处. 汉语词典（原名《国语词典》）. 北京：商务印书馆，1957：121.

《当代国语大辞典》:“欲实践的目标。”[①]

《汉语大辞典》:“所追求的目标;想达到的境地。”[②]

《现代汉语辞海》:“想要达到的地点或境地,想要得到的结果。”[③]

《辞海》:“人对某种对象的需要在观念上的反映。人在行动之前在观念上为自己设计要达到的目标。”[④]

从以上定义,我们可以发现目的的基本涵义是主体对预期境地或结果的一种规定。在“目的”一词的使用中不可避免地会出现与“目标”一词的混同,如《辞海》对“目的”的定义中就运用了“目标”一词。而目的与目标的区别何在呢?一般认为,当人们在表述一种更抽象的事物时,往往用目的一词,在表达比较具体的事物时采用目标一词。

目的具有几个基本属性。首先,目的是人的意识的产物,不同的人由于自身所拥有的知识、社会地位等不同,在参与活动时就可能持有不同的目的;其次,所确定的目的必须是现有情况的产物;再次,目的是需要得到认同与实施的,否则就无法发挥其应有的作用,所以外在的强加的目的是很难得到预期效果的。目的确定后会对所从事活动的方式、方法、内容等诸多因素有影响。

教育作为社会实践的一种活动,其目的又是什么呢?这是我们即将探讨的问题。关于什么是教育目的,以往的研究者做过很多探讨,对于教育目的的概念,学者们的看法不一。

1985年出版的《中国大百科全书·教育》中将教育目的界定为“教育的目的是根据一定社会的政治、经济、生产、文化科学技术发展的要求和受教育者的要求制定的,是教育工作的出发点和最终目标,也是确定教育内容、选择教育方法、检查和评价教育效果的根据。”[⑤]

教育目的指的是把“受教育者培养成为一定社会所需要的人的总目标,是教育工作的出发点和归宿,是确定教育任务,建立教育制度,选择教育内容,组织教育过程以及检查和评价教育效果的根据”。[⑥]

在英语中,教育目的相当于 educational aims,aims of education,educational ends,educational goals。教育目标则相当于 educational objectives,purposes of education。关于后者,《西方教育辞典》认为:“objectives(目标)是进行课程编制(curriculum compilation)及教育技术学(educational technology)的一个重要术语。有时是指预期的学习或教育成效。有时也明确特指学习者应当以可测量的方式表现出的行为,类同于 behavior objectives(行为目标)。”[⑦]

我们认为,正如教育有广义和狭义之分一样,对教育目的的认识也可以从广义和狭义两个方面进行理解。广义的教育目的是指人们对受教育的期望,即人们期望受教育者接受教育后身心各方面产生怎样的积极变化或结果。在一定社会中,凡是参与或关心教育活动的人,如教师、家长、政治家、科学家、艺术家等,对受教育者都会有各自的期望,也就是说都会有各自主张的教育目的,这是广义的教育目的。狭义的教育目的是指一个国家为教育确定的

---

① 阎振兴,高明. 当代国语大辞典. 百科文化事业股份有限公司,1984:905.
② 汉语大词典编纂处. 汉语大词典:第七分册. 上海:汉语大词典出版社,1990:1126.
③ 中国社会科学院语言研究所词典编辑室. 现代汉语词典. 北京:商务印书馆,2005:971.
④ 辞海. 缩印本. 1989:1878.
⑤ 中国大百科全书·教育. 北京:中国大百科全书出版社,1985:172.
⑥ 教育大辞典编纂委员会. 教育大辞典:第6卷. 上海:上海教育出版社,1990:106.
⑦ [英]德·朗特里. 西方教育辞典. 陈建平,等,译. 上海:上海译文出版社,1988.

培养人才的质量规格和标准，是社会通过教育过程要在受教育者身上形成它所期望的结果或达到的标准。这种教育目的是社会总体上的教育目的，它可能是由某个人如教育家、政治家等提出、倡导而得到社会承认的，也可能是由国家机关制定推行的，它对个人的教育目的起着指导、调节、统摄作用。

二、教育目的体系

教育目的是一个体系。它与上位层次的教育方针和下位层次的培养目标等是自上而下的相互制约与自下而上的逐级达成的关系。教育目的体系结构见下表。

- 教育方针
- 教育目的
- 培养目标
- 课程目标
- 教学目标（年级教学目标、单元教学目标、课时教学目标）

下面对教育目的体系结构作了具体阐释。

（1）教育方针。教育方针是一个国家教育发展和人才培养规格与标准的规定，它从最宏观、最根本的方面规定了一个国家教育性质和教育方向、人才发展的内容和质量要求以及实现的途径。如我国现行教育方针“教育必须为社会主义现代化建设服务”是对教育性质和方向的规定，“使受教育者在德、智、体、美等方面全面发展，成为社会主义事业建设者和接班人”是内容和质量要求，德、智、体、美等是实现的途径。

（2）教育目的。教育目的含义在前面已经做过详细介绍，在此不再赘述。一般而言，教育目的比较宏观、概括、抽象。它描述了作为一种理想而为受教育者所设定的心理素质或一种素质结构，并要求教育者应该如此行动，使受教育者最大程度地获得该理想的能力。我国的教育目的往往出现在教育方针的表述中，因此它属于教育方针的下位层次。

（3）培养目标。培养目标是根据教育目的制定的某一级或某一类学校或某一个专业人才培养的具体要求，是国家总体教育目的在不同教育阶段或不同类型学校，不同专业的具体化，它与教育目的是一般与个别的关系。同时，培养目标必须依据教育目的来制定，不能脱离教育目的，而教育目的又必须通过各级各类学校，各专业的培养目标来体现和落实。一个国家的教育目的是唯一的，而培养目标却是多种多样的。

（4）课程目标。课程目标位于培养目标之下，主要用来描述和规定学校范围内的教育和学习结果，主要涉及特定学科或学习领域在各个年级水平要达到的目标。比如新课程改革研制的小学语文课程，所表述的课程目标包括总体目标和阶段目标。其中，总体目标实行九年一贯制。阶段目标分为三个学段，每个阶段分为“识字与写字”、“阅读”、“习作”、“口语实际”和“综合性学习”五个方面。

（5）教学目标。教学目标是课程目标的进一步具体化，表现为单元教学和学习目标，以及课时教学和学习目标。教学目标是师生通过教学活动达到预期的结果或标准，是对学习者通过教学以后将能做什么的一种明确的、具体的表述，主要描述学习者通过学习后产生预期的行为变化。它也是任课教师根据课程目标，针对具体的教学内容，结合学生的学习能力和学习速度，以及自己的教学特质与教学进度而拟订的。

三、确定教育目的的依据

在中外教育史上，人们曾经提出过各种各样的教育目的，阐述过他们的教育目的的理论依据。有的人认为教育目的来自理念、道德，有的人认为教育目的来自神的启示，有的人认为教育目的源于人的生物本性。但我们从历史上的教育目的可以看出，不同社会、不同国家的教育目的都各不相同。那么这就不得不使我们产生一些疑问。教育目的是怎么制定出来的呢？是依据提出者的主观意见还是根据当时的客观实际呢？

总的来说教育目的是由人提出的，它具有主观性。但是，当人们提出教育目的时，也需要考虑社会客观实际。因此，教育目的的提出既有其理论依据，也有其现实依据。

（一）教育目的的客观依据

教育是社会系统的其中一个部分，社会系统的各种因素如生产力、科学技术、政治、经济制度、社会意识等都会对教育目的产生影响。

1. 教育目的的制定受到生产力和科学技术水平的影响

生产力是人类征服、改造自然获取物质资料的能力，生产力的发展水平体现人类已有的发展程度，又对人的进一步发展提供可能和提出要求。在社会发展中，生产力的发展起着最终的决定作用，从而也是制约教育的最终决定因素。在奴隶社会和封建社会，由于生产力水平低下，直接从事生产的劳动者一般不需要经过学校的培养和训练，教育所培养的人主要是统治人才，因此，培养有文化的统治者就成为古代社会教育目的的时代特征。进入资本主义社会，由于大工业机器生产的需要，资产阶级不仅要让自己的子孙系统地学习科学、文化、技术知识，以便能够管理现代生产，同时，也不得不让劳动人民的子女接受基础教育和职业技术教育。可见，资本主义社会教育对象范围的扩大和双重教育目的的提出，归根结底是现代生产力和科技发展的需要。随着现代科学技术的迅猛发展及其在生产中的广泛应用，生产力的发展水平对制定教育目的的要求更为明确地表现出来，注重智能开发，注重个性、创造性的培养成为当代教育目的的基本内容。

2. 教育目的的制定受到社会政治经济制度的影响

在阶级社会，教育活动最高的、最终的目的便是为社会服务，它必须通过培养具有一定思想政治意识和世界观的人来为社会政治经济制度服务。因此，任何教育活动必然要反映一定历史时期社会发展和社会政治经济制度的要求，教育目的也是如此。这说明，教育目的的确定具有客观性、阶级性，超越阶级性的教育目的是不存在的。例如，在我国古代从奴隶社会向封建社会过渡的时期，孔子（前 551—前 479 年）和孟子（约前 372—前 289 年）把教育当做实行他们的“德治”“仁政”的工具，提出过培养“君子”和感化“小民”的教育目的。孟子说：“设为庠序学校以教之……皆所以明人伦也。人伦明于上，小民亲于下。”[1]也就是

① 孟子·滕文公上.

说，要使受教育者修己以治人。1906年，学部在《奏定宣示教育宗旨析》中进一步把所谓“通才“的标准具体化为“忠君、尊孔、尚公、尚武、尚实”，并奏请清帝批准作为教育宗旨。辛亥革命成功后，临时政府把教育目的规定为“注重道德教育，以实利教育、军国民教育辅之，更以美感教育完成其道德”，这体现了资产阶级民主主义的教育追求。

在阶级社会，统治阶级一方面会利用其经济和政治上的统治权制定出符合本阶级需要的教育目的，以便为巩固这一统治服务；另一方面还会利用自己在经济、政治上的权利维护本阶级在教育资源占有上的特权，并保证这一教育目的的实现。

在当代，消灭了阶级压迫的国家在制定教育目的时，同样也会考虑本国的社会政治经济制度。

3. 教育目的的制定还会受到受教育者身心发展规律的制约

受教育者是教育中的一个基本因素。教育目的就是为了把受教育者培养成社会所需要的人才，那么在制定教育目的时，除了考虑生产力和科学技术水平、社会政治和经济制度的影响之外，还必须考虑受教育者的身心发展水平，任何超越或低于受教育者身心发展水平的教育目的都是不合理的。

人的身心发展具有一定的顺序性、阶段性、不平衡性、稳定性、可变性和个体差异性。教育目的的确立主要应符合教育对象的身心发展规律。

(1) 教育目的的确立要符合教育对象的身心发展程度。教育目的作为对人才发展的指向，必须考虑教育对象发展的可能性，既不能超出学生发展的能力范围，又要在学生最近发展区内使学生获得最大的发展空间。

(2) 教育目的的制定还要符合教育对象的身心发展变化。学生的身心发展具有不平衡性和可变性。这就要求教育目的的制定应该根据学生身心发展不断变化的特点，及时灵活调整，从而使教育目的有更强的适应性，促进学生全面发展。

(3) 教育目的的制定，尤其是具体培养目标的确立也要符合教育对象的不同阶段的身心发展需要。小学生、中学生、高中生、大学生等的身心发展水平不同，在教育目的总的要求下，教育目标就应有所差别。

（二）确定教育目的的主观依据

教育目的是由人制定的，因此在制定时往往带有主观性。从主观方面来讲，教育目的首先是教育活动中人的价值选择。所谓教育目的的价值取向，是指教育目的的提出者或从事教育活动的主体依据自身的需要对教育价值作出选择时所持的一种倾向。由于社会生活是复杂的，教育功能是多方面的，同时还由于人们处于不同的经济地位、不同的文化背景、实践经验、认识水平、政治倾向、社会理想和不同的利益需要、不同的价值观念。因此，人们对教育活动的价值选择，历来有不同的见解和主张，但在教育史上争论最多、影响最大也是最根本的问题，是教育活动究竟是注重于个人个性的发展还是注重于社会需要。在历史上出现过几个有代表性的关于教育目的的价值取向。

1. 个人本位论

个人本位论盛行于18世纪到19世纪上半叶，以卢梭、洛克、裴斯泰洛齐、福禄倍尔等为代表人物。他们的主要观点是：

（1）教育目的是根据个人发展的需要而制定的。教育在于使人的本性得到最完善的发展，除此之外，教育没有其他目的。也就是说，教育目的不是根据社会的需要而制定的。如果按一定的社会要求来培养人，来规定教育目的的话，就会使教育成为一个强迫的、外在的过程，就会抹杀人的本性。

（2）个人的价值高于社会价值。社会的价值只在于它有助于个人的发展，评价教育的价值也应当以其对个人的发展所起的作用来衡量。有人说社会是铸模，个人是所铸造的金子，金子的价值必然高于铸模。因此，应当由个人来决定社会，来决定个人。

（3）人生来就有健全的本能，教育的职能就在于使这种本能不受影响地得到发展。他们认为，如按社会要求去要求人，就会阻碍这种本能的健全发展。卢梭就提出，凡是在造物主手里出来的东西都是好的，一转移到人手里就变坏了。人是被腐败的社会弄堕落的。因此，教育儿童要把他放在腐败的社会之外，远离文明，在自然怀抱中进行，必须把儿童从社会的影响下挽救出来。

个人本位论的教育目的观提倡解放个性、尊重人的价值，强调利用教育促进个体个性化，这在欧洲由封建社会向资本主义社会过渡时期具有积极意义，但其忽视教育目的的社会制约性是不正确的。然而，个人本位论的教育目的观的积极因素也不能完全忽视。因为社会的进步和繁荣有赖于人的积极性、创造性的发挥，如果个人的个性潜力不能发挥，其积极性、创造性就难以体现。但我们又必须认识到，个人的个性化并不一定与社会要求一致，甚至存在一定的冲突，如果用个性化排斥社会对教育的制约、排斥社会对人才的需求，就会陷入极端的个人主义泥潭。

2. 社会本位论

社会本位论认为教育目的是由社会的需要所决定的，培养社会所需要的人，就是教育目的。这派理论主要以西方 19 世纪下半叶开始的“社会学派”为代表。其代表人物有孔德、涂尔干等。他们的主要观点是：

（1）个人的一切发展都有赖于社会。如社会学派的孔德就表明：“真正的个人是不存在的、只有人类才存在。因为不管从哪方面看，我们个人的一切发展都依赖于社会。”

（2）教育除了社会的目的以外，并无其他目的。他们认为，在教育目的的决定方面，个人不具有任何价值，个人不过是教育的原料，个人不可能成为教育目的。教育目的只在于把人培养成符合社会准则的公民，使人社会化，保证社会生活的稳定与延续。

（3）教育的结果只能以其社会的功能来加以衡量。他们认为，教育结果的好坏，只能以它能否维持人类的生存和社会的繁荣来加以衡量。离开了社会，就无从对教育结果作出衡量，为达到某种结果而提出教育目的也必然成为一种没有意义的东西。

社会本位论的教育目的强调个体社会化，看到了教育目的的社会制约性，在这方面是积极的。因为任何社会为保持稳定、发展和繁荣，必然会对其成员做出种种规定，使其具备该社会所需要的品质和行为。但是，社会本位论用社会要求压抑个体发展，否认教育目的受个体制约也是错误的。

3. 马克思主义的全面发展学说

教育通过对受教育者个体的塑造、培养，促进个体身心向着社会所期望的方向发展，从而造就出社会所需要的各种人才，促进社会的发展。人们总是希望教育既能促进个体身心的发展，培养出符合社会需要的、可持续发展的人才，又能促进政治、经济、文化等的发展，创建一个文明进步、可持续发展的社会。教育促进个体与社会可持续发展的完美融合是我们孜孜以求的教育理想，也是现代教育的根本目的所在。马克思主义全面发展学说为制定教育目的提供了重要的理论依据和方法论的依据。

人的全面发展，是指“人以一种全面的方式，也就是说，作为一个完整的人，占有自己的全面的本质”①。它包括人的智力、体力、个性和交往能力的发展，它是个人与社会的辩证和谐统一。

马克思主义关于人的全面发展的含义丰富，其实质有二：

(1) 人的全面发展最根本的是指人的劳动能力的发展，即人的智力和体力的充分的、自由的发展和运用，是脑力劳动和体力劳动相结合的人。马克思说过：“我们把劳动或劳动能力理解为人的身体即活的人体中存在的，每当人生产某种使用价值时就运用的体力和智力的总和”。一个具有多方面能力的全面发展的人，是智力和体力得到充分的多方面发展的人。

(2) 人的全面发展还包括道德、才能、志趣和审美能力的发展。马克思、恩格斯在论述人的全面发展问题时，从“人是一切社会关系的总和”出发，非常重视人的道德、才能、志趣、审美、意向的发展。因为人不仅是生产力，而且是一切社会关系的总和。

每个社会成员总是在一定的社会关系中学习、生活和工作，必须和他人发生各种关系。如何正确处理这些关系，就是一个人的道德、志趣、意向和思想情感等问题。因此，人的全面发展包括智力的、体力的、道德的、志趣和审美等方面的发展。

马克思主义关于人的全面发展的基本思想，就是要使每个人都成为脑力劳动与体力劳动相结合的人。智力与体力、道德与情感、志趣与意向都得到全面发展的人，在一定意义上说，就是在德、智、体、美、劳等方面都得到全面发展的人。

要理解“人的全面发展”的内涵，关键是把握“人的全面发展”的实质。

首先，必须认识到“人的全面发展”在很大程度上是一种理想、一种追求、一种社会和人生的信念。不断追求人的完善、和谐、丰富，一方面是人性的向往、本能的追求，另一方面也是社会进步和完善的客观要求，是主客观的统一。

人的全面发展的动力来自两个方面，一个是内在动力，一个是外在动力，前者是主观的，后者是客观的。

人在本能上是自然性地倾向于追求自身不断完善的，因为人在本能上是一种追求新异刺激和挑战性的动物，自然性地倾向于丰富性、多样性和变化性。如果排除社会的种种限制和人自身素质以及功利性需求的种种内在限制，多数人在多数情况下是不愿意终身从事一种工作和一种职业的，尤其是那些一成不变和缺乏挑战性的工作和职业。因此，从主观和本能上讲，人是愿意和乐于全面发展的。

人的全面发展还有其外在动力，即来自社会发展的客观要求。人类社会也总是在不懈地追求社会发展的全面、完善和丰富，这就要求人要不断地丰富和完善自己。

因此，人的全面发展既是个人的理想、追求和信念，也是社会的理想、追求和信念。

其次还必须认识到，“人的全面发展”只是一个相对的概念。在这有两层含义。一是“全面发展”是相对于“片面发展”而言的。“人的片面发展”是一个特定的概念，其实质是指人

① 马克思，恩格斯. 马克思恩格斯全集：第 42 卷. 北京：人民出版社，1979：123.

在发展上的受制性、遭奴役、被凝固，以及由此造成的人在发展上的分裂、失衡、扭曲和畸形。与之相对，“全面发展”的实质是指人在发展上的自由、自主、和谐、丰富以及流动和变化。二是“全面发展”的“全面”只具有相对意义，而不具有绝对意义。“全面”并不是一个量的概念，而是一个质的概念，它只是价值上的意义。

四、我国教育目的

我国是社会主义国家，因此，我国的教育目的是在马克思主义关于人的全面发展学说的指导下，结合我国的社会主义教育实际，按照教育的客观规律统一制定的。

（一）新中国成立以来关于教育目的的表述

1949 年 12 月，教育部在北京召开第一次全国教育工作会议，确定了全国教育工作的总方针:“中华人民共和国的教育是新民主主义的教育，它的主要任务是提高人民文化水平，培养国家建设人才，肃清封建的、买办的、法西斯的思想，发展为人民服务的思想。这种新教育是民族的、科学的、大众的教育，其方法是理论与实际一致，其目的是为人民服务，首先为工农兵服务，为当前的革命斗争服务。”这个方针后来被称为新民主主义文化教育方针。

1957 年，毛泽东同志在《关于正确处理人民内部矛盾的问题》中指出：“我们的教育方针，应该使受教育者在德育、智育、体育几方面都得到发展，成为有社会主义觉悟的有文化的劳动者。”毛泽东同志提出的这个教育方针，反映了社会主义发展对人才规格的要求，对我国教育工作产生了重大影响，一直是我国教育发展的重要方针。

1978 年，我国的教育目的在人大会议通过的宪法中被表述为：“我国的教育方针是教育必须为无产阶级服务，教育必须同生产劳动相结合，使受教育者在德育、智育、体育几方面都得到发展，成为有社会主义觉悟的有文化的劳动者。”

1981 年，《中国共产党中央委员会关于建国以来党的若干历史问题的决议》提出：“加强和改善思想政治工作，用马克思主义世界观和共产主义道德教育人民和青年，坚持德智体全面发展、又红又专、知识分子与工人农民相结合、脑力劳动与体力劳动相结合的教育方针。”

1982 年，《中华人民共和国宪法》第 46 条规定我国现阶段教育目的是：“国家培养青年、少年、儿童在品德、智力、体质等方面全面发展。”这是中国当代历史上第一个以法律形式出现的教育目的。

1985 年，《中共中央关于教育体制改革的决定》再次对教育方针进行了明确规定，指出：“教育体制改革的根本目的是提高民族素质，多出人才，出好人才。”“所有这些人才都应该有理想、有道德、有文化、有纪律，热爱社会主义祖国和社会主义事业，具有为国家富强和人民富裕而艰苦奋斗的献身精神，都应该不断追求新知，具有实事求是、独立思考、勇于创造的科学精神。”这个教育方针，既体现了德、智、体全面发展的一贯思想，又融入了时代发展对人才规格的新要求。

1986 年，第六次全国人民代表大会通过的《中华人民共和国义务教育法》提出：“义务教育必须贯彻国家的教育方针，努力提高教育质量，使儿童、少年在品德、智力、体质等方面全面发展，为提高全民族的素质，培养有道德、有文化、有纪律的社会主义建设人才奠定基础。”

1990年12月30日，党的十三届七中全会通过的《中共中央关于制定国民经济和社会发展十年规划和“八五”计划的建议》指出，国家“继续贯彻教育必须为社会主义现代化服务，必须同生产劳动相结合，培养德、智、体全面发展的建设者和接班人的方针，进一步端正办学指导思想，把坚定正确的政治方向放在首位，全面提高教育者和被教育者的思想政治水平和业务素质。”

1993年，中共中央和国务院印发的《中国教育改革和发展纲要》指出：“教育改革和发展的根本目的是提高民族素质，多出人才，快出人才。各级各类学校要认真贯彻‘教育必须为社会主义现代化服务，必须与生产劳动相结合，培养德、智、体全面发展的建设者和接班人’的方针，努力使教育质量在20世纪90年代上一个新台阶。”

1995年3月在《中华人民共和国教育法》中表述为：“教育必须为社会主义现代化建设服务，必须与生产劳动相结合，培养德、智、体等方面全面发展的社会主义事业的建设者和接班人。”在新提法中，对人才素质的培养规格仍然是德、智、体等方面的全面发展；对人才培养的方向强调的是“社会主义事业的建设者和接班人”。这个教育目的已经成为全国必须遵行的法律要求。

1999年，《中共中央国务院关于深化教育改革全面推进素质教育的决定》把教育目的表述为：“以培养学生的创新精神和实践能力为重点，造就有理想、有道德、有文化、有纪律的德、智、体等方面全面发展的社会主义建设者和接班人。”

2001年，《国务院关于基础教育改革与发展的决定》明确指出“要高举邓小平理论伟大旗帜，以邓小平同志教育要面向现代化，面向世界，面向未来和江泽民同志‘三个代表’的重要思想为指导，坚持教育必须为社会主义现代化建设服务，为人民服务，必须与生产劳动和社会实践相结合，培养德、智、体、美等方面全面发展的社会主义事业的建设者和接班人。”

2002年，中国共产党第十六次全国代表大会报告《全面建设小康社会，开创中国特色社会主义事业新局面》把教育目的表述为：“坚持教育为社会主义现代化建设服务，为人民服务，与生产劳动和社会实践结合，培养德、智、体、美全面发展的社会主义建设者和接班人。”

（二）我国教育目的的实质

在不同时期，我国教育目的的表述不尽相同，但究其精神实质而言，它们是一致的。主要表现在以下方面。

1. 坚持教育的社会主义的性质和方向是我国教育目的的根本特点

教育目的的方向性是教育性质的根本体现，阶级社会的教育从来都具有阶级性，教育的阶级性首先反映在教育目的上。过去一切剥削阶级的教育目的，都极力掩饰其教育上的阶级实质，说自己的教育是为整个社会利益服务，而事实上他们的教育都只是为统治阶级服务的，都主要反映着统治阶级的愿望和需要。而社会主义的教育目的从不掩饰自己的阶级意图，明确指出我们的教育目的就是培养社会主义事业的建设者和接班人。我国教育目的的表述中曾多次提到“教育目的是为社会主义现代化建设服务”，这明确地指出了我国的教育是社会主义性质的教育。

2. 培养劳动者是社会主义教育目的的总要求

教育目的就是回答培养什么人的问题。在奴隶社会和封建社会，教育目的是为了培养为统治阶级服务的政治人才。而在社会主义的制度下，人人都应该成为劳动者，因此培养劳动者就成了教育目的，这是社会主义教育目的的总要求。劳动者既包括以体力劳动为主的劳动者也包括以脑力劳动为主的劳动者。我国在教育目的的表述上曾多次提及的“建设者”和“接班人”，其实质就是指“劳动者”。它只是对社会主义劳动者两种职能的统一要求。

3. 要求全面发展是社会主义的教育质量标准

教育目的的一个构成部分是培养规格问题，即人才的素质结构和质量标准。

社会主义教育目的是培养全面发展的新型劳动者，他们必须具有现代文化科学知识和从事社会主义现代化建设的真正本领，同时还要具有健康的体魄和良好的身体素质。智力和体力是劳动能力的基础，是同自然交往的主要条件。只有智力和体力的广泛而充分的统一发展，才能成为一个全面发展的新型劳动者。要造就这样的劳动者，就必须坚持教育与生产劳动相结合。这既符合马克思主义的基本思想，又是长期教育工作经验的总结。

由于我国目前正处在社会主义社会的初级阶段，所以人的全面发展应当与我国现阶段的历史条件和现实国情相适应。我同现阶段的“全面发展”，是指以德、智、体为主的全面和谐发展。德、智、体等方面的全面发展将促进脑力劳动和体力劳动相结合，为逐步消灭脑力、体力劳动的差别创造条件。

4. 与生产劳动和社会实践结合是我国实现教育目的的有效途径

教育要实现其目的，必须通过一定的途径去使受教育者的素质得到提高，最终实现为社会主义建设服务。我国在总结历史经验与教训后，提出了“教育必须同生产劳动和社会实践相结合”，使受教育者学习不仅通过间接经验获得，同时加强与实践相联系，使受教育者成为既掌握理论知识，又能从事实践劳动的劳动者。

第二节　学校教育制度

一、学校教育制度概述

（一）学校教育制度的概念

教育制度是指一个国家各级各类教育机构与组织体系及其管理规则。它包括相互联系的两个基本方面：一是各级各类教育机构与组织的体系；二是教育机构与组织体系赖以存在和运行的一整套规则，如各种各样的教育法律、规则、条例等。教育制度是实现教育目的、落实教育方针的制度化保证。

学校教育制度是现代教育制度的核心。学校教育制度简称学制，指一个国家各级各类学校的系统，它规定着各级各类学校的性质、任务、入学条件、修业年限以及它们之间的关系。学制是国家通过立法作出规定而建立起来的，从而保证一个国家学制的统一性、稳定性和完整性。我国实行的是学前教育、初等教育、中等教育、高等教育的学校教育制度。

（二）学校教育制度建立的依据

学校教育制度是随社会和国家的发展而发展的，它是一个国家在不同的历史时期，根据社会生产力发展水平的要求、适应政治经济发展的特点、结合本国的人口与文化传统，以及青少年儿童的年龄特征所制定的反映时代特点的教育制度。在形成与发展的过程中充分体现了政治制约性、传统文化性、内外结合性、社会发展性和多样统一性的特点。

(1) 学校教育制度的建立，首先取决于社会生产力发展的水平和科学技术发展的状况。

在人类社会发展的进程中，生产力是最积极、最活跃的力量。生产力水平的高低直接影响社会的政治、经济以及其他一切发展。不同的生产力发展水平要求建立不同的学制。在原始社会，生产力水平极其低下，此时还没有学校，根本就谈不上学校教育制度。奴隶社会相对原始社会生产力有了较大的提高，开始出现学校，但制度较为简单，学校之间没有隶属关系，只是笼统地区分为小学、大学等一两个级别，在教学内容上也只是一些简单的文化或占卜知识。封建社会的生产力有了新的发展，因而出现了个别门类的专业学校，如算学、医学、神学等，学校间的隶属关系也比较明确，各类学校的入学年龄、学习年限、学习内容有明显的界限或规定。近代资本主义社会，生产力水平得到极大发展，科学技术的成就使生产力水平不断提高，出现了为解决社会化大生产所需要的不同规格的人才问题，因此各种类型的学校应运而生，学校的级别类型也日趋复杂和严密，学制逐步走向完善。现代社会的生产力进一步发展，已经进入了知识经济的时代，此时，学校的类型、专业的设置、修业年限等越来越复杂。许多国家在学制改革上采用了“实行胎儿教育，重视学前教育，延长义务教育，加强职业教育，发展继续教育，实施终身教育”的策略。

(2) 学校教育制度的建立受到社会制度的制约。

在阶级社会，教育具有阶级性，因此，学制也必然具有阶级性。统治阶级在制定学制时，必然要考虑其政治经济利益。封建地主阶级设立学校，就是为了把他们的子弟培养成剥削阶级的继承者，学制设定的入学条件等级分明。如中国唐代的“二馆六学”，除“律学、书学、算学”外的其他各学，平民百姓的子弟根本就进不去，即使像“律学”这样的学馆，贫苦农民也无缘问津。在资本主义社会，资产阶级在学制设立中取消了“等级制”，提出了普及义务教育的口号，资本主义社会较封建社会是人类社会的一大进步，但资产阶级为了维护其阶级利益，巩固和发展其政治经济制度，在学制上明显体现阶级倾向，一方面为资产阶级的子女建立了从预备学校、完全中学直到大学的完备学校系统，另一方面也为劳动人民的子女设立了国民小学和职业学校，以便培养资产阶级所需要的熟练工人。社会主义社会是人类社会的崭新阶段，社会主义的学制是在社会主义政治经济制度基础上建立起来的，充分体现了无产阶级的教育目的和主张，使教育具有真正意义上的全民性。我国现行学制，由于受社会主义初级阶段市场经济体制不完备的制约，还处于一个复杂、发展和变革的过程中。

(3) 学校教育制度的建立还要考虑人口状况。

教育的对象是人，教育事业的投资、教育事业的规模、教育发展规划的制订、教育结构的调整等同人口问题是分不开的。学校教育制度的建立、改革，同样要考虑人口状况。人口对教育的影响主要表现在以下三个方面：一是数量，即人口的发展指数直接影响着教育的规模和学制的确立。我国政府根据国家的人口状况，分别提出了六年义务教育和九年义务教育的目标。到现在为止，我国已经实现了九年义务教育的目标。二是地域分布，人口分布状况对教育制度的建立也有较大影响，如人口稠密地区的学制以及学校的设置会受教育资源的限制，人口稀少的地区的学制也会受资源的影响，如复式教学等。三是人口的社会流向，目前我国面临农村人口向城市大量流动的问题，人口的流动也影响了教育制度的变化，如某些城市外来工子女入学问题已成为一些经济发达的中心城市的严重问题，人口的流动也给学校教育制度带来影响。另外，人口的增长率以及人口的年龄结构，都对学校教育制度的建立、改革有着直接和间接的影响。

(4) 民族文化也是学校教育制度建立的一个制约因素。

不同国家、地区的文化传统不同，特别是东西方之间的差异更大。因此，制定学制时，必须要考虑本地区，本民族的文化传统特点，不能脱离民族文化传统的实际。其他国家和地区的学制特点只能作为参考，而不能照搬照抄。如我国的语言文字比较复杂，学习起来相对困难些，制定学制时，就必须考虑这一特点，在时间安排上做适当的延长。

(5) 学校教育制度的建立要以青少年儿童的年龄特征为基础。

确定入学年龄、修业年限、各级各类学校的分段，都要考虑儿童和青少年身心发展的特点，切合他们智力和体力的发展水平。儿童期、少年期、青年初期等不同年龄的发展阶段都有不同的年龄特征。现代科学研究表明，各年龄阶段的学生在发展过程中在生理、心理方面不仅具有阶段性、差异性和不均衡性，而且还呈现出多样性、反复性的特点。学校教育制度的建立就是要根据受教育者的年龄特征，划分学段、确定学制以及各类学校之间的逻辑联系，同时还要根据青少年儿童身心发展的规律确定入学年龄，科学合理地安排学习内容，制定能反映受教育者个性特色的评价方案，使学校制度具有科学性、民主性和规范性。比如，各国儿童入学年龄都在 6～7 岁，这是因为这个年龄的儿童，其脑重量已达到成人的 90%，能够接受系统知识的学习，在其后 10 年左右的时间里，各国都作为基础教育阶段。在 16～17 岁左右，身心发展已基本成熟的条件下，开始进入高级中学或专门职业技术学校。对特殊儿童则采取特殊的培养政策。如为弱智儿童开办的弱智学校（或班）；智力超常儿童的特殊招生，提前升学；为聋哑儿童开办的聋哑学校等。

(6) 学校教育制度的建立，还要吸收原有学制中有用的部分，参照外国学制的经验。

每个国家的学校教育制度都有它形成和发展的过程，既不能脱离本国学制发展的历史沿革，又不能忽视吸取其他国家学制的经验。在制定学制时，首先要考察以往学制制定中的优秀成分，吸收其精华并结合现实进行综合考虑。另外，由于现在各国的政治、经济、文化的相互影响越来越大，我们在制定学制时，也可以参考国外的先进经验，如入学年龄、修业年限等方面。但是在借鉴国外的先进经验时必须与我国的国情结合起来，不能照搬别国的学制，必须结合本国的传统。

（三）当代学制发展的基本特征

20 世纪以来，社会呈现高速发展，社会文明不断进步。学制也随之发生了许多变化，特别是西欧双轨制变革更为明显。各个国家都在不断地改进学制，以期更符合社会发展的要求。纵观当代学制的发展，呈现以下几方面的特征。

1. 重视学前教育，注意早期智力开发

现代生理学和心理学的充分发展，为教育提供了许多科学理论，其研究成果已充分证明了儿童在入学前智力发展水平是未来发展的重要基础。幼儿时期是人生智力发展的关键时期，提早开发幼儿的智力，对个体未来教育的发展极为有利。因此，世界各国都非常重视学前教育，许多国家把学前教育纳入学制系统，并在法律上予以保证。如法国、瑞士等国，在法律

上规定五六岁的儿童全部入幼儿园，作为义务教育的组成部分。一些发达国家3～6岁儿童的入园率几乎达到100%。我国幼儿园教育在20世纪80年代以后发展较快，在发达地区和大中城市，4～6岁儿童入园率很高，许多小学直接设有学前班。一些小学把为儿童进行智力测验作为吸收儿童入学的手段，虽然还缺少一定的量化研究和管理，但其发展方向是正确的。

重视早期智力开发，还表现在许多国家对智力超常儿童发现和培养上采取特殊的规定，如允许智力超常儿童提早入学、跳级，以及设立专门的学校或教育机构等。美国在1973年制定了“天才教育法”，日本在20世纪60年代初开设了“英才实验学校”，我国的中国科技大学在1987年创办了“少年班”，招收15岁以下的优秀少年提前进入大学学习。各国在学前教育方面都在不懈地努力。我国从20世纪80年代后，幼儿师范教育受到重视，发展较快，培养了大批幼儿教师。国家儿童发展基金会为各国特别是发展中国家培养幼师作出了许多贡献。这些都充分说明了世界各国对学前教育的重视。

2. 提早入学年龄、延长义务教育年限

青少年的青春发育期提前，幼儿早期智力的开发以及教育科研水平和教师素质的提高，使许多国家改革小学制，将入学年龄提早。据联合国教科文组织《1960—1982年世界教育统计概述》介绍，在199个国家和地区绝大多数都规定儿童入学年龄在5～7岁之间，规定为6岁的占56.8%，比以前提早一两年。我国《义务教育法》规定入学年龄为6周岁。

义务教育是国民素质基础教育，是现代社会文明的重要标志。随着经济的不断发展，各国都把义务教育的年限逐渐延长，一些发达国家的义务教育已达12年以上，将义务教育延伸到高中阶段。

我国规定的义务教育年限为9年。为了普及九年义务教育，我国规定了“九年一贯，六三分段”的基本学制，而且计划在2020年基本普及高中阶段义务教育。

3. 改革中等教育结构，发展职业技术教育

中等教育阶段是现代教育结构中的一个特殊阶段，与初等教育和高等教育均不相同。它既不像初等教育作为基础教育在结业后全部继续升学，也不像高等教育融职业训练与学术研究于一体。它是普通教育与职业教育各占一定的比例、协调发展的阶段。原因在于，一方面是经济发展的要求所致。第二次世界大战后，国际间经济竞争日趋激烈，社会生产需要大量的技术劳动力，要求在中等教育结构中发展职业技术教育来满足这一需要。另一方面，经济发展的有限性，使适龄青少年不能全部接受高等教育，必须有部分青少年在中等教育结束后就业，这些青少年在就业前则必须接受一定的职前训练。因此，各国当前都十分重视中等教育的改革，发展中等职业技术教育，使职业技术教育成为基础教育与就业之间的桥梁。

近年来，我国的职业教育发展迅速。不但有专门的职业学校，而且在普通高中阶段加强职业培训。据2008年的统计显示，我国的中等职业学校机构（含普通中等专业学校、成人中等专业学校、职业高中学校、其他机构）已达11 744所，其中由地方部门办的有8 443所，民办的有3 234所。

4. 高等教育结构多层次化，类型多样化

高等教育的结构突破了传统高等教育观念，向多层次化方向发展。传统的高等教育以本科为主，研究生教育比例很小。当前的高等教育，大多数国家都已形成了专科、本科和研究

生三级教育体制。专科2～3年，学制短、投资小、发展快、职业性强。本科4～5年，以高等教育为主体，基本理论厚重，学术要求严格，以培养高级科技、管理与学术研究人才为主，研究生教育包括硕士学位课程和博士学位课程，分别为2～3年，主要培养科学研究和管理的高级人才。近年来，一些国家又开设了“博士后教育”，为获得博士学位的人继续开设研究课程。

高等教育类型也由单一的全日制普通高等学校向全日制与业余并存的多样化方向发展。普通高校向社会开放，形成了电视大学、函授大学、夜大学等多种高等教育办学形式。随着信息技术的发展，近年来还兴起了网络教育的形式。据2008年的统计显示，我国高等学校已达2263所，而且专业种类多样，有649种。

5. 接受终身教育思想，发展继续教育

我们知道，现代社会科学知识发展更新得较快，知识陈旧率高，使青少年时期一次性学得的科学知识难以适应一生发展的需要，每个社会成员都必须在走上工作岗位之后，继续不断接受学习培训，才能保证个体适应现代社会生产和生活的需要。另外，随着社会的发展和产业结构的不断调整，我们不再像过去那样，一生只从事一种职业，在现代，我们会面临不同时期的职业变化对我们带来的挑战，因此，终身学习是每个人的生活方式。1972年，联合国教科文组织出版了《学会生存》一书，使终身教育思想广泛传播。在这种思想影响下，各国都有十分重视成人的继续教育，许多国家把继续教育纳入到学制系统中来，成为学制的一个组成部分，并制定法律予以保证。如美国国会在1986年通过了《成人教育法案》，规定年龄在45岁以下，低于大学学历水平的生产者和有职业者，可以进入多种形式的成人教育机构接受再教育。法国在1971年制定了终身教育法，对职工接受再教育的权利及接受再教育期间的经济待遇等问题做出了法律规定。

由此可见，在终身教育思想推动下，重视成人继续教育，并把其纳入到学制系统中来，是现代学制发展的一大趋势。

二、我国的学校教育制度

（一）古代学校教育制度

西周时期的学校分为国学和乡学两类。国学又有大学与小学之分。乡学是地方学校，按行政区划，州设序、乡设校、党设庠、家设塾。西周的入学资格有严格的限制，国学专为统治阶级的上层贵族子弟而设，奴隶被剥夺受教育的权利，平民只能进乡学，这是我国最初的学校教育制度。封建社会的学校主要有官学、私学和亦官亦私的书院三种类型。自元代起，学校教育日益官学化，这一学校系统的等级相当严格，基本上为统治阶级所垄断，并且形成了以科举制为中心的包括官学、私学和书院在内的古代学制，后来逐渐变成科举制度的附庸，严重影响了学校教育的正常发展。

（二）我国近现代学校教育制度

我国近代学制始建于清末，1840年鸦片战争后，中国沦为半殖民地半封建社会。帝国主义列强的疯狂侵略和国内资本主义势力的兴起，迫使清朝政府不得不对封建教育制度进行改革，采取了“废科举，兴学校”的措施。1902 年，第一次制订了《壬寅学制》，这个学制未及实施，次年修改后，颁布了《癸卯学制》，这个学制是我国近代史上第一个付诸实施的学制。这个学制以日本的学制为蓝本，并保留了封建科举制度的残余。它的突出特点是学习年限长，总共二十五六年。如果 7 岁入学，中学毕业为 21 岁，读完通儒院为 32 岁。其指导思想是“中学为体，西学为用”。其中将初等教育分为三级：一为 4 年的蒙学堂（包括公立、私立两类）；二为 3 年的寻常小学堂；三为 3 年的高等小学堂。总之，该学制的宗旨是“忠君、尊孔、尚公、尚武、尚实”。它不允许男女同校，其内容比较齐全，学制分三级七段，有普通教育、师范教育和实业教育三大系统。

辛亥革命后，推翻了清朝皇权统治，孙中山建立了中华民国临时政府，为了适应新的政治经济制度需要，于 1912 年颁布了《壬子学制》，接着又陆续公布了一些学校法令，1913 年综合为《壬子癸丑学制》。这一学制第一次规定男女同校，废除读经，充实了自然科学的内容，将学堂改为学校，学程也缩减到十七八年，分三段四级，仍含二大系统。这个学制反映了资产阶级的要求，在法律上给男女以平等的受教育权。

1922 年，北洋军阀政府颁布了以美国学制为蓝本的“壬戌学制”，又称新学制或“六三三制”，即小学六年、初中三年、高中三年。小学六年又实行“四二分段”，即初小四年，高小二年。新学制还规定了 7 条教育宗旨：适应社会进化之需要；发挥平民教育精神；谋个性之发展；注意国民经济力；注意生活教育；使教育易于普及；多留各地方伸缩余地。还有师范学校和职业学校，大学 4～6 年。其基本思想注重初等教育的普及和中等教育水平的提高；取消大学预科，使大学集中精力于专业教育和科学研究；实行选科制和学科教育，兼顾学生升学和就业两种选择。该学制体现了资产阶级对教育的新要求，同“癸卯学制”相比，是一个巨大的进步。国民党统治时期，曾于 1928 年、1932 年、1940 年多次修改此学制，但都没有大的变化，这一学制一直沿用到新中国成立初期。

从清朝末年“废科举，兴学校”到国民党统治结束为止，经历了近半个世纪，期间随着政治形势的变动，学制也有所改变。但是由于旧中国处于一个半殖民地半封建的社会，其学制既照搬资本主义学制，又保留了封建教育的残余；既标榜要实施“义务教育”，又奉行“愚民政策”，把广大劳动人民排斥在学校教育之外；既提倡学习西方科学技术，又轻视专业技术教育。显然，旧中国半殖民地半封建的学制，集中体现了帝国主义、封建主义、官僚资本主义的利益，是为他们反动的政治经济服务的。

（三）新中国成立后学校教育制度

1. 1951 年学制改革

1951 年政务院颁发了《关于改革学制的决定》，为中国初步制订了一个新的社会主义学制。改革后的学制内容为：

(1) 幼儿教育。规定实施幼儿教育的机构为幼儿园，收 3～7 周岁幼儿，使其身心在入小学前获得健全发展。

(2) 初等教育。对儿童实施初等教育的学校为小学，给其以全面发展的基础教育；对青年和其他成人实施初等教育的学校为工农速成初等学校、业余初等学校和识字学校，实施以相当于小学程度的教育。

（3）中等教育。实施普通中等教育的学校为普通中学、工农速成中学、业余中学，给学生以全面的普通文化知识教育；另外有中等专业学校，按照国家建设需要，实施各类中等专业教育。

（4）高等教育。实施高等教育的学校为大学、专门学院和专科学校。在全面的普通文化知识教育基础上给学生以高级的专门教育。

（5）各级政治学校和政治训练班，进行革命的政治教育。

此外，各级人民政府还设立了各级各类补习学校和函授学校，以适应广泛的政治学习和业务学习的需要。并设立聋哑、盲等特殊学校，对生理上有缺陷的儿童、青年和成人进行教育。

2. 1958 年学制改革

1958 年 9 月，中共中央和国务院发布了《关于教育工作的指示》，指出“现行的学制是需要积极地和妥当地加以改革的”，1958 年学制改革的要点是：① 制订了发展教育事业“三个结合”、“六个并举”的原则；② 发展三类学校，即全日制学校、半工半读学校和业余学校。1958 学制的许多政策是符合我国国情的，调动了各方面的办学积极性，促进了我国教育事业的发展。但也存在不少问题，如重数量，不重质量；重形式，轻实效，以致学校教育事业发展过热，学生参加劳动过多，在一定程度上造成教育质量的下降。

3. “文化大革命”期间的学制

“文化大革命”中，我国的学校教育制度受到很大破坏。在“学制要缩短”，“教育要革命”的口号下，把中学学制大大缩短。初高中在“文化大革命”时期都缩短至两年；大砍特砍已形成体系的中等专业学校和技校，盲目发展普高，使普通教育和职业教育的比例失调；把高等教育缩短为三年和一个层次；把很多院校、科系、专业取消，使人才培养比例失调。“文化大革命”十年对社会主义新学制造成极大的破坏。

4. 1985 年学制改革

1985 年《中共中央关于教育体制改革的决定》出台，对“文化大革命”后的中国教育事业发展作出了一系列重大调整。其中有关学制的内容有：① 实行九年制义务教育。② 调整中等教育结构，大力发展职业技术教育。③ 改革高等教育招生与分配制度，扩大高等学校办学自主权。④ 基础教育权属于地方，学校逐步实行校长负责制。

5. 1993 年学制改革

1993 年 2 月 13 日，中共中央、国务院发布了指导 20 世纪 90 年代乃至 21 世纪初教育的改革和发展的纲领性文献《中国教育改革和发展纲要》（以下简称《纲要》）。

关于中国教育发展总目标，《纲要》提到：“到本世纪末，我国要实现基本普及九年义务教育，基本扫除青壮年文盲，要全面贯彻党的教育方针，全面提高教育质量，要建设好一批重点高等学校和一些重点学科，简称“两基”“两全”“两重”。关于教育结构，《纲要》确定了基础教育、职业教育、成人教育、高等教育四种类型。关于办学体制，改变以往政府包揽办学的格局，逐步建立以政府办学为主体，社会各界共同办学的体制。《纲要》提出，要改革高等学校的招生和毕业生就业制度，改革收费制度，改革和完善投资体制，增加教育经费，逐步建立以国家财政拨款为主，以征收教育税费，收取学费、校办产业收入，社会捐款集资，设立教育基金等为辅的多渠道筹措教育经费的制度。努力实现“三个增长”，即“中央和地方政府教育拨款的增长要高于财政经常性收入的增长，并使按在校学生人数平均的教育费用逐步增长，切实保证教师工资和生均公用经费逐年有所增长。”

6. 1995 年学制改革

1995 年 3 月 18 日，经第八届全国人民代表大会第三次会议审议通过的《中华人民共和国教育法》，是新中国成立以来的第一部教育大法，它以法律的形式巩固了学制的改革成果，并列专章专门规定了我国的教育基本制度：实行学前教育、初等教育、中等教育、高等教育的学校教育制度，实行九年制义务教育制度，实行职业教育制度和成人教育制度，实行国家教育考试制度，实行学业证书制度，实行学位制度。

7. 1999 年学制改革

1999 年学制改革是在贯彻落实《教育法》和《中国教育改革和发展纲要》的基础上提出的，主要目标是 2000 年全面普及九年义务教育，基本扫除青壮年文盲，完善职业教育和继续教育制度；改革高等教育。到 2010 年，城市和经济发达地区基本普及高中教育，全国人口受教育年限达到发展中国家先进水平，高等教育规模有较大扩展，基本建立终身学习体系。为此，国家还制定了相应的政策制度来保障这些目标的实现。

（四）我国现行学制结构

我国现行学制系统如下：

（1）幼儿教育，主要指幼儿园教育，招收 3～7 岁的幼儿。

（2）初等教育，主要指全日制小学教育，招收 6～7 岁儿童入学。学制为 5～6 年。在成人教方面，是成人初等业余教育。

（3）中等教育，指全日制普通中学、各类中等职业学校和业余中学。全日制中学修业年限为 6 年，初中 3 年，高中 3 年。职业高中 2～3 年，中等专业学校 3～4 年，技工学校 2～3 年。属成人教育的各类业余中学，修业年限适当延长。

（4）高等教育，指全日制大学、专门学院、专科学校、研究生院和各种形式的业余大学。高等学校招收高中毕业生和同等学力者。专科学校修业为 2～3 年。大学和专门学院为 4～5 年，毕业考试合格者，授予学士学位。业余大学修业年限适当延长，学完规定课程经考核达到全日制高等学校同类专业水平者，承认学历，享受同等待遇。条件和设备较好的大学，专门学院和科学研究机关设研究生院。硕士研究生修业年限为 2～3 年，招收获学士学位和同等学力者，完成学业授予硕士学位。博士研究生修业年限为 3 年，招收获硕士学位者和同等学力，完成学业授予博士学位。在职研究生修业年限适当延长，完成学业者也可获相应学位。

第三节 素质教育

当今，素质教育问题已经成为世界人民共同关心的话题。我国在 20 世纪 80 年代提出素质教育后，关于素质教育的探讨很多，首先是关于素质教育的内涵的探讨。

一、素质教育的含义及特点

（一）素质教育的含义

要弄清素质教育的含义，首先应该知道什么是“素质”。人的素质的定义是什么呢？从语言学的角度看，“素”这个语素是修饰限制“质”这个语素的，是一个偏正结构的复合词。在这个词里，“素”是原有的、本来的意思，“质”是本质、性质的意思，合起来这个词即是本来品质的意思。关于素质的含义，学者们曾经有过很多的讨论。主要有以下观点：

素质是指个人先天具有的解剖生理特点。包括神经系统、感觉器官和运动器官的特点，其中脑的特点尤为重要。它们通过遗传获得，故又称遗传素质，亦称禀赋①。

素质是指有机体天生具有的某些解剖和生理的特性，主要是神经系统、脑的特性，以及感官和运动器官的特性②。

素质是指有机体与生俱来的某些解剖生理上的特点，如身体的构造、形态，感觉器官和神经系统的特点，尤其是大脑的结构和机能的特点。素质虽然是与生俱来的，具有极大的稳定性，但在后天环境的影响下，在实践活动中，素质的某些特点也会发生缓慢的变化③。

从以上的定义，我们可以看出，最初人们把素质局限于生理学和心理学范围内，认为“素质”就是指人的解剖生理特点。但是随着人们研究的深入，人们充分认识到先天的素质只是为人们的发展提供了生理基础，而后天的教育和环境对人的发展影响更大。因此，我们认为，素质教育中的“素质”，是指在先天生理基础上，通过后天教育和环境影响而形成的相对稳定的基本品质结构，主要包括思想道德素质、文化素质、业务素质、身心素质等。

什么是素质教育呢？我国学术界对这个问题的看法不一致。有人认为，素质教育是指一种以提高受教育者诸方面素质为目标的教育模式，它重视人的思想道德素质、能力培养、个性发展、身体健康和心理健康教育。还有人认为素质教育就是以开发受教育者的身心潜能为基础，促进受教育者的社会化、个性化以发展和完善受教育者的身心素质使之符合特定社会要求的教育模式。

于新建认为，素质教育就是指依据人的发展和社会发展的实际需要，全面提高全体学生的基本素质为根本目的，尊重学生的主体地位和主动精神，注重开发人的智慧潜能，从而形成人的健全的个性为特征的教育④。

1999 年 6 月公布的《中共中央国务院关于深化教育改革全面推进素质教育的决定》中就回答了什么是素质教育的问题。《决定》指出：“实施素质教育，就是全面贯彻党的教育方针，以提高国民素质为根本宗旨，以培养学生的创新精神和实践能力为重点，造就‘有理想、有道德、有文化、有纪律’的德、智、体、美等全面发展的社会主义事业建设者和接班人”。《决议》的这段论述就阐明了我国素质教育的本质。

（二）素质教育的特点

在我国，素质教育是针对“应试教育”的弊端提出的，它是适应社会主义现代化建设的

---

① 顾明远. 教育大辞典：第 1 卷. 上海：上海教育出版社，1990：27.
② 朱智贤. 心理学大辞典. 北京：北京师范大学出版社，1989：650.
③ 张焕庭. 教育辞典. 南京：江苏教育出版社，1989：671.
④ 于新建. 素质教育探讨. 天津：天津古籍出版社，2006：3.

需要的，经过了酝酿尝试阶段（1984—1993 年）、实验推广阶段（1994—1998）、全面推进阶段（1999.6 至今）。经过不断的发展，素质教育具有自己的特点。

1. 全体性

素质教育的全体性是指素质教育是以提高国民素质为宗旨的，每个人都是素质教育的对象。不仅要在中小学实施素质教育，在幼儿园、高等教育、成人教育、职业教育都应实施素质教育。对每个社会成员都应实施素质教育，只有这样，才能真正实现全面素质的提高。对于学校教育而言，素质教育应该面向全体学生，它对每一个学生都应是平等的。

2. 全面性

素质教育的全面性指素质教育的内容应该是全面的。它不仅包括了实施思想道德素质教育（思想素质教育、政治素质教育、道德素质教育），也包括了文化科学素质教育（文化素质教育、科学素质教育），身心素质教育等。

素质教育的内容与全面发展教育的内容基本一致，其对应关系见下表：

表 3.1　素质教育与全面发展教育内容的对应关系

<table>
<tr><th colspan="2">素　质</th><th>素质教育</th><th>全面发展教育</th></tr>
<tr><td colspan="2">自然素质</td><td>身体素质教育</td><td>体　育</td></tr>
<tr><td colspan="2">心理素质</td><td>心理素质教育</td><td>心理教育</td></tr>
<tr><td rowspan="6">社会素质</td><td>政治素质</td><td>政治素质教育</td><td rowspan="3">德　育</td></tr>
<tr><td>思想素质</td><td>思想素质教育</td></tr>
<tr><td>道德素质</td><td>道德素质教育</td></tr>
<tr><td>业务素质</td><td>业务素质教育</td><td>智　育</td></tr>
<tr><td>审美素质</td><td>审美素质教育</td><td>美　育</td></tr>
<tr><td>劳技素质</td><td>劳技素质教育</td><td>劳动技术教育</td></tr>
</table>

（资料来源：燕国材等. 素质教育论. 南京江苏教育出版社，1997：159-160.）

3. 个体性

素质教育的个体性，是指素质教育承认个体差异，尊重每个人的尊严，使教育内容和方法适合受教育者的身心发展特点及已有水平，即真正实施“因材施教”。

4. 主体性

素质教育的主体性，是指教育者要尊重受教育者的主体地位，充分调动受教育者的积极性，使学生的主体性得到发挥。

5. 层次性

素质教育的层次性，是指素质教育是一个多方面、多层次的有中国特色社会主义教育体系，它贯穿于两个系列中：一是贯穿于幼儿教育、中小学教育、职业教育、成人教育和高等教育各级各类教育中；二是贯穿于学校教育、家庭教育和社会教育等各个方面，实施素质教育在不同教育层次、不同教育阶段和不同方面应当有不同的要求、不同的内容、不同的重点。

但是，它们又不是相互孤立、互不相关的，而是相互制约、互为补充的，从而构成一个多方面、多层次的素质教育体系。提高全民素质必须是在两个系列的各个教育阶段、教育层次和各个方面共同协作，相互配合。我们讲全面推进素质教育，应当从这两个系列的各个教育阶段、教育层次和各个方面的相互联结上来把握。

二、现代人应具有的素质

素质教育的目的是培养具有高素质的现代人。那么现代人应该具备哪些素质呢？关于素质的内涵，在前面已经做过介绍，在此不必再叙。那么什么人才是现代人呢？对于这一问题说法各异，但大多数人都认为现代人应该掌握现代的科学技术，个人的知识结构有较大的应变性，具有自学的能力，以使自己的知识能适应社会变化而不断更新。现代人应该有开放的头脑、创新的精神，充分的自信心、高度的事业心，顽强的意志、广泛的兴趣，强烈的求知欲和创造力。其特点涉及个人的知识结构、智力、能力、价值观、思维方式和行为方式、个性等一系列方面。

现代人应该具备哪些素质呢？依据阿列克斯·英格尔斯等人的长期研究，他们认为现代人应该具备如下的12种特征：乐于接受新观念；准备接受社会变革；善于提供并能接受不同意见；注重获取意见的事实与信息；树立面向现在与未来的价值取向；具有强烈的个人效能意识；无论在公共事务还是在私人生活中都倾向于制订长期计划；强调世界的可依赖性和人的可信任感；重视专门技术并承认以此作为报酬的正当基础；相信科技价值并乐于从事与新的行为方式密切相关的现代职业；维护并尊重个人尊严；愿意了解（工业化）生产及其过程。

联合国教科文组织亚太地区办事处高等及远程教育专家王一兵认为，人的素质要素分为三个层次：基础层次、智力层次和伦理道德层次。其中基础层次又包括了体能与情感、技能、能力。智力层次包括信息、知识、智慧。也有学者认为现代人应该具有以下素质：良好的品德素质、较高的人文素质、良好的智能素质（包括创新素质）和良好的身心素质。

随着生产力的发展和科学技术的进步，社会对人的素质要求越来越高。作为一个生活在信息时代的现代人，我们认为应该具备以下素质：

1. 良好的身心素质

身心素质包括了身体和心理素质两个方面，健康的体魄是从事学习、工作、生活的物质基础，只有旺盛的精力和充沛的体力才能更大限度地实现人的潜能。在现代社会，由于竞争压力的增强，心理素质也越来越受到关注。良好的心理素质是人才成长的内部动力，是人才事业成功的重要保证。良好的心理素质表现在明确的自我意识、和谐的人际关系、广泛的兴趣爱好、稳定愉快的情趣、坚强的意志、坚忍不拔的精神、积极乐观、独立创新的个性品质和社会适应能力等方面。

2. 较高的思想品德素质

思想品德素质包括了思想、政治、伦理道德素质等。具体表现在有良好的政治思想修养、高尚的道德情操、强烈的社会民主法制意识等。进一步说就是要求我们熟知马克思主义、毛泽东思想、邓小平理论的精髓，正确认识社会主义初级阶段的特征和任务；具有爱国主义精神和强烈的民族自豪感，具有集体主义精神，具有正确的人生观、价值观，有着远大的理想和信念，同时应自觉遵守法律、法规。正如陶行知先生所说："道德是做人的根本"。我们应时刻加强自身道德修养，先做人，再做学问。

3. 优良的科学文化素质

科学文化素质包括自然科学素质和人文社会文化素质。科学文化素质是指现代人首先必须掌握自己所从事的职业的基础知识和基本技能，而且还应拥有其他学科的广博知识和技能。另外，还应具有科学的学习能力，包括阅读能力和思考能力、观察能力与想象能力、计算能力和表述能力、抽象能力与预见能力、应用能力与实践能力。人文素质包括四个方面的内容：一是人文知识。人文知识是人类关于人文领域（主要是精神生活领域）的基本知识，如历史知识、文学知识、政治知识、法律知识、哲学知识、艺术知识、宗教知识、语言知识等。二是人文思想，人文思想的核心是基本的文化理念。三是人文方法。与科学方法强调精确性和普遍适用性不同，人文方法重在定性，强调体验，且与特定的文化相联系。四是人文精神。"人文素质"是人们价值观念、理想人格、行为规范、思维方式等各方面素质的综合体现，其核心是贯穿在人们思维与言行中的信仰、理想、价值取向、人格模式、审美情趣，这便是"人文精神"。

4. 丰富的艺术审美素质

艺术审美素质是指一个人感受艺术美、鉴赏艺术美和创造艺术美的素养与能力。现代人应该具有正确的审美观、高尚的审美情趣、敏锐地感受美和准确地鉴赏美的能力，较强的审美表现力和创造力。因为审美能够陶冶我们的情操、丰富我们的精神生活，培养我们的想象力和创造力。

5. 较强的信息技术素质

我们生活的时代已经进入了信息时代，大量的信息通过各种渠道向我们涌来，如何对信息进行辨别、分析、加工、处理，这是每个人都将面对的。因此信息技术素质是现代人必备的一项素质。信息技术素质包括信息知识、信息观念、信息能力和信息道德四个方面。信息知识是有关信息方面的基本知识，包括基本概念、信息发展、信息组成、信息传递、信息积累、信息应用等方面的知识。信息能力是指信息获取、信息分析、信息处理等能力，具体地讲，包括信息的收集、加工、传递、积累、利用和创新的基本能力。信息道德是指在运用信息技术的时候应遵守法律和公共道德。

6. 较高的劳动技能素质

劳动技能素质主要指有正确的劳动观念、具有现代劳动知识和技能、良好的劳动习惯。现代人还应该尊重他人的劳动。

三、素质教育的困境

素质教育实施二十几年来，得到党和国家的重视，得到广大教育工作者的广泛支持。但由于诸多缘故，素质教育虽然取得一定成效，至今却仍然步履艰难。造成素质教育的困境主要表现在以下几个方面：

（一）体制障碍

对素质教育产生制约的有外部性体制障碍和内部性体制障碍。

1. 外部性体制障碍

（1）城乡二元制结构。我国长期以来实行的城乡二元制结构造成城乡之间的巨大差别，在这种背景下，依靠升学改变命运就成了很多农村孩子的梦想，使得升学竞争愈演愈烈。人们忙于追求高分数，忙于去学习那些对升学考试有作用的知识，而往往会忽略那些在考试中地位相对较低的内容，这也使得素质教育变味。

（2）教育投资体制。长期以来，我国政府对教育的总投入不够，而且在投入上又存在基础教育与高等教育、城乡之间、地区之间的差异。教育资源的分配不均，使得许多地方不具备实施素质教育的条件。

（3）社会用人制度。社会各行各业的用人标准缺乏科学定位，很多行业在聘用人才时盲目追求高学历。即使一项对学历要求不高的工作，也要求专科甚至本科以上学历，这就导致了学生们追求学历的倾向。这也使得素质教育难以得到实施。

2. 内部性体制障碍

（1）教育评价制度。目前，对教育结果的评价主要还是通过考试，最终的考察是通过高考。在人们心中会形成这样的概念，不论教育怎么搞，最终必须经过高考的检验。如果高考成绩不佳，你所开展的素质教育也是白费力气。因此，高考不仅左右着高中，甚至对初中、小学、幼儿园都有着辐射作用。日常教学活动的评价都受到高考指挥棒的影响。

（2）教育内部管理体制。教育系统内部管理体制的障碍主要有：对教师的管理体制，对学生的管理体制，对课程和教材的管理等。

（二）教育观念落后

从家庭来看，父母对子女的期望值高，他们总是“望子成龙”“望女成凤”，不惜一切代价为孩子提供好的学习条件。父母都希望自己的孩子能进重点小学、重点中学，最后能进重点大学。有的父母甚至愿意交纳很高的择校费让孩子去就读重点学校或者私立学校。

从学校角度来看，由于社会、家庭把升学率作为评价一所学校质量的标准，学校为了保持在竞争中的优势，同时也是为了经济利益，学校不得不把提高升学率作为学校工作的重心。

从学生角度来看，由于受到社会和家庭的影响，他们思想上也存在着“万般皆下品，唯有读书高”的思想，农村的孩子总想借读书脱离农村的生活。

（三）素质教育理论的研究滞后

关于素质教育的研究很多，理论界对“素质”概念的不同界定，对素质结构的不同分析，对素质教育特点的不同归纳，既反映了素质教育研究的热烈程度，也反映了素质教育理论体系的不成熟、不完善。理论的不清晰，必然带来操作上的困难。目前，很多学校的素质教育是在课余搞更多的文体活动，在必修课不减，选修课和业余活动不断增加的情况下，学生负担将会有增无减。

（四）部分教师素质不高

素质教育是培养学生各方面素质的教育，这对执行素质教育的教师提出了更高的要求。目前，我国的大多数中小学老师都是在应试教育模式下培养出来的，由于长期置身其中，往往不自觉地沿用老一套的做法。另外，由于缺乏完善的培训制度，老师得不到及时的提高，因此在开展素质教育时会无所适从。

应试教育遇到难题：天才文学少女考试不及格

这是一起中国文学界罕见的现象。

1999年5月7日，中国文学界、评论界大腕、名流，汇集在中国作家协会活动中心会议室，破天荒地研讨一位不满16岁小女孩儿写的作品，以及她的《真心英雄》再版5次销售一空的特殊轰动现象。

她就是被称为天才文学少女的沈阳市第76中学初二（4）班的学生张天天。

而与此同时，另一个现象也出现了，那就是这位一直学业优良的天才少女学习成绩一滑再滑……

于是，一道无法回避的严肃教育考题，搅动了人们的心房，摆在家庭、学校与社会面前……

9岁时，小天天就写出了五六万字的作品，学习成绩下滑，严父的拷打，都没能让她放下手中的笔，15岁时，她的《真心英雄》，一炮打响。

瘦小多病的张天天，不能像同龄的孩子一样踢毽子、跳猴皮筋，但她更爱书，更爱讲故事，把小伙伴讲得如痴如醉，还尝试编故事，到了小学二年级9岁时，已经编出了五六万字的《参娃历险记》。

一天晚上，中央电视台播放的科教片《奥秘》节目中的飞碟，幻化成一个梦，走入她的小脑瓜，使她产生强烈的冲动，萌生了创作欲，非要去写、去表现……然而，当她把自己的梦告诉父母时，并没有引起父母足够的重视，只是告诉她："学习是主业，别走火入魔了。"

后来父母发现她的变化。父母在时，她装成写作业的样子，父母一离开，她扔掉作业就写故事。父母发现了几次，也撕过几次本子，但都没有效果。每次父母刚躺下，她就爬起来，点上灯又写下去。为此，父母每天晚上不得不轮流守夜，监督她睡觉，直到她睡着了，才去睡觉。谁想就是这样，小天天也与他们捉迷藏，半夜醒来，又继续伏案写下去。

然而，当期末考试成绩出来后，父母吓了一跳，天天竟有一科不及格。这之前天天学习一直不错，根本不用父母操心。父亲终于按不住心中怒火，把她拖到屋里按到床上，操起棍子，照着小天天的屁股就是一顿打，天天疼得哇哇直叫并保证以后再也不写了。

那天晚上，小天天被打得钻心疼，打伤的屁股不敢沾床，一沾床，便犹如万箭穿心。可是，半夜构思中的人物又出现了，她又爬起来，不敢坐着，便站着写

张天天的真情终于得到了回报，1998年她的作品《真心英雄》终于出版了！

震惊文坛的小天天，已无法继续安心学习，频繁的校外活动使她学习成绩一落千丈。

1998 年 10 月，《真心英雄》参加了中国西安第九届全国书展。在展销的 300 多种图书中，销售名列前茅。

随后中国作家协会召开了张天天作品研讨会，美国波士顿影视公司代理人到沈阳，找到张天天商讨改编《真心英雄》，并希望张天天出任主角……

一时间，天才少女的消息传遍了大江南北，而这一切对张天天所在的普通中学来说，不亚于一场地震。学校为使天天得到更好的发展，专门对其进行“特殊”教育。

一、根据张天天的特长，扬长避短多渠道培养专门人才，让她充分发挥才能。

二、学校应该提供宽松的环境，在保证她每天必上文化课的基础上，鉴于她社会活动多，上午上课，下午可以自由选择。

三、由于她创作任务重，作业可以完成，也可以不完成。欠缺的课程，由老师补上。

无疑，这几条是学校面对特殊人才特殊对待的重要尝试，但是落实到具体班级、具体老师身上，自然就成了她的班主任吴雅娟老师最高兴也是最愁的事。

采访时，吴老师告诉记者，张天天从小学刚考上中学时，门门学习成绩优秀，属于中上等的好学生，组织能力很强，反应特别快，出口成章，担任班里的宣传委员，工作搞得有声有色。

然而，这一切很快就因为天天搞创作和大量的课外活动而被打破了。一个学期 20 周课，学时不超过 100 天，而天天却耽误了 40 多天……

吴老师想无论什么天才，基础教育很重要，否则一切都是空中楼阁。为此，她很着急，找时间给天天补课，可天天三天两头被校外部门请走，吴老师一筹莫展。她向我们真诚地袒露，“天天应该像一个正常孩子一样，过多的活动使她不能正常学习与生活，不谈基础教育重要，就是素质教育也要求合格加特长。天天现在基础课不扎实，将来怎么办？”

面对天才文学少女，现有的应试教育无能为力，小天天的未来如何？

经过重重审查，张天天的才华令专家们折服了，“难能可贵！小孩儿有文学悟性！有才气！”

一时间什么“天才少女”、什么“震惊文坛”，一篇篇报道，一次次讲演，都找到我们这位天才少女。因此，她上午上课，下午应付各种活动，晚上熬夜写作。这一切对于一个孩子太沉重了。

于是，围绕着张天天的现实、未来，一场自发的社会讨论展开了。一位知名作家说：“现实教育，只有高考上大学成才才是最佳途径。家长也不应该鼓励孩子写长篇。”

而另一位著名作家则认为：“现在应试教育带来的僵化体制必然扼杀孩子们的创造力与感受力，每个孩子一旦纳入传统教育体系就必须一天接一天，老老实实啃书本，而学校提倡素质教育无法落实。不能光看孩子的一时成绩，救救有创造性的孩子天天！东北才女宋静茹不是一篇作文敲开了天津南开大学的校门吗？教育的园地应培养有特殊才能的人才。”

当然，最烦心的是学校。天天就像一只刺猬捧在手上，左右为难。按现有教育模式，加强孩子的基础教育，天天这样极有希望的文学幼苗，就可能人为地拦腰砍断。而放任自流，孩子不打好基础，能长成栋梁吗？

面对天天的“遭遇”，面对家庭、学校和社会的无能为力，一个刻不容缓的教育课题不得不引起人们的深思：现代素质教育到底如何走下去？

（原载新华社《时代商报》1999 年 10 月 30 日）

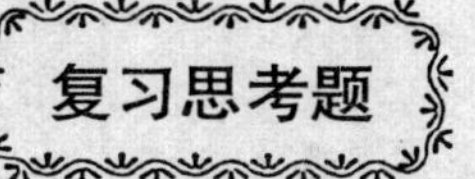

1. 什么是教育目的？确立教育目的的依据是什么？
2. 我国现行的学制是什么？
3. 简述素质教育与全面发展教育的关系？

第四章　教师与学生

【本章要点】

➢ 教师职业的发展
➢ 教师的专业素质
➢ 教师的心理健康
➢ 学生的本质属性
➢ 师生关系

如今的孩子很小就接受了各种各样的新生事物，脑子里千奇百怪的东西很多。有时候他们会在课堂上或课后向你提出一些稀奇古怪的问题。比如，你在课堂上讲太阳和月亮，有的孩子便会问："老师，太阳为什么会白天出来，月亮为什么晚上才出来？"对这样的问题还能勉强回答，但有些孩子在课后问的问题，真的让我难以回答。比如，有的孩子会冷不丁地问："老师，什么叫酷毙了？""老师，怎样才能当上还珠格格？"我一时哑然，有时我想，或许我真的是年纪大了，不再适合当小学老师了。面对这位老师的困惑，你觉得问题出在哪儿？

第一节　教　师

教师，是人类社会最古老的职业之一。这种职业不论是在历史上，还是在高度发展的今天，都有着举足轻重的作用。而作为即将成为教师的大学生而言，对即将从事的职业有一个充分的了解，并为将来的职业做好准备，是非常必要的。

一、教师职业的发展——职业、专业

职业不等于专业，不是什么职业都需要专门的技术。专业是社会分工、职业分化的结果，是社会进步的标志。

《中国大百科全书·社会学》中认为职业是随社会分工而出现的，并随着社会分工的稳定发展而构成人们赖以生存的不同工作方式。职业是谋生的手段，而且从事职业也是一个社会人应当承担的社会角色和社会责任。

专业是指一群人在从事一种必须经过专门教育或训练，具有较高深和独特的专门知识和技术，按照一定的专业标准进行的活动。通过这种活动将解决人生和社会问题，促进社会进步并获得相应的报酬待遇和社会地位。不同的专业有不同的标准，一般来说，专业标准包括

专门知识和技能、职业道德，经过长期的专业训练形成专业组织等。

在人类发展的历史中，教师最初并不是一门专业，而仅仅是一门职业。

教师职业萌生于原始社会早期。原始部落的氏族首领和具有劳动经验、生活经验的长者，为了部落自身的生存和发展，他们总是在生产劳动和日常生活中，凭借其地位和权威，把生产知识和技能、生活经验和风俗习惯，行为准则等有意识地传授给年轻一代。这些部落首领和有经验的长者通常就成了年轻一代的“教师”，充当着“教师”的角色。我国自古相传有燧人氏教人钻木取火，巢氏教民构木为巢，伏羲氏教民以猎，包牺氏教民以渔……专职教师是在学校出现以后产生的。奴隶社会时期，我国就有了学校的雏形。传说夏代有“庠”、“序”、“校”三种教育机构，商代又有了“学”与“瞽宗”。这一时期，奴隶社会官学的教师都是由统治阶级的官吏兼任的，官师合一。在漫长的封建社会中，官学及教师职业的发展以唐代和明代最为昌盛。而明代则出现了大批从事小学教育的官师，充实发展了教师队伍，使从事各种层次的教师形成了阶梯状的配套结构，把教师职业又向前推进了一步。

到了近代，培养教师的专门机构师范学校开始建立。1794 年，法国第一个建立了培养教师的巴黎师范学校。开创了人类师范教育的先河。19 世纪初，德国师范教育也发展起来。我国师范教育兴起于 19 世纪末，1897 年 2 月，盛宣怀在上海创办南洋公学，设有“师范院”，1902 年，张骞创办了通州师范学校，1904 年清政府批准颁行了《奏定学堂章程》。随着师范教育的兴起以及师范教育理论与实践的产生、丰富与发展，教师职业才逐渐成为一种专门的、科学的职业。

尽管当前国际上对教师职业是否是一个完全专业还有不同意见，但普遍认为教师这个行业正处在从半专业、准专业向完全专业道路不断前进的过程当中。我国 1994 年开始实施的《教师法》规定：“教师是履行教育教学职责的专业人员”。1995 年国务院颁布《教师资格条例》，2000 年教育部颁发《〈教师资格条例〉实施办法》，教师资格制度在全国开始全面实施。2000 年，我国出版的第一部对职业进行科学分类的权威性文献《中华人民共和国职业分类大典》，首次将我国职业归并为八个大类，其中教师属“专业技术人员”一类，定义为“从事各级各类教育教学工作的专业人员”。

总的来说，我国教师的专业化程度还不高，国家正通过改革发展教师，提高教师专业水平。

二、教师劳动的特点

教师劳动的对象是人，目的是培养德、智、体、美等方面全面发展的学生，劳动的过程是人与人相互作用的过程，劳动的价值是通过对学生的培养来实现的。因此，教师劳动的特殊性决定了教师劳动具有自己的特点。

（一）教师劳动的复杂性和创造性

1. 教师劳动的复杂性在劳动的性质上的表现

教师劳动既是一种脑力劳动，也是一种精神劳动。脑力劳动和精神劳动既有联系又有区别。

首先，脑力劳动是和体力劳动相对而言的。任何劳动过程，既要消耗体力，又要消耗脑力，关键在于以哪一种劳动为主。教师在教育工作中要消耗相当的体力，但他以脑力劳动为

主，所以是脑力劳动者。

其次，精神劳动是和物质劳动相对而言的。物质劳动的结果是生产出各种形式的物质产品，即各种生产资料和消费资料；精神劳动的结果是生产出观念形态的产品，如各种自然科学、社会科学和文学艺术等。教师从事的是精神劳动，但是，教师和其他精神劳动者有着一个根本的区别，就是他们劳动的主要目的是教育人，培养人，提高人的劳动能力。教师和其他精神劳动者一样，可以创造出各种科学知识和文学艺术，但这不是教师劳动的主导方面。教师作为脑力劳动者和精神劳动者，主要从事知识、文化、人类精神文明成果的传递和传播工作，是在教书育人，造就人，培养人，而不是主要在精神劳动领域搞发明创造。教师的劳动是在为社会提供合格的劳动者，在尽自己的义务。

2. 教师劳动的复杂性在劳动对象上的表现

首先，教师劳动的对象是人，不是无生命的自然物质材料，也不是一般的动物，而是具有一定自觉意识的、有感情、有理智、有个性的人。每个学生都是一个特殊的世界。他们不可能像物质产品那样，可以按照固定的流程，统一的型号，用一个模子来铸造。

其次，教师劳动对象的复杂性，还表现为影响学生成长的因素的差异性。学生天赋及身体条件的差别，家庭与社会环境的不同，原有学习兴趣、习惯、能力的区别等，都对学生的学习和思想发生影响。学生带着社会的各种影响来到学校，有些影响是有利于教师教育的，有些是不利的。

3. 教师劳动的复杂性在教学内容上的表现

教师的任务不单是传授知识、培养技能、发展能力，还要对学生进行思想品德教育，关心学生的身体健康，帮助学生树立正确的人生观、价值观，同时还要帮助学生掌握学习的方法。教师要致力于学生的整体素质的提高，促进学生全面发展，因此，教师的劳动是复杂的。

教师劳动的复杂性要求教师创造性地开展教育教学，真正做到根据学生的身心发展规律及个性特征，合理安排教育内容，恰当选择教育方法开展教育活动。因此，教师的劳动还具有创造性。

（二）教师劳动的示范性

教师劳动的示范性主要是指教师通过示范的方式用自己的学识，思想和言行等去影响学生。德国教育家第斯多惠说：“教师本人是学校里最重要的师表，是最直观的最有效益的模范，是学生最活生生的榜样。”教师劳动的示范，不仅体现在知识的传授过程中，对学生思想品德的培养塑造中，教师的人格与个性对学生的身心发展也具有重要的示范作用。因此，历来的教育家都非常重视教师本人的品质和教师的榜样作用。孔子曾提出“以身作则”的见解，韩愈也提出“以身立教”的主张。由于教师劳动具有示范性的特点，因而教师应特别注重自身素质的培养和提高。

（三）教师劳动的迟效性和长效性

“十年树木，百年树人”，这是我国的教育名言。这正是对教师劳动迟效性的真实写照。教师的劳动不是物质生产劳动，不能像生产物质那样很快见到劳动的成效。教师的劳动对象是人，人的成长和发展需要一个过程。学生知识水平的提高，能力的发展和思想品德的形成，是一个循序渐进的过程。教师工作的成果如何，不是今天或明天就能见得到的，有时要过五年、十年才能见得到。教师劳动的成效，往往要在学生离校，参加工作后，才能全面展现出来。

教师劳动的成果显效的时间虽然晚，但受教育者的劳动能力，一经培养提高，就具有长期的社会生产效能，即能长期地创造社会经济效益。受教育者将从老师那里获得的知识、技能、能力转化为自身的力量。这种力量不会随着时间的流逝而消失，相反，由于劳动者的经验增加，将会使知识更加丰富，智力和能力得到进一步的发展。因为，劳动者都是以他在受教育期间所得到的知识和能力为基础来开展后续的学习和工作的。因此，教师的劳动具有迟效性和长效性的特点。

（四）教师劳动任务具有严肃性与所负责任的重大性

一方面，教师是代表着一定时代的国家、民族、阶级等社会群体的政治、经济的根本利益和文化的价值取向，是从事教育工作的人。教师的根本任务是为社会培养人，教师必须按照国家的教育方针，按照国家的教育目的的要求开展教育活动。

另一方面，教师的工作对象是社会的年轻一代，是社会的个体。教师要对个体的健康成长，成人成材负责。

从以上可以看出，教师处于群体与个体之间，既要对社会事业负责，也要对个体的发展负责。教师一方面是社会的代言人，一方面又是个体的引路人。正因为教师身兼二任，因此，其工作任务具有严肃性与所负责任的重大性这一重要特性。

（五）群体和个体的统一性

教师的劳动在一定的时间、空间和目标上都具有很强的个体性特点。每一位教师都要以自己的知识、才能、品德、智慧去影响自己的学生，完成自己的教育教学任务，即教师的劳动从劳动手段的角度讲主要是以个体劳动的形式进行的。同时，教师的劳动成果又是集体劳动和多方面影响的结果。任何一个学生的身心发展，都不仅仅是不同科目、不同年龄阶段许多教师共同影响的结果，也是学校、家庭、社会和学生本人长期共同努力的结果。教师的个体劳动最终都要融汇于教师的集体劳动之中，教育工作需要教师的群体劳动。

教师劳动的群体和个体统一性，要求教师要协调好影响学生身心发展的综合环境，特别是处理好自身与教师群体的关系，又要不断提高自身的思想修养和业务水平。

三、教师的角色

教师的多种角色是教师的多种社会属性和社会关系在教学活动中的反映，是教师在教育教学活动中一整套行为规范和社会对教师的角色期待。

（一）关于教师角色的讨论

（1）美国学者雷道和华顿保的研究认为，一位教师兼有以下十种不同的角色：社会的代表；知识的源泉；裁判员或法官；辅导者；学生行为优劣的观察者；认同的对象；父母的替身；团体的领导者；朋友；情感发泄的对象[①]。

(2) 傅道春认为，教师角色包括：教员、领导者、人类灵魂的工程师、心理医生、青少年的朋友、父母、榜样、被攻击的对象、研究者、管理者。

(3) 吴明清（1997）认为，教师扮演下列角色：学生的领导者、家长的合伙人、社区的成员、学校的参与者、文化的传承者与政府的雇佣者。

(4) 洪福财（1999）认为，教师至少扮演五种角色：学科领域专家、规划者、协商者、研究者与改革发动者。

（二）新课程对教师的角色要求

我国新一轮的基础教育课程改革实现了课程目标、课程结构、课程内容、学习方式、课程评价、课程管理的变革。教师是课程实施过程中最直接的参与者，课程改革要求教师不但要改变过去的教育观念、教育方式，同时要求教师角色也要做出相应的转化。主要表现在以下几个方面。

1. 教师是学生学习的促进者

新课程要求教师由过去的单纯的知识传授者变为学生学习的促进者。作为学生学习的促进者，教师要帮助学生确立适当的学习目标，并确认和协调达到目标的最佳途径；指导学生形成良好的学习习惯，掌握学习策略和发展元认知能力；创设丰富的教学情境，激发学生的学习动机，培养学习兴趣，充分调动学生的学习积极性，为学生提供各种便利，为学生的学习提供服务；营造一种接纳的、支持性的、宽容的课堂气氛；作为学习的参与者，与学生们一起分享自己的情感和想法，与学生一道寻找真理，能够承认自己的过失和错误[②]。教师不再是课堂的主宰者，而是共同学习的合作者。随着教师的角色的变化，要求教师加强自身素养以适应新课程改革的要求。

2. 教师是教育教学研究者

钱伟长先生说过："你不上课，就不是老师；你不搞科研，就不是好老师。教学是必要的要求，不是充分的要求，充分的要求是科研。科研反映你对本学科清楚不清楚。教学没有科研作为底子，就是一个没有观点的教育，没有灵魂的教育。"因此，教师角色必然要从传统意义的"教书匠"向具有科研意识的"研究者"转变。教师扮演研究者的角色，就必须以研究者的心态置身于教学情境中，对自己的教学行为进行反思，对所积累的经验进行概括总结。因此，教师要充分联系教学工作的实际，把教学与研究结合起来，认真探究课程结构、问题的来龙去脉、发生发展、矛盾困难及曾有过的争论和使用过什么办法来解决，还有哪些不同观点。教师需要在科学理论的指导下，积极从事有关教学方面的研究，最终实现以科研促进教学发展，实现"教书匠"到"研究者"的转变。

3. 教师是课程的决策者与开发者

过去，教师的任务只是将教育行政部门、教育专家、学科专家预先制定的课程付诸实施，教师仅扮演执行者的角色，而新课程改革对教师的角色提出了新要求。一方面，新课程大大

① 黄坚厚. 教师的多重角色. 教育资源文献，1979（8）.
② 傅道春. 新课程与教师行为的变化. 人民教育，2001（12）.

增加了课程实施的不确定性，诸如课程的灵活性和弹性加大，教学内容和评价标准的不确定性，以及知识、能力、态度、情感、价值观的多元价值取向，等等。在新课程环境下，课程的不确定性使教师有了课程开发的权利，同时也就有了决策的责任。教师可以根据实际情境，对课程内容进行适度的删减、调整和加工。另一方面，新课程确立了国家课程、地方课程、校本课程三级课程管理政策，尤其在校本课程方面，要求教师有课程意识和参与意识，根据本校的特点进行课程开发，将自己塑造成为课程的建设者和开发者，而不是单纯的课程执行者。

4. 教师是学生心理健康的维护者

在传统的教学过程中，教师在促进学生的一般身心发展方面，是作为学生活动的管理者，纪律的维护者，家长的代理人等角色。随着教育情境的改变和新型师生关系的建立，这些角色的内涵发生了巨大变化，而最大的变化是教师将作为学生心理健康的维护者、朋友和学习的伙伴。随着社会的发展，心理问题已成为影响学生成长的主要因素之一。因此，教师必须具备心理健康教育、心理咨询的知识和技能，具有维护学生心理健康，对学生进行心理健康教育的意识，并将这种意识融入到自己日常的教育教学活动中去，为教育教学创设良好的心理氛围、满足学生发展的需要。

四、教师专业素质

过去，关于教师素质的研究很多。如有的把教师素质称为专业素养，或教师品质，或教师特性，等等。有的从教师承担的任务或扮演的角色出发对教师的素质进行演绎；有的研究把着眼点放在教师的认知类型上；有的采用实证的手段调查分析优秀教师的素质；有的通过经验总结的形式或采用历史学的方法对教师的素质进行归纳。专业素质是专门职业对从业人员的整体要求，我们现在已经把教师职业看成一门专业，因此，教师专业素质就成了教师素质的核心，它是与其他专业相区别的专业要求，真正反映教师这一职业的专业特性。

对教师素质结构的分析、研究有很多，其中有代表性的研究见下表：

表 4.1　教师素质结构的研究

研究者	教师素质结构
叶　澜	① 专业理念　② 知识结构　③ 能力结构
艾　伦	① 学科知识　② 行为技能　③ 人格技能
林瑞钦	① 所教学科的知识　② 教育专业技能　③ 教育专业精神
饶见维	① 教师通用知能　② 学科知能　③ 教育专业知能　④ 教育专业精神
姚志章	① 认知系统　② 情意系统　③ 操作系统
唐松林	① 认知结构　② 专业精神　③ 教育能力

（资料来源：教育部师范教育司. 教师专业化的理论与实践. 北京：人民教育出版社，2003：54.）

我们认为，在新课程改革的背景下，教师应具有以下专业素质。

（一）教师的专业态度

专业态度是指教师基于对所从事专业的价值、意义深刻理解的基础上，形成的奋斗不息、追求不止的精神。

1. 专业理想

教师的专业理想是教师对成为一个成熟的教育教学专业工作者的向往与追求，它为教师提供了奋斗的目标。具有专业理想的教师对教学工作产生强烈的认同感和投入感，致力于改善教育素质以满足社会对教育专业的期望，努力提高专业才能，维护专业的荣誉、团结等。

2. 专业情操

教师的专业情操是教师对教育教学工作带有理智性的价值评价的情感体验，它是构成教师价值观的基础。教师的专业情操包括：理智的情操，即由于对教育功能和作用的深刻认识而产生的光荣感与自豪感；道德的情操，即由于对教师职业道德规范的认同而产生的责任感和义务感。

3. 专业性向

教学工作的专业性向是指教师成功从事教学工作所应具有的人格特征，或者说适合教学工作的个性倾向。

霍兰德认为，社会型劳动者喜欢从事为人服务和教育他人的工作，其个性适合做老师，因为他们热情慷慨，善于交际，关心他人，人际关系融洽。教师的专业性向在很大程度上是属于“先存的教师特性”，不易受后天发展影响，即使改变也是一个长期的过程。

（二）教师的专业知识和能力

1. 精深的专业知识与广博的文化知识

（1）精深的专业知识。

不同时代，不同背景下对教师的基础知识需求不同。在现代社会，教师专业化的发展和新课程改革的实施要求教师的基础知识更为广博。

这里的专业知识指任教学科的专门知识。这要求教师不仅要对该学科的基础知识有系统扎实的掌握，还必须关注该学科的发展状况，了解该学科对于社会、人类发展的价值以及在现实生活中的各种表现形态，并将这些联系到课堂知识的讲解中。另外，教师还需要向学生展示该学科提供的独特的认识世界的视角、思维的方法、该学科杰出人才的事迹以及他们所展现出的精神和人格力量，这些对于增强学生的精神力量和创造意识具有重要的作用，这种作用远远超出了学科知识本身所提供的价值①。教师只有掌握了精深的专业知识，教学才能得心应手。

（2）广博的文化知识。

学生求知欲旺盛，好奇心强，兴趣广泛，思维活跃，他们常常会向教师提出一些意想不到的问题，有时甚至超出教师的知识领域。如果教师没有广博的文化知识，是不能满足学生的学习需求的。因此，一名合格教师，在具有一定专业方向、学科方向的知识的前提下，还

---

① 叶澜. 新世纪教师专业素养初探. 教育研究与实验，1998（1）：41-46.

应拥有广博的基础文化，努力做到既有所长，又广泛涉猎。

2. 宽厚的教育科学知识与教育教学能力

（1）教育科学知识。

教育工作有着自身的规律，教育科学知识的掌握情况会影响教学的质量。无论从事哪一门学科教学的教师，都应通晓教育基础理论，理解和掌握教学规律，懂得教的方法和技巧等。这为教师教育教学能力的形成提供基础。因此，教师应尽可能涉猎该方面的知识，可以通过书本学习，也可以到实践中去学习。

（2）教育教学能力。

教学能力是指教师达到教学目标，取得教学成效所具有的潜在可能性，它由许多具体的因素所组成。教学能力和教学活动密切联系在一起，并在教学活动中得以展现。良好的教学能力包括以下几个方面：

① 教学设计的能力。教学设计能力包括掌握和运用教学大纲的能力，掌握和运用教材的能力，制订教学计划的能力，编写教案的能力，收集教学资料、制作教学工具等方面的能力。

② 教学实施的能力。教学实施能力也是多种具体能力的综合，如因材施教的能力，课堂教学组织的能力，运用各种教学技巧的能力和教育机智等。

③ 教学检查评价的能力。教学检查评价的能力是指教师在教学过程中收集资料，运用各种方法了解学生的学习状况，以判定教师是否完成预定的教学目标，学生是否达到预定的学习目标，从而根据反馈的信息来补救或改进教学工作的能力。如设计评价目标和评价标准的能力，收集资料的能力，选择评价方法、整理评价资料的能力等。

3. 基本的信息技术知识和能力

我国《基础教育课程改革纲要》中指出：“大力推进信息技术在教学过程中的普遍应用，促进信息技术与学科课程的整合，逐步实现教学内容的呈现方式、学生的学习方式、教师的教学方式和师生互动方式的变革，充分发挥信息技术的优势，为学生的学习和发展提供丰富多彩的教育环境和有力的学习工具。”因此，教师应学会使用计算机等信息工具获取信息、加工信息、交流信息，并将所获信息适时、恰当地运用到教育教学活动中。教师除了具备信息基础知识以外，还应掌握信息技术，尤其是多媒体与网络技术的应用，掌握常用软件工具的基本操作、信息检索的主要策略与方法。

4. 充分的课程知识与课程开发能力

新课程改革要求教师不仅是课程的执行者，更应该成为课程的开发者。因此，需要教师在相关的课程和教材知识方面加强学习，如了解中小学课程的主要类型，各种课程类型的功能和价值取向，课程类型选择的原则；知道课程开发的基础知识和基本原理，了解课程设计的基本方法，知道课程发展的过程和课程评价的标准、方法，关注课程发展趋势等。在一定的课程知识准备的基础上，教师应尝试进行课程的开发，锻炼自己的课程设计和开发能力。

5. 先进的管理知识与能力

教师在从事教育活动时，也在一定程度上扮演着管理者的角色。因此，拥有充足的管理知识，具备一定的管理水平，是教师从事专业活动的基本保障。

教师的教育管理能力要求教师首先具有课堂教学环境的营造能力。如根据学生特点和教学需求布置教室环境、编排座位、营造良好的课堂气氛等；调动学生积极参与教学活动的能力，如引导、积极的期望、激励等。其次是学生班级的组织管理能力。教师应当认识到班级组织管理与教学活动是分不开的，每个教师都应具有组织者和领导者的班级管理能力，只有好的管理才能吸引学生的注意力，使学生真正投入教学活动中，最终实现教学效果的最优化。最后，是管理校内外事务的能力。在未来充满民主管理的学校中，教师还将积极参与学校各项管理事务，如学校的发展规划、人事聘用、在职培训、财政管理以及资源配置管理工作。

6. 基本的教育科研理论知识与科研能力

“教师作为研究者”是新课程改革要求的教师角色之一，教师要具有研究能力也是教师专业发展的需要。新课程实施中涌现出很多的问题，这些问题涉及教育观念、教学方式以及教育技术等方面。这些问题都需要得到解决，而这些问题的解决没有现成的模式可搬。因此，需要教师去进行思考和探究。

教师要具备科学研究能力，必须先学习科研理论知识。比如，如何选题以及如何对问题进行阐述，如何查阅文献并做登记，如何选择和使用教育研究方法以及如何对教育研究成果进行表述等。

教师的教育研究跟教育学者们的研究应有所区别，一线的教师从事的是有关教育教学实际生活相关课题的研究，不是纯理论的研究。教师研究的目的是为了解决教育教学实际中所遭遇的问题，因此，教师应对自己的教育实践和周围发生的现象进行反思，善于从中发现问题，对日常工作保持一份敏感和探索的习惯。

具体来说，教师的研究能力包括：能科学拟定研究计划，能对自己的教学进行理性反思，能充分地收集资料，能系统地汇总研究成果，撰写研究报告，能利用研究成果改进自己的专业活动。

（三）教师的职业道德

教师是从事育人工作的专门人员，因此，教师除了要遵守一个普通公民应遵守的社会道德规范以外，还应遵守教师职业道德。尤其是在多元化的文化背景下，来自不同领域的影响很多。我国在 1997 年颁布了《中小学教师职业道德规范》（以下简称《规范》），该规范共 8 条，2008 年又对此规范做了重新修订，具体内容如下：

（1）爱国守法。热爱祖国，热爱人民，拥护中国共产党领导，拥护社会主义。全面贯彻国家教育方针，自觉遵守教育法律法规，依法履行教师职责权利。不得有违背党和国家方针政策的言行。

（2）爱岗敬业。忠诚于人民教育事业，志存高远，勤恳敬业，甘为人梯，乐于奉献。对工作高度负责，认真备课上课，认真批改作业，认真辅导学生，不得敷衍塞责。

（3）关爱学生。关心爱护全体学生，尊重学生人格，平等公正对待学生。对学生严慈相济，做学生良师的益友。保护学生安全，关心学生健康，维护学生权益。不讽刺、挖苦、歧视学生，不体罚或变相体罚学生。

（4）教书育人。遵循教育规律，实施素质教育。循循善诱，诲人不倦，因材施教。培养学生良好品行，激发学生创新精神，促进学生全面发展。不以分数作为评价学生的唯一标准。

(5) 为人师表。坚守高尚情操，知荣明耻，严于律己，以身作则。衣着得体，语言规范，举止文明。关心集体，团结协作，尊重同事，尊重家长。作风正派，廉洁奉公。自觉抵制有偿家教，不利用职务之便谋取私利。

(6) 终身学习。崇尚科学精神，树立终身学习理念，拓宽知识视野，更新知识结构。潜心钻研业务，勇于探索创新，不断提高专业素养和教育教学水平。

新《规范》共六条，体现了教师职业特点对师德的本质要求和时代特征，“爱”与“责任”是贯穿其中的核心和灵魂。“爱国守法”是教师职业的基本要求；“爱岗敬业”是教师职业的本质要求；“关爱学生”是师德的灵魂；“教书育人”是教师的天职；“为人师表”是教师职业的内在要求；“终身学习”是教师专业发展不竭的动力。

五、教师心理健康

随着我国教育改革的不断深入，高速发展和竞争日益强烈的现代社会对教师的生存与发展提出了挑战，教师的心理压力与心理健康受到越来越多的关注。因为教师的心理健康会直接影响到学生的健康成长，继而影响我国的教育事业。近年来，老师自杀事件频频发生，这也就从一个侧面反映出了教师的心理健康状况。高峰、袁军对上海市 907 所小学 3 055 名教师进行的（SCL-90）的调查发现，小学教师的心理健康在强迫症状、焦虑、恐怖、躯体化方面普遍存在问题。许金更、许瑛国对北京市 15 所小学 554 名教师的问卷调查结果发现，58.46%的教师在工作时烦恼多于欢乐；28.57%的教师在工作中经常有苦恼；33.64%的教师在校内很少同校外人交往；55.98%的教师经常患病或有慢性病。类似的研究不胜枚举。以上研究表明：很多教师都具有不同程度的心理健康问题。那么什么是心理健康？教师的心理健康问题是如何造成的？教师怎样才能维护自己的心理健康呢？

（一）教师心理健康的概念及标准

1. 教师心理健康的概念

1946 年，在第三届国际心理卫生大会上就心理健康概念问题指出：“所谓心理健康是指在身体、智能，以及情感上与他人的心理健康不相矛盾的范围内，将个人心境发展为最佳状态。”这次会议认定的心理健康的标准是：① 身体、智力、情绪十分协调；② 适应环境，人际关系中彼此能谦让；③ 有幸福感；④ 在职业工作中，能充分发挥自己的能力，过着有效率的生活。这些标准的认定，要比上述定义更全面且具体。对于心理健康的概念，随着时代的发展，不同时期有着不同的界定标准，因此很难给它下一个准确的定义。综合各种文献结果，最概括、最普遍的解释，是指人的心理，即知、情、意活动的内在关系协调，心理的内容与客观世界保持统一，并据此能促使人体内、外环境平衡和促使个体与社会环境相适应的状态，由此不断地发展健全的人格，提高生活质量，保持旺盛的精力和愉快的情绪。

根据教师工作的特点，教师心理健康主要是指教师能顺利地适应教育环境，正确对待和处理师生关系的一种良好心境。

2. 教师心理健康标准

教师职业的特殊性决定了教师心理健康的标准除了要符合一般人的标准外，还要符合所从事的职业。俞国良教授在《北京大学学报》2001年第1期撰文指出，教师心理健康应具有以下标准：

(1) 对教师角色认同，热爱教育工作，勤于教育工作，能积极投入到工作中去，将自身的才能在教育工作中表现出来并由此获得成就感和满足感，并免除不必要的忧虑。

(2) 有良好和谐的人际关系。

(3) 正确地了解自我、体验自我和控制自我。对现实环境有正确的感知，能平衡自我与现实、理想与现实的关系。

(4) 具有教育独创性。在教学活动中不断学习，不断进步，不断创造。能根据学生的生理、心理和社会性特点富有创造性地理解教材，选择教学方法，设计教学环节，使用教学语言，布置作业等。

(5) 在教育活动和日常生活中均能真实地感受情绪并恰如其分地控制情绪。

由此可见，教师心理健康标准要高于普通人的标准，这是由教师的职业特点所决定的。同时也说明，从事教师工作，必须要有良好的心理品质。

(二) 教师心理健康问题的表现

关于教师心理健康问题的表现的研究很多，根据王金香研究表明，教师心理健康问题主要有如下表现。

1. 生理—心理症状

(1) 抑郁。抑郁通常表现为情绪的衰竭，长期的精神不振或疲乏，对外界事物失去兴趣，对学生淡漠，等等。

(2) 焦虑。焦虑主要表现为：① 持续的忧虑和高度的警觉，如过分担心自己的人身安全问题。② 弥散性的、非特异性的焦虑。如说不出具体原因的不安全感，无法入睡等。③ 预期焦虑。如不怎么关心现在正在发生的事，而是担心以后可能发生的事。

(3) 更常见的症状是在抑郁和焦虑之间变动，当一种心理状态变得不能忍受时，另一种心理状态便占据了主导地位。这些心理行为问题通常伴随着一些身体上的症状，如失眠、食欲不振、咽喉肿痛、恶心、心跳过速、头痛等，如果得不到及时的疏导或宣泄，将自己的不良情绪或情绪归因不当，则很可能会产生更深层次的心理行为问题。

2. 职业行为问题

教师的心理健康问题在职业活动中的主要表现有：

(1) 逐渐失去对学生的爱心和耐心，并开始疏远学生，备课不认真甚至不备课，教学活动缺乏创造性，并过多运用权力（主要是僵持的方式）来影响学生。

(2) 在教学过程中遇到挫折时，拒绝领导和其他人的帮助和建议，将他们的关心看成是一种侵犯，或者认为他们的建议和要求是不现实的或者是幼稚的。

(3) 对学生和家长的期望降低，认为学生是“孺子不可教也”，家长也不懂得如何教育孩子和配合教师，从而放弃努力，不再关心学生的进步。

(4) 对教学完全丧失热情，甚至开始厌恶、恐惧教育工作，试图离开教育岗位，另觅职业。

3. 人际关系问题

教师心理健康直接影响其人际关系。教师一旦出现心理健康问题，容易在人际关系中表现出适应不良，如与他人交流时沉溺于倾诉自己的不满，没有耐心听取他人的劝告或建议，拒绝从另一个角度看问题，或表现出攻击性行为，无法用一种理智的、没有伤害性的、对后果负责的方式表达自己，常常做出过激的反应，如冲家人发脾气、打骂孩子、出口伤人等；另一类行为则是指向内部的，如交往退缩，避免与他人接触，对家庭事务缺少热情等。

（三）教师心理健康的维护

教师心理健康的维护，是一个系统的社会工程，需要社会、学校和教师三方面通力配合。社会和学校是引发教师心理健康的外部因素，而教师个人则是引发教师心理健康问题的内部因素。外因通过内因起作用，因此，教师个人通过多种途径做好自身心理健康的维护，可以从以下几个方面进行：

（1）加强锻炼，保持身体健康。

（2）正确地认识和接纳自我，学会肯定自己。

（3）学会调适不良情绪。

（4）加强交往，创建良好的人际关系。

（5）树立教育事业的信念。

（6）学会减压。

（7）加强学习，提升素养，增强竞争力和自信心。

第二节 学 生

学生是教师的劳动对象，了解学生是教育成功的前提。教师要完成培养人的神圣使命，把学生塑造成合格的社会成员，首要的问题就是了解学生，认识学生的一般特点及其身心发展规律。

一、学生的本质属性

学生跟老师一样，也是社会的成员。除了具备人的一切共同特征外，由于其身心发展的不成熟，因此，学生在学校教育中又具有其本质属性。在此，我们来了解一下中小学生的本质属性。

（一）学生是具有发展性的人

对于中小学学生来说，他们身上潜藏着极大的发展可能性，这是因为他们身心发展过程中所展现出的各种特征都还处在变化之中，并未完成。中小学生发展的潜力很大，可塑性极强。因此，我们在教育过程中要充分认识到每个学生的发展可能性，不能以当前的状况去对学生今后的发展下定论。我们应该尽量去满足学生的发展需要。学生发展的需要是多方面的，包括生理的和心理的需要、认知的和情感的需要、道德的和审美的需要，等等。

（二）学生是具有主体性的人

学生在学校中接受教育时，并不是完全按照学校的要求去接受教育，他不是被动的加工对象，他具有主体性。所谓主体性，就是学生在教学中的主观能动性，具体包括自主性、能动性和创造性。自主性是指在一定条件下，学生对自己的活动具有支配、控制的权利和能力，表现为具有明确的学习目标，积极的学习态度和对学习活动的自我调节。能动性主要表现为能自觉认识到受教育的意义和目的，积极配合教师的教育活动，主动参与到教育活动中来，还可以根据自己已有的知识经验、认知结构和情意结构去主动探求外界的一切。创造性是学生对现实教育的超越，是学生主体性的最高体现。教师要认识到，当学生的主体性受到关注，主体意识被唤醒时，他们开始把目光投向自身，促使他们学会对自己负责，审视自身，也促使教师对自己的教育教学行为的反思与评价。

（三）学生是具有个性的人

遗传素质和环境影响的差异，造成了每个人的个别差异性。这种差异性就是教育的起点。马克思主义关于人全面发展的真谛就是利用教育促进个体“个性”的全面发展。所以，教师既不能像工人生产物质产品那样对待学生，也不能用同一标准去评价具有不同个性的不同学生，必须尊重学生的个别差异，照顾学生的个别差异，为学生提供个性化的教育教学，帮助学生发展独特个性，以便其将来能充分发挥其创造潜力。

（四）学生是具有社会意义的人

学生是具有社会意义的人，每个学生都具有自己的独立人格、尊严、个性和心理世界。教育工作者应当义不容辞地担当起促进学生社会化的责任，在课程的开设及教学设计过程中，要切实考虑学生的社会性需求和社会性情感。在教学过程中，学生的体验除了包括兴趣、爱好、愉悦、成功感、理智感等非社会性体验，还包括自尊、关怀、公开、公正等社会性体验。在现代社会中，教师在教学设计的过程中无论是教学目标、教学任务、教学评价的设计中都要考虑学生的需求，尊重学生的愿望。另一方面，学生作为责任的个体，学校和教师要引导学生对学习、对生活、对自己的行为负责，学会承担责任。换言之，即学校要对学生进行有效的教育和管理，要对他们有制约，不能放任自流，要逐步培养他们的责任感。教师在教学设计过程中应时刻提醒自己，学生是一个有责任的个体，也是一个有权利的个体。

二、学生的地位

（一）学生的社会地位

学生作为社会的成员，跟其他成员一样，享有法律规定的权利和义务。但是，由于中小学生是不成熟的人，所以他们的独立性和独立人格经常受到忽视。我们应从以下几个方面正确认识学生的社会地位。

1. 学生是权利的主体

从法制的角度讲，青少年是独立的社会个体，他们不仅享受一般公民的权利，而且受到社会的特别保护。世界各国都非常重视儿童权益问题，并制定了相关的法规。1959 年联合国通过了《儿童权利宣言》，1989 年 11 月 20 日联合国大会又通过了《儿童权利公约》，其核心精神正是维护青少年儿童的社会权利的主体地位。这一精神的基本原则是：儿童利益最佳原则；尊重儿童尊严原则；尊重儿童观点与意见原则；无歧视原则。我国作为《儿童权利公约》的缔约国之一，在履行《公约》的同时，在相关法规中也对青少年儿童的权利及其保护做了明确的规定。

2. 学生的合法权利

青少年学生是社会权利的主体，享有法律规定的各项社会权利。我国儿童应享有生存权，受尊重权，受教育权，健康权，身体自由权和内心自由权，肖像权，名誉权，隐私权等。下面我们就从法律中找寻国家为保护学生所做的规定。《未成年人保护法》与《义务教育法》均指 2006 年修订以后的规定。

（1）生存的权利。我国《宪法》第 49 条规定："父母有抚养未成年子女的义务"，《未成年人保护法》第 10 条更具体地规定："父母或其他的监护人应当创造良好、和睦的家庭环境，依法履行对未成年人的监护职责和抚养义务。禁止对未成年人实施家庭暴力，禁止虐待、遗弃未成年人，禁止溺婴和其他残害婴儿的行为，不得歧视女性未成年人或者有残疾的未成年人。"

（2）安全的权利。《未成年人保护法》第 22 条规定："学校、幼儿园、托儿所应当建立安全制度，加强对未成年人的安全教育，采取措施保障未成年人的人身安全。学校、幼儿园、托儿所不得在危及未成年人人身安全、健康的校舍和其他设施、场所中进行教育教学活动。学校、幼儿园安排未成年人参加集会、文化娱乐、社会实践等集体活动，应当有利于未成年人的健康成长，防止发生人身安全事故。"《中华人民共和国义务教育法》规定："学校应当建立、健全安全制度和应急机制，对学生进行安全教育，加强管理，及时消除隐患，预防发生事故。""县级以上地方人民政府定期对学校校舍安全进行检查，对需要维修、改造的，及时予以维修、改造。"

（3）受尊重的权利。《未成年人保护法》第 21 条规定："学校、幼儿园、托儿所的教职员应当尊重未成年人的人格尊严，不得对未成年学生和儿童实施体罚、变相体罚或其他侮辱人格尊严的行为。"第 39 条规定："任何组织和个人不得披露未成年人的隐私。"第 31 条规定："对未成年人的信件，任何组织和个人不得隐匿、毁弃；除因追查犯罪的需要，由公安机关或者人民检察院依法进行检查，或者对无行为能力的未成年人的信件、日记、电子邮件由其父母或者其他监护人代为开拆、查阅外，任何组织或者个人不得开拆。"第 46 条规定："国家依法保护未成年人的智力成果和荣誉权不受侵犯。"《基础教育课程改革纲要（试行）》明确指出："教师应对每位学生的考试情况做出具体的分析指导，不得公布学生考试成绩并按考试成绩排列名次。"

（4）受教育的权利。我国《宪法》第 46 条规定："国家培养青年、少年、儿童在品德、智力、体质等方面全面发展"。《中华人民共和国义务教育法》第 5 条规定："各级人民政府及其有关部门应当履行本法规定的各项职责，保障适龄儿童、少年接受义务教育的权利。适龄儿童、少年的父母或者其他法定监护人应当依法保证其按时入学接受并完成义务教育。依法实施义务教育的学校应当按照规定标准完成教育教学任务，保证教育教学质量。社会组织和个人应当为适龄儿童、少年接受义务教育创造良好的环境。”《未成年人保护法》第 13 条和第 18 条规定：“父母或其他监护人应当尊重未成年人接受教育的权利，必须使适龄未成年人按照规定接受义务教育，不得使在校接受义务教育的未成年人辍学。”“学校应当尊重未成年学生的受教育权，关心、爱护学生，对品行有缺点、学习有困难的学生，应当耐心教育、帮助，不得歧视，不得违反法律和国家规定开除未成年学生。”

（二）学生在学校教育中的地位

1. 学生是教育的客体

首先，学生在教育实践中是受教者。在教育过程中，教师受一定社会的委托，担负着培养学生的重任，教师要依据教育目的，有计划、有组织地向学生施加影响。而以学习为主要任务的学生则是这种教育影响的接受者，是教师教育实践的对象，处于客体地位。

其次，学生学习在教师主导作用下进行。这种学习与人的自觉的学习有着本质的区别，它是一种在教师主导下进行的有目的、有计划、有组织的规范化的学习。教师是这一学习过程的组织者、领导者，对学生学习的方向、内容和效率等方面都起着主导作用。学生的学习是离不开教师指导的，尤其在当代科学技术高速发展、知识量剧增的情况下，离开教师的指导几乎是不可能的。因此，在教育过程中学生学习活动所具有的本质特性，决定了学生在教育过程中必然处于客体地位。

最后，学生本身的主观状态，即依赖性、可塑性、向师性也促成了学生的客体地位。

2. 学生是学习的主体

在教育过程中，作为教育对象的学生不同于生产实践中的劳动对象。学生不是消极被动的机械物，而是一个能动的具有思想感情的实体。在教育过程中，他们的一切反应都受自己意识支配，其意识决定了学生对教育影响的主动性、选择性以及接受程度。对学生而言，教师的作用只是作为一种外部影响而存在，他不会自动地转化为学生的精神财富，学生可能接受教育影响，也可能抵制它。任何教育影响必须以学生自身的主体活动为中介，才有可能纳入学生的主观世界中去，离开了学生的主观能动性，任何教育影响都不会起作用。因此，在教育过程中，学生始终是教育活动的积极参与者，是认识和学习活动的主人，也即教育实践活动的主体。

教育对象这种“主体”与“客体”的属性是对立统一的。它既相互联系又相互区别，它们在教育过程中从属不同的范畴，起着不同的作用。只有正确认识到这一点，才能做到既发挥教师的主导作用，又充分调动学生的主动性、积极性；既把学生看成是教育的客体，又不断提高学生自我教育的要求，使学生成为自我教育的主体，促进学生在德、智、体、美、劳诸方面积极、主动地发展。

强调学生的主体作用，并不排斥教师在教育过程中的主导作用。相反，学生主体作用的充分发挥和不断增长，正是教师正确启发诱导的结果。同时，学生发挥主体作用的方向和水平，也有赖于教师的教育和培养。所以，教师的主导作用与学生的积极性、主动性的结合，是教育活动取得成败的关键。

第三节 师生关系

【案例一】

“老师，为什么你让我们在练习本上工整地书写，你在黑板上写字却马虎潦草？为什么学生迟到了要记名，而老师却可以随便晚到？”这是一位学生写给老师的一封信。

收到这封信后，老师没有指责学生，而是深深地自省，从此处处严格要求自己。在制定共26条的“班级公约”时，针对老师自己的就有4条，如“不拖堂”、“不迟到”、“不讽刺挖苦学生”、“不乱扔垃圾”等。他请全班同学监督自己，犯规和学生一样受罚。有一次，他随手扔了一个粉笔头，自罚扫地一天。还有一次，因为在路上帮老大爷推了一会车，上班迟到了5分钟，他没有解释，而是主动擦了五天黑板。从此，这个班的学生变得自律上进了，期末检测成绩由原来的26人不及格下降为只有4人不及格。

（资料来源：王立场. 成功教育案例赏析[J]. 黑龙江教育，2005（11）：41-43.）

从以上的案例我们可以知道和谐的师生关系有利于学生的健康成长，有利于教育质量的提高。但是，在当今这个复杂的教育情境下，师生关系不全是和谐的。许多不容回避的事实表明，在我国学校的师生关系中，还存在着许多隔阂和矛盾，阻碍师生关系健康、和谐发展，校园师生冲突时有发生，更给教师和学生心理造成极大伤害，不能不引起重视。

一、师生关系的内涵的界定

师生关系是教育研究的重要课题之一。师生关系含义较广，研究者出于各自不同的立足点，对其本质的理解也各不相同，一般存在两种理解趋向。

第一种趋向是把师生关系理解为某一种单纯的关系，或者强调师生关系某一方面的性质。如从教学论的角度来研究这一问题，周新林认为“师生角色关系的本质内涵是学习—促进关系”。陈复博从心理学角度出发，认为“教学过程是一种情绪过程，教师与学生之间应该是一种情绪影响交流关系”。何素萍则认为“教师与学生在教育过程中所形成的建立在个人情感基础上的相互联系就是师生间的人际关系，它体现着师生间的心理距离或心理关系”。如从社会学角度来研究这一问题，研究者则强调师生人际交往关系。吕涛认为“教学是一种社会现象，是一种社会实践活动，也是由人们之间的互动构成的，参与教与学的人必然有一种社会性的交互作用”。也有研究者从哲学的角度来研究这一问题，金生鈜认为师生关系的本质是教育性的，“师生关系是学生人生初期的人际交流的一部分，也就是从属于学生的‘生活世界’的一种‘生活关系’”。肖川独辟蹊径，用文化生态学理论来解释师生关系，他认为“班级是一个由教师和若干来自不同生活背景、不同性格、不同气质的学生所组成的文化生态圈，教师是班级中的社群领袖，师生之间关系是公共领域中平等、理解、双向的人际关系”。

第二种趋向是从多角度、多层次来解释师生关系的多重属性。如陈桂生教授认为，“师生关系有三重性质：教育工作关系、社会关系和自然的人际关系”。李瑾瑜也认为，“不应把师生关系仅仅定位在单纯的教与学的关系上，而应将其看成是一个由多层面关系构成的关系

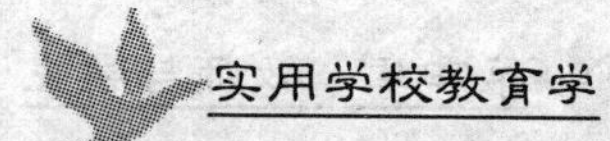

体系”，并指出“师生关系从根本上讲，是教师和学生在共同的教育教学活动中，通过相互认知和情感交流而形成的人际关系”，进而提出其师生关系体系：教学关系、心理关系、个人关系、道德关系。同时，也指出了它们各自的作用。姜智认为，“师生关系是以教育与接受教育和自我教育为核心，以师生人际心理沟通为基础，以民主管理为手段，以尊师爱生的伦理关系为外在标志的有机关系体系”。王辉则把师生关系分为教育关系和法律关系，着重分析了教育者和受教育者在法律意义上各自的权利和义务，并进一步将二者的关系分为对等的和不对等的法律关系两种。

在新课程改革背景下，人们倾向于把师生关系理解成一种多层次、多性质的关系体系。“师生关系是教师和学生在教学过程中结成的相互关系，包括彼此所处的地位、作用和相互对待的态度等，是教师和学生为实现教育目标，以各自独特的身份和地位通过教与学的直接交流活动而形成的多性质、多层次的关系体系。”①

二、师生关系的内容

对师生关系内容研究，研究者在各自界定的范围作出了不同的表述，主要有以下几个方面的内容。

1. 以教学内容为媒介的教与学的工作关系

教与学的关系是师生关系中最本质的关系，没有教与学的关系存在，也就无师和生的关系。这其中也包括了在教学过程中，教师对学生的组织管理关系。这种从组织和制度上决定的师生之间的关系必然会要求师生在教育过程中充当不同的角色。几乎在一切社会制度和社会时代中，教师都充当着教育者和组织者的角色，有一定的权威和权力；学生充当着受教育和被领导者的角色，听从教师的领导，服从教师的要求。这两种角色的关系反映了一定社会的意志和要求，教师和学生是否进入角色，直接影响着教育过程的进行和效果。由于在教育过程中，教师同时充当多种角色，如知识传播者、家长代理人、模范公民、学生知己等，可能会发生角色冲突，因此，师生之间的组织关系就显得非常复杂。

2. 以心理交往为基础的人际关系

在这层面上包含着师生之间认知、情感和个性的互动。这种直接或间接的心理交流是师生教育关系的基础，在很大程度上影响着教育活动的质量和效率。因此，师生之间的心理关系需要建立在相互认知的基础上，师生彼此之间的正确认知有利于教育目的的实现和教学任务的完成。然而，师生之间的认识总是要受到情感因素的影响，若控制不当，则会影响师生之间的正确认知，因此，教师要善于处理在认知过程中的情感和理智的关系，使师生之间在良好的感情关系中保持正确的认知。

师生之间的心理关系对教育活动的影响很大。教师对学生的认识和感情能产生积极的教学效果，著名的罗森塔尔效应就是一个很好的例证。而学生对教师的信任和爱戴也会增强学生的学习动机，提高学习效果。相反，如果教师对学生存在不正确或不全面的认知，就会影响学生对老师的态度，最终影响到教育效果。

① 朱慕菊. 走进新课程[M]. 北京：北京师范大学出版社，2002.

3. 以道德规范为基础的伦理关系

教师与学生都必须遵守一定社会的伦理要求，教师对学生的教育，不仅靠年龄和权力，更要靠责任心、义务感和师生情来维持。伦理关系是教育活动中师生关系的重要方面。在教育中，教师和学生组成了一个特殊的道德共同体，各自要遵循一定的伦理原则，承担一定的伦理责任，也享有一定的道义权利。因此，师生关系又表现为一种鲜明的道德关系。

4. 以法律规范为基础的法律关系

教师与学生作为法律上的权利主体，可以有两种法律关系：对等的法律关系和不对等的法律关系。前者强调教师与学生作为独立的主体，其权利义务的对等性；后者强调教师对学生拥有一定的教育权力以及教育权力运行的行政性。

三、师生关系的现实考察

在很多人看来，校园它是处立于闹市中的“世外桃源”，因为这里面除了看到教师的无私奉献和学生身上的理想和希望之外，我们还能看到祖国的未来。在信息社会里，由于教师和学生的思维方式、生活方式、学习方式以及价值观念的不同，教师与学生的关系并不是完全和谐的，在现实中有很多不和谐的师生关系的存在，甚至师生之间有很多的矛盾冲突。

目前，我国师生关系处在极度紧张、敏感期。2008 年 10 月 4 日，山西朔州二中一名 23 岁年轻教师倒在 16 岁学生的刀下；2008 年 10 月 21 日，浙江丽水市缙云县盘溪中学，一名 31 岁的女教师在家访时被学生掐死……多起流血事件连连发生，让人触目惊心。全国上下反响强烈，特别是带给教师们的负面影响更是巨大，因为平时学生打老师的现象就已经时有发生，现在又加上这些命案的发生，教师真是“谈生色变”。不知道该怎样教学生，该怎样建立师生关系，教师自身缺少安全感。于是，在这种情况下，师生关系变得紧张、敏感起来。

（一）师生在社会地位上的主从关系

【案例二】

课堂上有位学生指出老师对某个问题的解释有错误，老师当时就恼怒起来：“某某同学，算你厉害，老师不如你，以后老师的课就由你来上好了！”全班同学随老师一起嘲笑这位学生，从此该生在课堂沉默寡言再不主动回答问题了。

教师和学生是学校教育中的两个基本要素，二者都是学校生存发展必不可少的，缺少任何一个或者强调一个而忽视另一个，都不会有好的结果。

在过去，我们对教师的权威顶礼膜拜，即使是现在，我们仍然可以看到教师的权威的作用。因此，在我们的实际教育教学中，我们可以看到这样的现象，即教师作为社会的代言人、知识的拥有者，以及社会所赋予的权利，往往根据各种规定、制度对学生提出刚性要求，有时候甚至很少顾及学生的个性发展要求。更为严重的是，有的老师把学生看成是处于从属地位的人，只按照社会的要求去灌输知识、价值观等。根本容不得学生的任何异样的声音。上面的案例就是如此。这种崇尚教师的绝对权威，要求学生事事听从自己、服从自己的主从师生关系，结果必然导致学生的被动性和消极态度，造成师生关系紧张、尖锐，从而可能演变成为一场教育悲剧。

我们每位老师都应该深刻地认识到，教师与学生不是主从关系，不是上下级关系，而是同伴关系、朋友关系。因此，要彻底改变师生主从关系的观念。

（二）师生在情感上的冷漠关系

【案例三】

上课铃声已经打过了，一位女生满头大汗地跑到体育老师面前，说："老师，我迟到了。"老师淡淡地说："8个俯卧撑!"她恳求道："可以让我课后补做吗？"老师板着脸孔说："大家都一样，没有任何条件可讲，迟到都要即时做俯卧撑。"女同学无可奈何，一边流着眼泪，一边在全班同学的面前做完了俯卧撑。这件事情之后平静了较长时间，但后来发现，这个女同学由原来的合群开朗变得孤僻起来，怕上体育课，怕见体育老师，甚至老远见到体育老师就绕道走。

【案例四】

一次，学校组织学生出外野餐，各年级包公交车去。汽车来了，同学们一下占了所有的座位。老师们上车后，有几个同学纷纷给王老师让座，可没有人提出给张老师让座。

我们都知道，师生之间的情感关系对教育教学会产生很大的影响。古有"亲其师，信其道"的说法，这不无道理。师生之间的情感关系包括教师对学生的情感和学生对教师的情感。师生之间良好的情感关系可以产生积极的教育作用。教师对学生积极的情感可以调控学生和教师的行为，教师对学生的热爱既能使学生更加自尊、自爱、自信，又能调动学生学习的积极性，提高学习的效率。而相反，师生感情冷漠，缺乏沟通，不仅使一直被人们所珍视的师生情谊黯然失色，也使教学活动失去了宝贵的动力源泉。师生不是形成合力而是互相消耗，教学的效率效果和质量严重受到影响。如果案例三中的体育老师能够多些沟通和宽容，情形就会大不一样了。近年来我们从各种媒体的报道上可以看到因为师生之间的情感冷漠导致的一系列悲剧，如2008年接连发生的数起弑师悲剧。师生之间应该扩大交往，增进彼此之间的了解，建立和谐的情感关系。

（三）师生在教学上的功利关系

【案例五】

小明学习成绩不好，有时还会影响其他同学的学习，班主任对他很头疼。这次小明又犯错被请到办公室，原来是有几个科任教师反映到他最近又开始不交作业了，在半期考试中各科都没有超过班上的平均分，因为他的成绩给班上的平均分拉下不少。班主任很气愤地说："你知不知道，因为你的这些表现，影响到班级的年级排名，影响到我和其他老师的年终的评优，你如果再这个样子，叫你爸妈把你领回家去。"批完学生后，班主任怒气未消，马上又打了个电话给家长，还说下个学期如果再这样下去，你们就领回去之类的话。

目前，我国大中小学教育绝大部分是处在竞争的情境中，加上考试的压力，使得学校成了一个无形的竞技场。因此，教师和学生一样，也处于跟同事的竞争中。这种竞争，如果处理得好，就可相互激励，友谊竞赛，超越别人，超越自己。如果竞争失当，其后果是消极的，极易导致合作意识欠缺、功利主义行为严重，师生关系生态失衡。

师生教学上的功利化倾向主要表现在教师特别关注学习成绩和教学指标方面。学习成绩和教学指标当然是师生关系中非常重要的组成部分，但不是全部，甚至不该是核心部分，师生间除了学业上的交流，更应有一种道德和感情上的交流。像案例中的这位班主任老师将班级评优、个人年终考核等利益和学生的表现画上等号，一旦学生表现不佳、个人利益受损就谴责学生，甚至遣送学生回家都是不对的。其次，在校园内存在一些教育收费的不规范行为。比如，老师向学生变相兜售教学参考资料，虽然口头上说是遵循学生的自愿，但家长们都知道，老师以后布置的作业以及讲解都以此为主，不得不买。我国义务教育法虽明确规定不能向学生提供有偿服务，但有的老师采取“我的学生你来教，你的学生我来教”的形式谋取利益。正是由于师生之间的功利关系，在某种程度上也降低了老师的声誉，给学生留下不好的印象。

（四）师生之间的冲突现象突出

【案例六】

正在上课，突然，从一个男生的抽屉里飞出一个纸团，学生都“哗”地叫起来。我非常生气，快步走到那个抛纸团的学生旁边，严厉地说：“你为什么上课乱抛纸？你看你现在对全班纪律造成多坏的影响！”这个学生说：“纸团不是我抛的。”我更加生气：“做了错事还不肯承认。我明明看见纸团是由你这儿被抛出去的，还想抵赖？”这个学生被我这样一说也发起了脾气：“我说不是我就不是我。”班级这下更加乱了，吵声引来了班主任，他将学生带出了教室。课后我才了解到，那纸团确实不是该生抛的。

这种情况可能很多老师都经历过。教师与学生的矛盾是学校教育教学过程中的基本矛盾，在一定条件下是正常的、不可避免的。师生之间的矛盾是由于师生之间的地位、价值观、目标、资源等方面的差异而导致的。但面对矛盾，师生双方若没有采取协商、对话等合理、合法、平和的沟通手段，而采取过激的言辞、表情和行为等会使得师生矛盾激化，师生关系恶化，矛盾就会演变成冲突。冲突有时候表现为隐性的，有时是显性的。隐性的是指师生之间在心理上的对抗情绪的产生，而显性的则是指师生之间的正面的、直接的、公开的冲突。师生冲突可能会扰乱正常的教学秩序，伤害师生的身心，从而影响学校教育功能的实现。更为严重的是，师生冲突很可能会演变成师生之间矛盾的进一步升级，有的学生甚至会在课堂上与老师大打出手。因此老师应充分了解师生冲突的发生机制、演变过程及导致的后果，有助于我们理性地应对师生冲突，尽可能地避免对抗性师生冲突的发生，协调好师生关系，使教育教学过程顺利进行。

四、构建民主、平等、和谐、对话的师生关系

长期以来，我们往往忽视了教育者与受教育者之间关系的复杂性，而将其认定为一种建立在严格的权威式的学院性纪律基础上的师生关系。在不少教育者或受教育者家长的心目中，这是一种“统治者与被统治者的关系”，并因“一方在年龄、知识和权威等方面的有利条件和另一方低下与顺从的地位而变得根深蒂固”。随着社会的进步和现代教育的发展，以人为本，关注每个学生的健康成长，注重对学生个体生命的理解、尊重和关爱，培养适应社会进步的具有主体人格的人，这是素质教育的核心，也是新的课程体系的价值取向和目标取向。新的

课程理念需要新的教学方法来体现，而新的教学方式和学习方式的产生，必然要求与之相适应的新型师生关系的建立。因此，在新课程中，打破传统对立的师生关系重构一种平等和谐、交流互动、沟通理解的新型师生关系，这是保证新课程得以顺利实施的有效途径。

（一）转变学生观

学生观是人们对学生的基本认识和根本态度，是直接影响教育活动顺利实施和教育目的实现的重要因素。

所谓学生观，是对学生的本质属性及其在教育过程中所处地位和作用的看法。在教育史上主要有两派决然不同的主张：一是“教师中心论”。教师中心论以德国教育家赫尔巴特为代表。他认为在教育过程中，教师有绝对的权威，强调发挥教师对教学过程的绝对支配作用。二是“学生中心论。”学生中心论以美国教育家杜威为代表。杜威把学生的发展视为一种自然的过程，教师不能主宰这一过程，而只能作为“自然仆人”去引导学生的兴趣，满足学生的需要而不能多加干涉。教师在教学中只应充任“看守者”（watcher）和·“助手”（helper），不应站在学生面前的讲台上，而应站在学生背后。

“教师中心论”过分强调了教师的作用，低估了学生的作用，“学生中心论”夸大了学生在教育过程中的能动作用。两种观点都有失偏颇。

在新课程改革的背景下，要构建一种新的师生关系要求教师必须要建立一种新的学生观。这种新的学生观要求教师树立以人为本的观念，关注每个学生的健康成长，注重对学生个体生命的理解、尊重和关爱，培养适应社会的具有主体人格的人，这是素质教育的核心，也是新的课程体系的价值取向和目的取向。因此，在新课程中，打破传统对立的师生关系而重构一种平等和谐、交流互动、沟通理解的新型师生关系，必须要转变旧的学生观，以一种全新的观念看待学生。

现代教育主张以人为本，强调学生是学习的主体，教育的出发点和归宿是学生。要树立个性化观念，尊重学生的个体差异，在促进学生社会化的同时促进学生的个性化，要真正做到因材施教。另外，要把学生看成是完整的的人，是具有社会意义，承担一定社会责任的人。因此，在处理师生关系上，要强调是否以调动学生积极性、是否有利于学生的发展为准则，改变整齐划一、程式化的“工厂化”教育理念，各教育部门或机构要努力形成自己的特色，保证教育环境和教育影响的个性化，促进受教育者个性的健康发展。

（二）师生之间扩大交往，培养师生之间的和谐的情感

情感和谐是师生间互相尊重、热爱的动力。尊师爱生就是学生应当尊敬教师，教师应当热爱学生，这是我国师生关系的优良传统。但我国封建社会的尊师爱生更多是靠道德来约束，缺乏感情基础，因而难以普及与长久。现代教育提倡的尊师爱生强调的是一种和谐状态，其动力来源于师生间情感上的理解，因而显得更加深刻和真挚。尊师爱生是师生关系和谐发展的条件，也是有效教育的前提。

要做到师生之间的情感和谐，彼此之间相互理解和宽容。这就要求师生之间应该扩大交往。

作为教师，应走进学生的生活，了解学生的家庭状况和生活情况，了解学生的成长背景，

了解学生的个性特征和内在需求。教师应做到不仅关心学生的学习，更关心学生的生活，关心学生做人，这样师生间的对话才更加切合实际、富有生活的气息，也才可以更充分地体现教师的爱。教师要走进学生心灵深处，了解学生内心的真实想法，体会学生的真情实感，这样师生间的对话才更加真实和深刻，学生也更愿意吐露自己的心声，与教师做知心朋友，实现师生关系的和谐发展。教师对学生的关爱容易唤起学生情感上的共鸣，在这种良好的心理氛围中学生更愿意听从教师的教导，主动地反省自己的错误，积极地改正错误。如果教师不宽容学生，对学生的错误粗暴地指责甚至体罚，则容易使学生在情感上产生逆反，丧失了师生间的相互尊重，也影响了教育的良好效果。正如斯宾塞所说："野蛮产生野蛮，仁爱产生仁爱，这就是真理。对待儿童没有同情，他们便变得没有同情，相反，以应有的友情对待他们就是一个培养他们友情的手段。"

另一方面，作为学生也应该学会尊重和理解老师，尊重老师的劳动成果，学会站在老师的角度思考问题。学生应该把老师当做大朋友，当做自己的亲人，学会体谅老师的过失。

在建立师生的和谐情感过程中，老师是关键，老师可以通过各种方式建立师生之间的和谐情感。

（三）改变评价制度，注重发展性评价

评价是评价主体在事实基础上对客体的价值做出判断的过程，是评价主体在先有的价值观念和价值目标的引导下所进行的价值判断活动。一般说来，具有不同的价值观念就会产生不同的评价结果。

在传统学生评价实践中，在片面追求升学率的影响下，对学生的评价重视凝固的、静止在某一点上的结果评价，关注结果的准确、公正，而评价结果又表现在学生学业考试成绩的分数上，学校和教师依据评价结果对学生分等鉴定，其目的在于选拔适合于教育的学生，这种评价制度会伤害到一部分后进学生。而我们的教育目的是促进学生的全面发展。因此，我们应关注的是学生的发展，在评价时，只有关注学生身心发展的过程，才能有效地帮助学生形成积极的学习态度、科学的探究精神，才能注重学生在学习过程中的情感体验、价值观的形成。同时通过结果的反馈，让学生了解在发展中遇到的问题、所做出的努力以及获得的进步、改进的措施和整改的方案，使学生更加了解自己求知的过程、探索的过程和努力的过程。对学生开展评价时应建立对学生多方面发展的评价体系，在知识与技能、过程与方法、情感、态度及价值观等方面都做到同等重视。

在传统学生评价实践中，学生作为被评对象没有任何权利，只有被动接受评价的义务。学生根据评价对象发出的指令被动地行动。对评价结果也只能全盘接受，毫无自主权可言。现在，学生评价更强调评价过程中的人文因素，注重人与人之间的对话，特别是评价者与被评对象之间的交流和合作，促使被评对象主动、愉快地参与到评价过程中来。另外，学生评价就是要关注和理解学生个体发展的需要，尊重和认可学生个性化的价值取向，依据学生的不同背景和特点，正确判断每个学生的不同发展潜能，为每个学生制订个性化的发展目标和评价标准，提出适合发展的具体建议。同时，将定性与定量评价相结合，应用多种评价方法，形成立体、综合、多层次的评价方法体系，将有利于更清晰、更准确地描述学生的发展状况。

（四）构建和谐的环境

环境和谐是和谐师生关系的保障。构建和谐的师生关系是一项社会系统工程。目前社会、家长、学校给予教师极大的压力。从学校来看，教师教学业绩考核的好坏与教师的评先进、职称晋升、福利待遇等息息相关，有的学校领导还会在各种会议上向老师施加压力，比如我们常常会听到老师们对学校领导的抱怨。抱怨领导对下属的威胁，如教学效果不好，就下岗等。教师如果完成不了上级部门下达的教学业绩考核指标，就可能没有了“饭碗”，于是完成指标就成了教师教学的主要任务，他们会试图控制和操纵学生，尝试将自己的主观意志强加给学生。另外，从家庭方面来说，有的家长认为学生到学校读书成绩的好坏仅与老师相关，把一切期望都寄托在老师的身上，学生出现问题归罪于老师，而很少把问题归结于自己或是孩子，比如近年来出现的一些家长打教师的恶性事件，这给老师造成了很大的压力。还有的人认为，到学校读书就是一种消费，学校就应该提供相应的服务应有相应的回报。如果学生的成绩没有达到家长的预期目标，都可能引起家长对教师的不满，这也给老师造成很大的压力。因此构建和谐师生关系还要倡导和谐的社会氛围，创造宽松和谐的校园环境。同时，家长们也应该从多角度分析问题，给老师创造一个和谐的环境。

（五）教师注重提高自身素养，赢得学生的敬仰

教师是从事教育工作的专门人员，在前面论述教师专业素质的时候对现代教师应具备哪些专业素质已经做了详尽阐述，在此不再赘述。

教师从事教育工作时，都希望学生是具有学习主动性的人，那么首先自己应该是一个主动学习者，在学生面前做良好的示范。不但言传而且身教。因此教师要树立终身学习的理念，坚持学习，向书本学，向同事学，向学生学。教师不但要更新自己的知识，也要更新自己的教育观念，做到与时俱进。除此之外，教师也应具有博大的爱心，高尚的道德，广泛的兴趣，在学生心目中树立一个良好的形象。相信每个学生都希望自己的老师是一个德行高尚，知识渊博，机智幽默，身心健康的人。教师想要对学生施加影响，促进学生健康成长，建立良好的师生关系，就必须不断提升自己的素养，使学生能够信服老师，这样才能保证学校教育目标的实现。

（六）引导学生开展爱师教育

建立良好师生关系的实践中，以往的多数探索总是把着眼点放在老师身上，从教师一端切入。要让学生喜欢自己，喜欢所教学科，老师应该如何如何努力。比如要全心全意地去爱学生，特别是爱后进生，提高自己的课堂教学艺术，发扬教学民主等等。而很少在努力爱生的同时有意识地引导学生去爱老师。要开展爱师教育，可从以下方面做起。

1. 引导学生产生爱

(1) 向学生介绍每一位任课老师的优点、长处、美德及过去的成绩、荣誉、动人故事等，让学生以“看长不看短”的眼光寻找老师的优点。也可以经常开展一些活动，如出外野餐、参观展览等。在活动中邀请科任教师参加，增强彼此之间的了解，加深师生之间的情感。这项工作主要由班主任承担。

(2) 引导学生发现和感受老师的爱心、苦心。让学生学会理解老师，体谅老师的难处和苦处。如一位老师因体罚学生导致了师生关系的僵化，并严重干扰了正常的课堂教学。针对这种情况，班主任可设计并组织一个“老师，我想对你说”的主题班会活动。在班会上，让学生客观而分析老师的优、缺点。请任课老师参与，让老师对自己的行为做一个反思。通过面对面的交流、沟通，他们会全面地认识自己的老师，如具有强烈的责任感和奉献精神，但脾气有些急躁、教育方法简单等。最后，同学们都会以宽容、友好的态度接纳并不完美的老师。

(3) 教会学生与有隔阂的老师沟通或帮助沟通。老师可以向学生示范沟通的方法，比如传递纸条，找老师个别交流等。

(4) 组织学生学习古今的尊师故事。可以通过班会活动时间给学生读一些尊师的故事。也可以让学生到网上收集一些尊师的案例。

2. 引导学生表达爱、表现爱

引导学生帮助老师做一些力所能及的事情，或者是在节日到来的时候自制小卡片等途径，让学生表达对老师的爱。

3. 评比尊师、爱师的文明学生

在学期中，可以开展评比尊师、爱师的文明学生的活动，而且评比过程中让老师和同学都参与其中，保证评比的公正。

总之，要建立平等、民主、和谐的师生关系，需要社会、家庭、学校的共同努力，这也并非一朝一夕所能完成的。

神圣一吻

本世纪初，在美国的一所中学里，有一位年轻、漂亮而颇有作为的英语教师蒂莉·布朗小姐。她特别宠爱一位叫查理·罗斯的好学生。罗斯因而被称为“老师的宝贝”。罗斯感到高兴，又感到有压力。为此，他加倍努力，学习成绩始终名列前茅。后来，在毕业典礼上出现了一个非常精彩、动人而又富有寓意的场面——当罗斯上台领毕业证书时，受人爱戴的布朗小姐站起身来，出人意外地吻了罗斯。这个奖赏势必激起其他学生的强烈妒忌。于是，布朗小姐马上勉励大家：“去干一番事业吧，你也会得到我的吻的。”

吻的方式和含义多种多样，然而，这一吻不是一个平凡的举动，它的意义是难以估量的。至少可以这样理解，它强烈地表达了教师对其学生高尚的、纯真的热爱，自然地表达了教师对自己血汗培养出来的得意门生的深沉之爱，表露教师对事业成功的莫大喜悦和自豪，表示对全体学生（尤其是应届毕业生）前程的良好祝愿和期望，充分显示了这位女教师高超的教育艺术。

布朗小姐那一吻，产生了轰动效应，出现了喜剧性的结果。当时，罗斯受宠若惊，其他学生相对被冷落、受激励，后来当了美国总统的杜鲁门就是其中一员。杜鲁门总统一上任，就给布朗小姐去了电话：“您还记得我未曾得到的那个吻吗？我现在所做的能够得到你的评价吗？”

（资料来源：周少英. 施教的理性思考. 福州：福建教育出版社.）

复习思考题

1. 如何做一名合格的教师？
2. 新课程背景下如何建立良好的师生关系？
3. 什么是师生冲突？如何解决师生冲突？

第五章　课　程

【本章要点】

- 课程的概念
- 课程的类型
- 制约课程的主要因素
- 课程设计
- 新课程改革的目标与内容

“动物学校要招生啦！”动物园的动物们奔走相告，踊跃报名。泥鳅、松鼠、老鹰……有幸成为首期学员。学校开设了游泳、跳跃、跑步、飞行等课程。

开学第一天的第一堂是游泳课。松鼠、老鹰首先遭遇尴尬，由于他们是“旱鸭子”，迟迟不敢下水，遭到了老师的训斥和嘲笑。而泥鳅却在这堂课上出尽了风头，他以舒展自如的泳姿得到了老师的赞赏和同学们的喝彩。但接下来的课程训练却让松鼠、老鹰扬眉吐气，跳跃是松鼠的强项，飞行是老鹰的看家本领，跑步项目对他俩来说更不成问题。但这些训练却让泥鳅吃尽了苦头，尤其是跳跃和飞行，是他的弱势项目。为了提高成绩，他把主要精力放在这两个项目上。一学期过去了，泥鳅被摔得伤痕累累，苦不堪言，虽然期间他想放弃这两个项目的训练，在游泳这个优势项目上得到进一步的发展，但碍于校方的规定和校长、教练的威严，打消了这个念头。

在期末的成绩汇报课上，泥鳅训练刻苦，跳跃、跑步虽有所长进，但也只得了“C”等，飞行项目最终没有学会。原本的优势项目——游泳，因为长期没有训练，泳技大不如前，由期初的“A”等降到现在的“B”等。老鹰在飞行项目上以绝对优势得到了“A”等，但在跳跃与跑步项目上只得到了“B”等，游泳不及格。松鼠在飞行项目上得到了“B”等，跑步得“C”等，游泳没有通过，在跳跃项目上破动物界的最高纪录，但也只得到“B”等，因为他是在树顶上起跳，而没有按照学校规定在地上起跳。

请你就该校的课程设置作出评析。

第一节　课程概述

一、课程的概念

课程（curriculum）一词，最早出现在英国教育家斯宾塞（H. Spencer）《什么知识最有价值》(1859 年) 一文中。它是从拉丁语“currere”一词派生而来的，意为“跑道”(race-course)。根据这个词源，最常见的课程定义是“学习的进程”(course of study)，又称学程。这一解释在英文字典中很普遍，无论是英国牛津字典，还是美国韦伯字典，甚至一些教育专业字典，如《国际教育字典》都是这样解释的。

在我国，“课程”一词始见于唐宋期间。唐朝孔颖达在为《诗经 · 小稚 · 小弁》中“奕奕寝庙，君子作之”句作疏:“维护课程，必君子监之，乃依法制也”。“奕奕”形容宏伟状;“寝庙”指殿堂、庙宇，喻伟大的事业;“君子”指有德者。全句的喻义为:“伟大的事业，乃有德者维持”。但他用这个词的含义与我们现在通常所说的课程的意思相去甚远。宋代朱熹在《朱子全书 · 论学》中多次提及课程，如“宽着期限，紧着课程”，“小立课程，大作工夫”等。虽说他只是提及课程，并没有明确界定，但意思还是清楚的，即指功课及其进程。

到了近代，由于“废科举，兴学校”，新兴学堂开始出现，班级授课制开始施行。赫尔巴特学派“五段教学法”的引入，使人们开始注意教学的程序或者说是阶段，于是课程的含义从“学程”变成了“教程”。

课程的概念随着社会的发展，其内涵和外延都在不断地发生变化。由于不同的教育主张和对课程的理解不同，对课程定义的理解自然也有差别。比较有代表性的有:

课程即教学科目。我国一些有影响的工具书及教育学教科书，大多数持这种认识，认为课程即学科，既指一门学科，也指学生的全部学科。这种说法强调的是学校向学生传授的知识体系，其实质是“教程”。我国古代的六艺、欧洲中世纪七艺及现代学校课程体系的建立均源自这一观点。

课程即有计划的教学活动。我国有学者认为课程是指一定学科有目的的、有计划的教学进程。这个进程有量、质方面的要求，它也泛指各级各类学校某级学生所应学习的学科总和及其进程和安排。这一定义与前者相比，更为宽泛一些。课程包括了教学范围、序列和进程，及至教学方法。这种定义把课程的主要特征视为可观察到的教学活动。

课程即学习经验。这种观点把课程的重点从教材转向个人。在他们看来，每个学生都是独特的学习者，他们从同一活动中获得的经验各不一样。学生的学习取决于他自己做了些什么，而不是要他们再现某些事实。所以，唯有学习经验，才是学生实际认识到的或学习到的课程。

随着社会发展对人才培养不断提出新的要求，课程含义也日益拓展了。概括国内外对课程概念的不同界说，我们大致可从广义和狭义两个方面来理解课程的概念。

广义课程是指学生在教师的指导下所学的各门学科，所进行的各种活动以及环境影响的总和。狭义课程指某一门学科，如语文课程，数学课程。

二、课程类型

课程类型又称课程种类，是按照课程设计的不同性质和特点形成的课程类别。每种类型的课程都受一定的课程设计思想的影响。

(一) 从课程内容所固有的属性可将课程分为学科课程与活动课程

1. 学科课程

所谓学科课程，就是分别地从各门科学中选择部分的内容，组成各种不同的学科，彼此分立地安排它的顺序、学习时数和期限。

学科课程是最古老，使用范围最广的课程类型。我国古代的六艺、古希腊的七艺，和武士七艺（即骑马、游泳、投枪、击剑、打猎、下棋、吟诗）都可以说是最早的学科课程。16世纪，夸美纽斯提出了比较完整的学科课程的理论和方法，在《大教学论》中，他列出了20门学科的课程体系。

学科课程具有三个优点：① 有助于系统传承人类文化遗产。② 有助于学习者获得系统的文化知识。③ 有助于组织教学和评价，便于提高教学效率。

同时学科课程具有几方面的弱点：首先，随着现代科学技术的发展，科学研究的综合化趋势已逐渐明显，在原有学科的基础上又出现了大量的交叉学科，如果仍固守学科课程的原有体系，会导致学科数量的无限膨胀；其次，过于重视各门学科各自完整的内容体系，使得各学科之间界限分明，割裂了知识之间的有机联系，限制了学生的视野，束缚了学生的思维广度；再次，以知识的逻辑体系安排课程，忽视了学生的兴趣和需要；四是重视书本知识的传授，课程与生活实际、社会实践分离，不利于学生的全面发展。

2. 活动课程

活动课程又称之为经验课程、生活课程或儿童中心课程。它是从儿童的兴趣、经验出发，以儿童的主体性活动的经验为中心组织的课程。

活动课程的主要倡导者是美国实用主义教育家杜威和克伯屈。他们认为，学科课程论所主张传授的“百科知识”是成人按照自己的意志强加给儿童的，这会破坏儿童个性的发展，压抑他们的主动性。活动课程论主张打破学科界限，课程以学生兴趣和需要为中心来组织活动，以活动来代替分科教学，让学生通过活动，从“做”中获得生活必需的经验或对已有的经验进行改造。为此，杜威曾写道：学校课程中相关的真正中心，不是科学、不是文学、不是历史、不是地理，而是儿童本身的社会活动。如游戏、活动作业、手工、烹调、缝纫、表演、实验等，认为通过这样的活动获得经验，可以与社会相适应。

活动课程它具有以下特点：① 有利于激发学生的兴趣。活动课程能够照顾学生的爱好、需要，充分发挥学生的自主性和创造性，易于激发学生的活动兴趣。② 有利于开阔学生的视野。活动课程内容丰富，时空开放，形式灵活，对于拓展学生的知识，开阔学生的视野具有积极的作用。③ 有助于提高学生的实践能力。活动课程的突出特点是活动性，倡导在做中学，对于培养学生的动手实践能力具有学科课程所不具有的优势。

但活动课程在具体的实施过程中，也表现出不可避免的弊端：① 活动课程在强调儿童的经验、强调活动的同时，容易忽略系统知识的学习，往往从知识为中心滑向另一极端——儿童中心，致使知识的系统传授大大减弱。② 活动课程强调“活动”的价值，强调在“活动”中培养儿童的思维能力、创造性，但在实践过程中，“活动”往往容易成为一些简单的、随心所欲的机械操作，儿童的思维、想象和品质得不到应有的发展。③ 活动课程对教师的要求比较高，所以在实际操作中对教师的素质提出了很大的挑战。

（二）从课程内容的组织方式可将课程分为分科课程与综合课程

1. 分科课程

分科课程是指从不同门类的学科中选取知识，按照知识的逻辑体系，以分科教学的形式向学生传授知识的课程。分科课程与学科课程基本上是一致的，分科课程强调的是课程内容的组织形式，而学科课程强调的是课程内容的固有的属性。分科课程有助于学生掌握系统的科学文化知识，教师易于组织教学和进行评价活动，有利于学生学习和巩固基础知识。

但分科课程也存在着不少的问题，目前学科越分越细，门类越来越多，不仅增加了学生学习的负担，而且容易将本来有着密切联系的学科割裂开来，使学生不能从整体上去把握知识。分科课程的知识传授方式，容易忽视学生的主动性和积极性，造成学生的厌学情绪，形成被动学习的状态，在一定程度上限制了学生的创造意识、创造精神和创造能力的培养，造成学生“只见树木不见森林的”思维模式。

2. 综合课程

综合课程是由两门或两门以上的多学科知识交叉、渗透、融合而生成的课程，它强调学科之间的关联性、统一性及内在联系。

综合课程主要有三种类型：

(1) 学科本位的综合课程或综合性的学科课程。这种课程的特点在于，它试图把那些具有相关性的学科知识整合起来，形成一种新的综合学科。比如，将植物学、动物学、生理学、解剖学融合为生物学，将地质学、自然地理、人文地理、历史地理融合为地理学。

(2) 社会本位的综合课程。即以值得关注的、重要的社会问题为核心来组织和编排不同学科的知识内容。20 世纪 70 年代以来，国际上盛行的社会本位的综合课程，主要有“科学—技术—社会课程”(简称 STS 课程)、“环境教育课程”、“国际理解教育课程”。STS 课程主要关注科学、技术与社会三者之间的交互作用和相互相影响；“环境教育课程”主要关注人类生存环境日益恶化的状况，试图唤起学生的环境保护意识，增强学生对人与环境相互关系的理解，发展解决环境问题的技能等；“国际理解教育课程”则主要关注如何使学生在尊重差异的基础上，发展对其他国家、民族、文化的理解能力，以促进国际交往与合作。

(3) 儿童本位的综合课程。这种课程又称“经验本位的综合课程”，其特点是以儿童当下的生活与经验为核心来组织课程活动，前文所讲的“活动课程”即是这种类型的综合课程。

目前综合课程不仅是科学发展、学习方法改进的需要，而且是学生未来就业的需要。随着社会的发展，科学技术不断综合，在未来的职业生涯中，学习者必须学会综合运用不同学科的知识，才能获得成功。综合课程的学习，有利于消除学生孤立地看待各门学科知识的现象，形成完整的世界观；有助于学生探寻各门学科知识之间的内在联系，以发现新的知识；有助于培养学生广阔的认知视野，提升学生的知识整合能力，使学生学会综合性地解决问题等。综合课程的最大问题在于，综合课程容易成为传统学科知识简单的、机械的拼盘与混合，有人将这种综合课程称之为知识的“大杂烩”。显然，知识的拼盘式“综合”，并不会达到设置综合课程的本来目的。其次，综合课程虽然照顾到了各学科知识之间的横向联系，但很容易导致学生浅尝辄止的学习。此外，综合课程的设置也面临一些实际的困难。实际上，综合课程在实施过程中面临着许多困难：一是教材的编写。怎样把各门学科的知识综合在一起，这是一个需要研究的棘手问题。二是师资问题。过去培养的师资，专业划分过细，那些只受过单一学科训练的教师往往不能胜任综合课程的教学。

（三）从课程的表现形式或影响学生的方式将课程分为显性课程与隐性课程

1. 显性课程

显性课程它是指学校教育中有计划、有组织实施的课程。这种课程有固定教材，有规定的内容和明确的教学目标，使学生获得一定的教育学力或资格证书。显性课程以课堂教学为根本途径，而且对教学结果进行测验和评价。我们国家中小学课程所规定的学科都是显性课程。

2. 隐性课程

隐性课程也叫隐蔽课程、无形课程、潜在课程等，是指学生在学习环境（包括物质环境、社会环境和文化体系）中所学到的非预期或非计划性的知识、价值观念、态度，是计划表上看不到的课程。隐性课程是非正式的、非官方的课程，具有隐含性。

隐性课程的概念是美国著名的课程专家杰克逊在 1968 年出版的《班级生活》一书中最早提出的。现在教育专家越来越注意对隐性课程的研究，并对其进行设计与编排，以使其发挥积极作用。

学校里的隐性课程主要包括三个方面的内容：一是物质方面的隐性课程，主要是指学校中的建筑物、设备、景观和空间的布置等；二是指制度方面的隐性课程，主要是指学校的组织制度，以及知识的选择、管理、评价、分配制度等；三是指文化心理的隐性课程，主要是指师生关系、同伴关系、校风、班风、教师的行为作风等。

综合现有的各种研究，按以下三条标准区分隐性课程与显性课程可能是比较恰当和合理的。

(1) 隐性课程是在学校情境中以间接的、内隐的、非公开的方式呈现的课程，而显性课程则是学校情境中以直接的、明显的、公开的方式呈现的课程。

(2) 隐性课程往往是学生在学校情境中无意识获得的非学术性经验；而显性课程则通常是学生以有意识的方式获得的学术性经验。

(3) 隐性课程的实施往往表现出非计划性、非预期性、随机性特点；而显性课程的实施则具有鲜明的计划性、组织性、可预期性特点。

总之，隐性课程相对于显性课程而言，它的特点在于内隐性、随机性、不确定性。它可能是消极的，也可能是积极的；它可以是自然的，也可以是人为的。它的优点在于，能在不知不觉中影响一个人。但教育影响不可能都以潜在的、内隐的方式进行。两者需要相互配合。对教育者来说，他们所要做的工作就是，设法识别各种形式的隐性课程，辨明其性质是积极的还是消极的，然后再采取相应的干预措施，或者消除某种对学生发展不利的隐性课程，或者人为设计某种对学生发展有利的隐性课程，或者将隐性课程的某些要素外显化，纳入正式的显性课程，或者将显性课程的某些部分隐性化，使之成为隐性课程。

（四）从课程计划中对课程实施的要求将课程分为必修课程与选修课程

1. 必修课程

必修课程是一个教育系统或教育机构法定性的要求全体学生或某一个学科专业学生必须学习的课程种类。必修课程是与选修课程相对而言的，它的根本特性是强制性，是社会权威在课程中的表现，必修课程的重要作用体现于：选择传递主流文化；帮助学生获得系统的知识，形成特定的技能、能力和态度；帮助儿童获取某一教育程度文凭和某种职业的资格；

促进社会的发展。在基础教育中必修课程分为国家必修课程、地方必修课程和校本必修课程。

2. 选修课程

选修课程是指为了使学生的个性得到发展，一个教育系统或教育机构里法定性的，学生可以按照一定规则自由地选择学习的课程种类。选修课程源自于社会经济、文化的多元化发展和地域差异。在选修课程中，又可以分为必选课程与任选课程。

在课程发展史上，选修课程比必修课程出现晚得多。最早的选修课可追溯到欧洲大学。在现在的课程改革中，大家注意到了选修课程的重要性，并加强了选修课程的建设，使选修课程的分量占全部课程的总分量的比例比较合适。选修课程的设置满足了不同学生的不同兴趣和需要，为学生个性的发展提供了广阔的空间。

（五）从课程设计、开发和管理主体将课程分为国家课程、地方课程和校本课程

1. 国家课程

国家课程亦称“国家统一课程”。国家课程的主导价值在于通过课程体现国家的教育意志。它是自上而下由中央政府负责编制、实施和评价的课程。国家课程由政府组建的课程编制单位负责编制。这类课程编制单位常常被冠以“课程中心”等名称。它们接受政府的指派或委托，负责为整个教育系统、某些地区、某类学校或某级学校编制课程。负责国家课程的课程编制中心一般具有如下特征：① 权威性。课程编制中心的权威性来自政府赋予它们的职责以及法律赋予它们的合法性。② 多样性。课程编制中心可以为整个教育系统编制课程，也可以为某些地区编制课程；可以为某个教育阶段或几个教育阶段编制课程，也可以为某类学校或几类学校编制课程，还可以为某类学科或几类学科编制课程。③ 强制性。在绝大多数国家，课程编制中心负责编制的课程是强制执行的，其中包括课程标准、教材、教师用书、习题集等。

2. 地方课程

地方课程是各省、市教育主管部门以国家课程为基准，在一定的教育思想与课程观念的指导下，根据地方经济特点与文化发展等实际情况而设计的课程，它是不同地方对国家课程的补充，反映了地方经济发展对学生素质发展的基本要求。地方课程的主导价值在于通过课程满足地方社会发展的需要。

3. 校本课程

校本课程是菲吕马克（Furumark）等人于 1973 年提出的，意指由学生所在学校的教师编制、实施和评价的课程。具体来说，它就是某一类学校或某一级学校的个别教师、部分教师或全体教师，根据国家制定的教育目的，在分析本校和本校内部环境的基础上，针对本校、本年级或本班级特定的学生群体设计、实施和评价的课程。校本课程是在克服国家课程诸多弊端的基础上产生的一种课程形式。在国家课程推广的过程中，暴露出诸多脱节现象。首先，国家课程与地方教育需求之间脱节，国家课程是面向全国各个地区的，很难顾及不同地区的教育需求。其次，国家课程与学校办学条件之间脱节。由于办学条件的巨大差异，有些基层学校难以全面达到国家课程的既定要求。再次，国家课程与学校教师之间的脱节。各地区各学校的师资力量参差不齐，对国家课程的理解难免出现偏差现象。最后，国家课程与学科发展之间的脱节。由

于编制和修订周期偏长，国家课程不能反映学科发展的最新动态，教材老化现象严重。

而由教师直接参加的校本课程则具有诸多优势：如校本课程更具地方特色，体现学校办学特点；教师可以根据情况的变化，及时修订校本课程；教师更易获得工作的成就感，提高工作兴趣和积极性；校本课程吸收教师、学生、家长和社会人士参与，提高了各方面的满意度。当然，校本课程也存在几方面的负面效应。首先，扩大了学校之间的课程差异和教育质量的不平衡；其次，一部分教师可能缺乏校本课程开发的理论和技能；再次，需要耗费更多的教育资源；最后，教师在学校之间的流动会给校本课程的编制带来不利影响。

三、制约课程的主要因素

制约课程发展的因素很多，最主要的有社会需求、科学知识的进步和儿童身心的发展三个方面。

（一）社会要求

课程是为实现一定的教育目的服务的，而教育目的又是由一定的政治经济制度决定的。因此，课程必须反映一定政治和经济制度的需要。由于生产力的发展水平和政治经济条件有所不同，因而培养人才的规格也迥然各异，课程也就不同。人类社会在奴隶社会和封建社会时期，生产力落后，生产技术不发达，教育内容主要是灌输能为统治阶级服务的道德观念和行为规范，课程很少反映经济和社会生产方面的内容，例如中国的“四书五经”，西方宗教学校的“七艺”（文法、修辞、辩证法、算术、几何、天文学、音乐），世俗封建主的“七技”（骑马、游泳、投枪、击剑、打猎、下棋、吟诗）都是这一时期著名的课程。近代以来，社会生产力有了突飞猛进的发展，使得社会对劳动者素质有了新的要求，学校课程设置、内容、形式也随之发生变化，例如学校课程增设和加强了自然科学、职业技术教育等内容。但社会因素对课程的需求往往不是直接对应的，而是通过教育方针、政策，有关课程的法规等中间环节或手段来实现的。我国宪法规定“国家培养青年、少年、儿童在品德、智力、体质等方面全面发展”，为设置课程和选择课程内容指明了方向。颁布有关课程的教育法规，是实现一定社会对课程需求的极其重要的手段。英国在 1988 年 7 月通过一项教育改革法，决定把数学、英语、理科、历史、地理、技术（含设计）、音乐、美术、体育和现代外语十门学科定为义务教育期间必须学习的国家课程，其中，数学、英语、理科是核心课程。

（二）科学知识的发展及其分类水平

科学知识体系是人类认识达到一定层次的反映，是对具体现实的抽象反映。随着知识积累的丰富，人们开始对所把握的整体知识进行分类，由于指导思想的不同，产生了不同的分类。这对当时学校的课程内容，尤其是课程设置有着重大的影响。因为课程内容来源于社会的知识体系，是对其进行加工、选择而成为课程内容的。我国的课程内容是根据恩格斯关于科学分类的方法来设置的，但是继恩格斯之后，科学已经有了长足的发展，科学的分类又有了新的趋向，如有的学者正在尝试按照结构、类型来分类，而这些新的科学分类方法将继续影响课程内容的选择和课程的设置。

（三）儿童身心发展的特点和规律

课程是要学生掌握并促进其身心健康发展的，所以就必须是学生能够接受的，适合学生身心发展需要的。学生身心发展的需要和可能、原有知识基础和能力发展水平、年龄特点等都是影响课程设置的重要因素。历史的经验告诉我们，课程的深度和难度不能超越学生的认识能力和知识水平，要符合学生的认识能力和知识水平，要符合学生身心发展的实际需要。儿童身心发展是有其规律性的，不同年龄阶段的学生会呈现出不同的身心发展的具体特征，这就要求学校课程在深度、广度和体系结构上必须适应学生身心发展的特点，要力争做到既不超过学生的接受能力，又能促进学生身心健康发展。例如，我国古代的蒙学教材《三字经》、《千字文》等就考虑到受教育者的接受能力，句子短、押韵，儿童读起来朗朗上口。苏联教育家维果茨基也提出了要探寻儿童的“最近发展区”，即判断儿童的现实水平和潜在水平。用在课程研究上，就是使课程顺应儿童的身心发展特点，既不能超过儿童接受的可能，又不延缓儿童发展，让他们“跳一跳就能摘到果子”。20 世纪兴起于美国的儿童中心主义课程更是重视儿童对课程的制约作用，甚至把它推向极端。他们主张由儿童按照自己的动机、兴趣来定学习什么课程和教材。这些思想都对世界课程改革产生了很大影响。

除以上谈到的影响课程的外部因素外，还存在着影响课程的内部因素。一般来说，影响课程的内部因素有两个方面：一是课程的历史传统，二是课程理论或指导思想。

第二节　课程设计

课程设计是指课程编制的结构，既包括课程体系结构整体的编制，也包括具体课程的编制。前者主要依据培养目标设置一定课程以及设置这些课程的顺序及时间分配；后者主要解决课程标准及其具体化的问题。在学校，课程设计主要以课程计划、课程标准和教材的方式表现。

一、课程计划

（一）课程计划的概念

课程计划是根据一定的教育目的和培养目标，由教育行政部门制定的有关学校教育和教学工作的指导性文件。它具体规定学校的课程设置、各学科开设顺序和活动课的安排。它体现了国家对学校工作的统一要求，是学校组织教育、教学活动的基本依据。课程计划，在欧美国家称为教育计划，在苏联称为教学计划。我国建国后称为教学计划。现在随着课程改革的发展，正在逐步改称为课程计划。

（二）课程计划的构成

课程计划的结构包括以下几个方面的内容。

1. 规定教学科目

制订课程计划的首要问题是依据教育目的以及学校的具体任务和修业年限，来确定开设教学科目，即学科。列入课程计划的各门学科，及其在课程计划中的地位和开设顺序，是课程计划的基本组成部分。2001 年我国基础教育课程改革在学科的设置上有所创新，明确规定选修课程在课程结构中的地位，地方课程和校本课程的地位在课程中也得到了保障。

2. 规定学科的设置顺序

各门学科的安排要保持一定的逻辑顺序。在学科顺序的排列上，既要反映学科本身的体系，还要考虑学生的接受能力。

3. 规定各门学科的教学时数

各门学科的教学时数，是指每门学科授课时数，各门学科在一学年中的授课时数，以及每周的授课时数和各年级的周学时等。

4. 规定学年编制和学周安排

课程计划还应合理地安排学年、学期和学周工作，以保证学校工作的正常进行。一般的划分是学年从秋季开始，将一年分为两个学期，确定暑假和寒假。安排寒暑假，一是为了适应季节和气候的变化；二是为了使学生得到必要的休息；三是为了便于检查教学和教育质量，四是为了教师的备课和进修提高。

课程计划还规定每学期的总周数，上课、复习考试的时间，以及生产劳动和集中进行思想品德教育的时数等。

我国新课程改革，对义务教育课程设置如下，见表 5.1。

表 5.1　义务教育课程设置及比例

<table>
<tr><td rowspan="2"></td><td colspan="9">年　　级</td><td rowspan="2">九年课时总计（比例）</td></tr>
<tr><td>一</td><td>二</td><td>三</td><td>四</td><td>五</td><td>六</td><td>七</td><td>八</td><td>九</td></tr>
<tr><td rowspan="11">课程门类</td><td>品德与生活</td><td>品德与生活</td><td>品德与社会</td><td>品德与社会</td><td>品德与社会</td><td>品德与社会</td><td>思想品德</td><td>思想品德</td><td>思想品德</td><td>7%～9%</td></tr>
<tr><td colspan="6"></td><td colspan="3">历史与社会（或选择历史、地理）</td><td>3%～4%</td></tr>
<tr><td colspan="2"></td><td>科学</td><td>科学</td><td>科学</td><td>科学</td><td colspan="3">科学（或选择生物、物理、化学）</td><td>7%～9%</td></tr>
<tr><td>语文</td><td>语文</td><td>语文</td><td>语文</td><td>语文</td><td>语文</td><td>语文</td><td>语文</td><td>语文</td><td>20%～22%</td></tr>
<tr><td>数学</td><td>数学</td><td>数学</td><td>数学</td><td>数学</td><td>数学</td><td>数学</td><td>数学</td><td>数学</td><td>13%～15%</td></tr>
<tr><td colspan="2"></td><td>外语</td><td>外语</td><td>外语</td><td>外语</td><td>外语</td><td>外语</td><td>外语</td><td>6%～8%</td></tr>
<tr><td>体育</td><td>体育</td><td>体育</td><td>体育</td><td>体育</td><td>体育</td><td>体育与健康</td><td>体育与健康</td><td>体育与健康</td><td>10%～11%</td></tr>
<tr><td colspan="9">艺术（或选择音乐、美术）</td><td>9%～11%</td></tr>
<tr><td colspan="2"></td><td colspan="7">综合实践活动</td><td>6%～8%</td></tr>
<tr><td colspan="9">地方与学校自主开发或选用的课程</td><td>10%～12%</td></tr>
<tr><td colspan="10" style="display:none"></td></tr>
<tr><td>周总课时</td><td>26</td><td>26</td><td>30</td><td>30</td><td>30</td><td>30</td><td>34</td><td>34</td><td>34</td><td>274</td></tr>
<tr><td>学年总课时</td><td>910</td><td>910</td><td>1 050</td><td>1 050</td><td>1 050</td><td>1 050</td><td>1 190</td><td>1 190</td><td>1 190</td><td>9 522</td></tr>
</table>

注：（1）义务教育阶段的综合实践活动主要包括：信息技术教育、研究性学习、社区服务与社会实践以及劳动与技术教育。

（2）地方课程与学校课程中安排：法制教育、文明礼貌教育、安全教育、民族知识教育、人民防空教育、心理健康教育、环境教育、禁毒教育、预防艾滋病教育、随州历史等课程。

（三）制订课程计划的基本要求

1. 全面发展的教育宗旨

制订课程计划要兼顾“五育”，体现全面发展的教育目的，以促使学生在德、智、体、美、劳等方面的协调和谐发展，保证培养目标的规格要求。

2. 以教学为主的原则

课程计划的制订与修改必须以教学为主，保证把主要的时间和精力用于教学。但在教学为主的前提下，也要合理安排其他各项教育活动，防止“教学唯一”的现象发生。

3. 保持课程内容的相对完整性和衔接性

我国普通教育分小学和中学两个阶段，中学、小学又分各个年级，从身心发展的角度看，每个年级学生的身心发展都有一定的显著差异。因此，课程计划所设的学科，必须依据科学的理论，予以科学的安排，保证课程基础性和多样性、理论性与实践性的结合，使各年级的课程内容相对完整而丰富，适合各年级学生的特点，使他们在每一阶段的学习中，既能掌握一定的完整知识，又能获得身心的健康发展。同时课程内容还应注意到各教育阶段课程内容间的联系性，便于各教育阶段教学工作的彼此衔接。例如，学前与小学的衔接，小学与初中的衔接等，应尽量避免小学和中学刚入学因课程内容造成的不适、出现不应有的学习分流。

二、课程标准

（一）课程标准的概念

我国过去称教学大纲，现在称为课程标准。课程标准是根据课程计划，以纲要形式编制的各门课程的目标，教学内容范围、实施原则及方式、结果标准及其结构的指导性文件。课程计划作为教育主管部门制定的有关学校教育教学工作的指导性文件，体现了国家对学校的统一要求，是组织学校活动的基本纲领和重要依据。课程标准与教学大纲的区别见表 4-2。

国家课程标准是教材编写、教学、评估和考试命题的依据，是国家管理和评价课程的基础。新课改要求课程标准应体现国家对不同阶段的学生在知识与技能、过程与方法、情感态度与价值观等方面的基本要求，规定各门课程的性质、目标、内容框架，提出教学和评价建议。义务教育的课程标准应适应普及义务教育的要求，让绝大多数学生经过努力都能够达到，体现国家对公民素质的基本要求，着眼于培养学生终身学习的愿望和能力。（见表 5.2）

表 5.2　课程标准与教学大纲的区别

课程标准	教学大纲
针对学生，明确某一学段应达到的共同的、统一的基本要求	针对学科，规定了教学的具体内容、顺序及其要求
更多地关注学生通过课程内容的学习在知识与技能、过程与方法、情感态度与价值观等方面的发展	更多地关注学生在学科知识、技能方面应达到的要求
既关注教师的教学，更关注学生的学习	更多地关注教师的教学行为
内容的表述方式更多地体现了指导性、启发性、弹性	内容的表述方式更多地体现了原则性、规定性、刚性

（二）课程标准的构成

新课改中国家首次颁布的义务教育阶段17个学科的18种课程标准，尽管各有特色，但结构基本上是一致的，大致包括前言、课程目标、内容标准、实施建议、术语解释等各部分内容。

（1）前言。前言是结合本门课程的特点，阐述课程改革的背景、课程性质、基本理念及其标准的设计思路。

（2）课程目标。课程目标是按照国家的教育方针以及素质教育的要求，从知识与技能、过程和方法、情感态度和价值观三方面阐述本门课程的总体目标与学段目标。学段的划分大致有1～3、3～4、5～6、7～9年级，有的课程只限在一个学段，有些课程兼两个或两个以上学段。

（3）内容标准。内容标准是根据上述的课程目标结合具体的课程内容，用尽可能清晰的行为动词阐述目标。

（4）实施建议。为了确保国家课程标准能够在全国绝大多数学校的绝大多数学生身上实现，减少中间环节的“落差”，需要在国家课程标准中附带提供推广或实施这一标准的建议，主要包括教与学的建议、评价建议、课程资源的开发和利用建议，以及教材编写建议等。同时要求在易误解的地方或陈述新的重要内容时，提供适当的典型性的案例，以便于教师的理解，同时也是引导一种新观念的有效方法。

（5）术语解释。对标准中出现的一些重要术语进行解释与说明，以便使用者能更好地理解和实施标准。

（三）课程标准的意义

1. 课程标准是国家对学校教学的指导性文件

课程标准是国家对某门学科的教学所提出的统一要求和具体规格，是国家对学校教学工作进行直接指导的主要工具。有了统一的课程标准，就能统一各学校各门课程的教学水平，加强教学的计划性，保证教学质量。

2. 课程标准是编写教材和教师教学的主要依据

课程标准为教材规划了内容的广度和深度以及编排的顺序，也为教师指明了所教课程的目的、要求以及教学的进度和方法等。因此，教师要想深刻理解教材，使教学的难度、进度以及方法等符合国家的统一要求，必须全面、透彻领会课程标准的内容和精神实质。

（四）新课程标准的主要特点

1. 努力将素质教育的理念切实体现在课程标准的各个部分

新颁布的课程标准力图在“课程目标”、“内容标准”和“实施建议”等方面全面体现“知识与技能、过程与方法以及情感态度与价值观”三位一体的课程功能，从而促进学校教育重心的转移，使素质教育的理念切实体现到日常的教育教学过程中。例如：

收集过去的一些购物票证，如布票、粮票、油票、副食本等，感受市场经济给人们生活带来的巨大变化。（《历史课程标准》）

认识世界气候的地区差异，初步学会分析影响气候的主要因素，认识气候与人类生产、

生活的相互关系，形成保护大气环境的意识，养成收听、收看天气预报的习惯。(《地理课程标准》)

2. 突破学科中心

新颁布的课程标准加强了教科书与学生生活、现代社会以及科技发展的联系，打破单纯地强调学科自身的系统性、逻辑性的局限，尽可能体现义务教育阶段各学科课程应首先服务于学生发展的功能。例如：

加大语文阅读量和口语交际环节，重视培养语感，降低对语法、修辞、逻辑的要求。(《语文课程标准》)

通过自主确定主题的方式，让学生具体地感受历史，把握历史发展脉络，而不要求学生死记硬背繁杂的历史知识。(《历史课程标准》)

3. 改善学习方式

各学科课程标准结合本学科的特点，加强过程性、体验性目标，引导学生主动参与、亲身实践、独立思考、合作探究，从而实现学生学习方式的变革，发展学生搜集和处理信息的能力、获取新知识的能力、分析和解决问题的能力，以及交流与合作的能力。例如：

组织学生观看《林则徐》、《鸦片战争》、《甲午风云》等影片，感受中国人民反抗侵略的斗争精神，并运用所学历史知识说明影片的历史背景，讲述历史故事。(《历史课程标准》)

组织学生通过各种途径调查、收集生物圈的相关资料，模拟召开“国际生物圈”研讨会，结合本地实际讨论如何保护生物圈。(《生物课程标准》)

4. 体现评价促进学生发展的教育功能，评价建议有更强的操作性

各学科课程标准力图结合本学科的特点提出有效的策略和具体的评价手段。引导学校的日常评价活动更多地指向学生的学习过程，从而促进学生的和谐发展。课程标准中建议采取多种方法进行评价，例如：成长记录与分析，测验与考试，答辩，作业（长周期作业、短周期作业），集体评议等。

5. 为课程的实施提供了广阔的空间

课程标准重视对某一学段学生所应达到的基本标准的刻画，同时对实施过程提出了建设性的意见，而对实现目标的手段与过程，特别是知识的前后顺序，不做硬性规定。这是课程标准和教学大纲的一个重要区别，从而为教材的多样性和教师教学的创造性提供了广阔的空间，为体现并满足学生发展的差异性创造了比较好的环境。例如：

1～2 年级认识常用汉字 1 600～1 800 个；课外阅读总量不少于 5 万字。7～9 年级认识常用汉字 3 500 个；课外阅读总量不少于 260 万字。(《语言课程标准》)

5～6 年级达到该水平目标时，学生将能够初步掌握多项球类运动中的多种动作技能；初步掌握一两套徒手体操或轻器械体操；初步掌握一套舞蹈或韵律活动动作等。(《体育课程标准》)

三、教　材

教材有广义和狭义之分，广义教材是指教师为了达到教育学生的目的，在教育教学中利用的一切素材和手段，它包括下列几种：教科书；教学指导用书；自学指导用书；实验指导用书；补充读物；工具书、挂图、图表、和其他直观教具；录音磁带；教学程序（教学机或电子计算机）；幻灯片、电影片、录像带或音像磁盘等。狭义教材一般是指教科书，又称课本，它是依据课程标准编制的、系统反映学科内容的教学用书，它是课程标准的具体化。

（一）教材的结构

教材的结构一般包括：① 目录。②课文。按章节的知识逻辑顺序和学生学习的心理特点，用生动的语言系统连贯地叙述课程标准规定的内容，它包括基本的事实材料、基本概念、定律、公式、法则、世界观、科学研究方法、生产的科学原理、教学实践与实用性质的技能、技巧等。③ 习题、思考题、实验和实习作业。④ 图表和注释。图解、图画，一般附在相应的课文内；历史年表、检字表、数表等，一般附在课文最后，供师生查阅。

教材是学生在学校获得系统知识、进行学习的主要材料，它可以帮助学生掌握教师讲授的内容；同时，也便于学生预习、复习和做作业。教材是学生进一步扩大知识领域的基础。所以，要教会学生如何有效地使用教材，发挥教材的最大作用。教材也是教师进行教学的主要依据，它为教师备课、上课、布置作业、学生学习成绩的评定提供了基本材料。熟练地掌握教材内容是教师顺利完成教学任务的重要条件。

（二）教材的编排方式

教材的编排是决定一个年级中某门学科的教学内容将按照怎样的次序组成，或这门学科内容在几个年级中的排列次序。

教材的编排方式一般有下列三种。

（1）直线式。这种排列方式是把一门学科的教学内容前后连贯安排，各不重复。如中学代数、几何、三角。这种编排方式的优点在于节省学习时间，缺点是如果学生对某个问题一时不能较好地掌握，由于不再重复，可能造成知识的缺陷，形成后续学习上的困难。

（2）螺旋式。这种编排方式针对学习者的接受能力，按照繁简、深浅、难易的程度，使一科教材内容的某些基本原理重复出现，逐步扩展，螺旋上升。螺旋式排列的优点是，重视学生的认知结构同教材结构之间的统一，易于保证学科知识的逻辑性，并适合学生的发展水平。不足之处是，在强调把知识进行心理学转译的时候，没有看到其局限性和不可行的一面，缺乏技术保障，往往会出现这样或那样的失误。

（3）过渡式。这是为跨入新学段，或升入高年级的学生学会新知识、掌握新方法而适当提前安排有关奠基性内容的编排方式。

总之，各种教材编排方式均有优缺点，应根据学科性质、学生特点和学习阶段等具体情况，选择某一种编排方式，或综合运用多种编排方式。

（三）教材的编写

一本好的教科书通常应符合下列条件或原则：

1. 反映学科的基本概念和原理

这既是学科自身的基础，也是开发和发展学生智力的要求，不能仅仅从减轻学生的负担出发，对学科内容进行不恰当的削减，以致降低对学生的要求。

2. 遵循学科知识的系统性

学校教学是以教科书为依托进行的，学生的思想是凭借教科书的系统性得以有序发展和深化的。因此，教科书必须体现学科知识的系统性，不能搞成一堆零散知识的拼盘，甚至是大杂烩。

3. 真正便于学生学习

教科书既是教师的教学用书，也是学生的学习用书，既要便于教师的教，也要便于学生的学。如果一旦离开教师的讲解，学生则很难读懂，就不是一本成功的教科书。相反，它应充分考虑学生的学习需要，并使之成为自学用书。

4. 理论联系实际

中小学教科书应该既有知识，也有技能、技巧；既有理论观点，也有具体事实；既有基本原理，也有生活素材。

5. 科学性与思想性并重

一方面，中小学教科书中的知识必须是科学上已有定论的真理性知识，必须坚决摈弃错误的知识，不确切的、尚有争论的知识一般也不宜写入；另一方面，教科书应以正确的思想和方法论为指导，培养学生科学的世界观、人生观、价值观及良好的思想品德，贯彻教育性教学原则。

6. 富有启发性

有人在长期的教学实践中，提出了“适度的不确定性”原则，即在教材中有意识地安排一些“信息缺口”，利用这些“不确定”要素创设“问题情境”，激发学生的思维活动和学习动机。

7. 具有可读性

教科书应难易适当、过深或过浅都会妨碍学生的学习兴趣。教科书要通俗易懂，语句流畅，笔调生动。

此外，还应注意教科书的印刷问题。不仅要逐步提高我国中小学教科书的印刷、装帧质量，而且要改变过于偏重文字符号，缺乏直观性和生动性的缺点。

第三节　我国新课程改革

一、新课程改革的背景

从新中国成立初期到 20 世纪 90 年代，我国基础教育课程经历了七次改革。经过近 50 年的努力，初步形成了我国基础教育课程的体系和框架。为了进一步提高基础教育的质量，推进素质教育，培养 21 世纪社会所需要的人才，1997 年 9 月，教育部基础教育司在烟台召开的素质教育会议上提出了“建立和完善全面的提高学生的素质为目标的课程体系”。此后，教育部的《面向21世纪教育振兴行动计划》基本确立基础教育改革的体系。1999年6月15日，在第三次全国教育工作会议上，中共中央和国务院作出了《关于深化教育改革全面推进素质教育》的决定，明确提出素质教育的宗旨、重点和目标：以提高国民素质为根本宗旨，以培养学生的创新精神和实践能力为重点，造就有理想、有道德、有文化、有纪律的德智体全面发展的社会主义事业的建设者和接班人。同时，也提出了改革现行的基础教育课程体系，研制和构建面向21世纪基础教育课程的任务。2001年6月召开的全国基础教育工作会议和国务院的《关于基础教育改革与发展的决定》进一步明确了新一轮课程改革的指导思想，把以培养创新精神和实践能力为重点的素质教育放到重要的位置。2001年6月8日，教育部印发了《基础教育课程改革纲要（试行）》，它标志着我国第八次基础教育课程改革进入启动阶段。本次课程改革的根本任务是：全面贯彻党的教育方针，调整和改革基础教育的课程体系、结构、内容，构建符合素质教育要求的新的基础教育课程体系。

二、新课程改革的目标

教育部于2001年颁布的《基础教育课程改革纲要（试行）》规定：面向21世纪我国基础教育课程的培养目标应体现时代要求。要使学生具有爱国主义、集体主义精神，热爱社会主义，继承和发扬中华民族的优秀传统和革命传统；具有社会主义民主法制意识，遵守国家法律和社会公德；逐步形成正确的世界观、人生观、价值观；具有社会责任感，努力为人民服务；具有初步的创新精神、实践能力、科学和人文素养以及环境意识；具有适应终身学习的基础知识、基本技能和方法；具有健壮的体魄和良好的心理素质，养成健康的审美情趣和生活方式，成为有理想、有道德、有文化、有纪律的一代新人。

课程改革的总目标体现在各项具体目标中并通过具体目标来实现，因此《基础教育课程改革纲要（试行）》提出了新课程改革的6个具体目标。①

（1）改变课程过于注重知识传授的倾向，强调形成积极主动的学习态度，使获得基础知识与基本技能的过程同时成为学会学习和形成正确价值观的过程。

（2）改变课程结构过于强调学科本位、科目过多和缺乏整合的现状，整体设计九年一贯的课程门类和课时比例，并设置综合课程，适应不同地区和学生发展需求，体现课程结构的均衡性、综合性和选择性。

（3）改变课程内容繁、难、偏、旧和过于注重书本知识的现状，加强课程内容与学生生活以及现代社会、科技发展的联系，关注学生的学习兴趣及经验，精选学习必备的基础知识和技能。

（4）改变课程实施过于强调接受学习、死记硬背、机械训练的现状，倡导学生主动参与、乐于研究、勤于动手，培养学生搜集和处理信息的能力、获取新知识的能力、分析和解决问题的能力以及交流与合作的能力。

（5）改变课程评价过分强调甄别与选拔的功能，发挥评价促进学生发展、教师提高和改进教学实践的功能。

（6）改变课程管理过于集中的状况，实行国家、地方、学校三级课程管理，增强课程对

① 基础教育课程改革纲要（试行）. 中国教育报，2001.

地方、学校和学生的适应性。

【案例一】

我国传统课程的缺点和不足

1.“难”。就是课程要求过高，教材难度过大，有些学科内容过深，不符合少年儿童的认知规律，学生难于理解，影响了学生的学习兴趣，学习起来往往事倍功半。

例 1：初中《语文》第一册

《诗经》练习题中，要求学生在《关雎》、《蒹葭》、《君子于役》三首诗下面标出叠字、叠韵字、双声词、押韵字；要求学生从《木兰诗》中分别找出运用了起兴、回答、比喻、夸张、象声、顶真、对偶、复叠铺排等手法的诗句。

例 2：小学《数学》第三册

在校园里要把 7 棵小树平均种成 6 行、每行有 3 棵。该怎样种？摆摆看。

2.“繁”。就是课程内容繁多、重复，加上一些不必要的形容词、名词，使简单的命题复杂化，难以理解。有些内容甚至带有浓厚的烦琐哲学和形式主义色彩，增加了学生的学习负担。

例 1：小学《数学》第五册练习题

供销社收购栗子 845 公斤，收购的核桃比栗子的 2.5 倍还多 48.7 公斤，收购核桃多少公斤？栗子和核桃共多少公斤？

例 2：小学《数学》第三册

加减法基本应用题：“在运动场上跑步的有 25 人，打球的有 10 人，跳远的有 20 人，跳高的比跑步的少 15 人，跳远的比爬竿的多 4 人，打球的比跳绳的少 8 人。选择上面的条件，你能编哪些应用题？”

3.“偏”。就是偏于知识传授，偏到考试科目上，考试出偏题、怪题，各学科缺乏联系，忽视了基础教育广而博的特征。

例 1：初三《语文》试题

《红楼梦》中：贾母的丫环是谁？宝玉的丫环是谁？最有反抗精神的丫环是谁？

例 2：高中三年级《思想政治》

列出简表，表示我国中央国家机构的组织体系，说明中央国家机关的相互关系。

4.“旧”。就是课程内容陈旧，不能及时反映科技、经济、社会的新知识和新进展。

例 1：高中《语文》第二册

有些课文时代性差，如《猎户》一文颂扬打豹英雄，与保护野生动物的观念相违。

例 2：中学《生物》教材

现行教材中基本上是用传统的达尔文的“进化论”来解释生物进化，没有涉及现代生物进化理论、群体遗传学等内容；基因、克隆等涉及现代生物技术的内容在教材中基本上没有反映。

例 3：初中《地理》第一册

在介绍马来西亚时，仍然说马来西亚是世界上最大的锡、天然橡胶、棕油生产国，其实现在马来西亚的锡产量已相当少，自 20 世纪 90 年代初已不是天然橡胶的最大生产国，20 世纪至 90 年代中期棕油产量少于印度尼西亚。

（资料来源：钟启泉. 新课程师资培训精要. 北京：北京大学出版社，2002.）

三、新课程改革的基本内容

从《基础教育课程改革纲要（试行)》中可以看出，新一轮基础教育课程改革的内容十分丰富，涉及课程目标、课程结构、课程标准、教学过程、教材开发与管理、课程评价、课程管理、教师的培养和培训、课程改革的组织与实施等九大方面。

（一）课程结构

在课程结构上，新一轮基础教育课程改革整体设置九年一贯的义务教育课程。小学阶段以综合课程为主，初中阶段设置分科与综合相结合的课程，积极倡导各地选择综合课程。为使学生在普遍达到基本要求的前提下实现有个性的发展，课程标准应有不同水平的要求，在开设必修课的同时，设置丰富多样的选修课程，开设技术类课程。积极试行学分制管理。从小学至高中设置综合实践活动并作为必修课程，其内容主要包括：信息技术教育、研究性学习、社区服务与社会实践以及劳动与技术教育。强调学生通过实践，增强探究和创新意识，学习科学研究的方法，发展综合运用知识的能力。增进学校与社会的密切联系，培养学生的社会责任感。在课程的实施过程中，加强信息技术教育，培养学生利用信息技术的意识和能力。了解必要的通用技术和职业分工，形成初步技术能力。

（二）课程标准

新一轮基础教育课程改革用课程标准取代教学大纲。国家课程标准是教材编写、教学、评估和考试命题的依据，是国家管理和评价课程的基础。应体现国家对不同阶段的学生在知识与技能、过程与方法、情感态度与价值观等方面的基本要求，规定各门课程的性质、目标、内容框架，提出教学和评价建议。

义务教育课程标准应适应普及义务教育的要求，让绝大多数学生经过努力都能够达到，体现国家对公民素质的基本要求，着眼于培养学生终身学习的愿望和能力。

（三）教学过程

新一轮基础教育课程改革要求教师在教学过程中与学生积极互动、共同发展，处理好传授知识与培养能力的关系，注重培养学生的独立性和自主性，引导学生质疑、调查、探究，在实践中学习，促进学生在教师指导下主动地、富有个性地学习。教师应尊重学生的人格，关注个体差异，满足不同学生的学习需要，创设能引导学生主动参与的教育环境，激发学生的学习积极性，培养学生掌握和运用知识的态度和能力，使每个学生都能得到充分的发展。同时，大力推进信息技术在教学过程中的普遍应用，促进信息技术与学科课程的整合，逐步实现教学内容的呈现方式、学生的学习方式、教师的教学方式和师生互动方式的变革，充分发挥信息技术的优势，为学生的学习和发展提供丰富多彩的教育环境和有力的学习工具。

（四）教材开发与管理

新一轮基础教育课程改革实行国家基本要求指导下的教材多样化政策，鼓励有关机构、出版部门等依据国家课程标准组织编写中小学教材。建立教材编写的核准制度，教材编写者应根据教育部《关于中小学教材编写审定管理暂行办法》，向教育部申报，经资格核准通过后，方可编写。完善教材审查制度，除经教育部授权省级教材审查委员会外，按照国家课程标准编写的教材及跨省使用的地方课程的教材须经全国中小学教材审查委员会审查；地方教材须经省级教材审查委员会审查。教材审查实行编审分离。

改革中小学教材指定出版的方式和单一渠道发行的体制，严格遵循中小学教材版式的国家标准。教材的出版和发行试行公开竞标，国家免费提供的经济适用型教材实行政府采购，保证教材质量，降低价格。加强对教材使用的管理。教育行政部门定期向学校和社会公布经审查通过的中小学教材目录，并逐步建立教材评价制度和在教育行政部门及专家指导下的教材选用制度。改革用行政手段指定使用教材的做法，严禁以不正当竞争手段推销教材。

（五）课程评价

建立促进学生全面发展的评价体系。评价不仅要关注学生的学业成绩，而且要发现和发展学生多方面的潜能，了解学生发展中的需求，帮助学生认识自我，建立自信。发挥评价的教育功能，促进学生在原有水平上的发展。教师应对自己的教学行为进行分析与反思，建立以教师自评为主，校长、教师、学生、家长共同参与的评价制度，使教师从多种渠道获得信息，不断提高教学水平。学校管理部门、教师和学生应定期对学校课程执行的情况、课程实施中的问题进行分析评估，调整课程内容、改进教学管理，形成课程不断革新的机制。

改革和完善考试制度。在已经普及九年义务教育的地区，实行小学毕业生免试就近升学的办法。鼓励各地中小学自行组织毕业考试。完善初中升高中的考试管理制度，考试内容应加强与社会实际和学生生活经验的联系，重视考查学生分析问题、解决问题的能力，部分学科可实行开卷考试。考试命题要依据课程标准，杜绝设置偏题、怪题的现象。教师应对每位学生的考试情况做出具体的分析指导，不得公布学生考试成绩并按考试成绩排列名次。

（六）课程管理

新课改要求实行国家、地方和学校三级课程管理。教育部总体规划基础教育课程，制定基础教育课程管理政策，确定国家课程门类和课时。制定国家课程标准，积极试行新的课程评价制度。省级教育行政部门依据国家课程管理政策和本地实际情况，制定本省（自治区、直辖市）实施国家课程的计划，规划地方课程，报教育部备案并组织实施。经教育部批准，省级教育行政部门可单独制定本省（自治区、直辖市）范围内使用的课程计划和课程标准。学校在执行国家课程和地方课程的同时，应视当地社会、经济发展的具体情况，结合本校的传统和优势、学生的兴趣和需要，开发或选用适合本校的课程。各级教育行政部门要对课程的实施和开发进行指导和监督，学校有权力和责任反映在实施国家课程和地方课程中所遇到的问题。

（七）教师的培养和培训

地方教育行政部门应制订有效、持续的师资培训计划，教师进修培训机构要以实施新课程所必需的培训为主要任务，确保培训工作与新一轮课程改革的推进同步进行。师范院校和其他承担基础教育师资培养和培训任务的高等学校和培训机构应根据基础教育课程改革的目标与内容，调整培养目标、专业设置、课程结构，改革教学方法。中小学教师继续教育应以基础教育课程改革为核心内容。

（八）课程改革的组织与实施

新课改规定教育部领导并统筹管理全国基础教育课程改革工作；省级教育行政部门领导并规划本省（自治区、直辖市）的基础教育课程改革工作。始终贯彻“先立后破，先实验后推广”的工作方针，坚持民主参与、科学决策的原则，积极鼓励高等院校、科研院所的专家、学者和中小学教师投身中小学课程教材改革；支持部分师范大学成立“基础教育课程研究中心”，开展中小学课程改革的研究工作，并积极参与基础教育课程改革实践；在教育行政部门的领导下，各中小学教研机构要把基础教育课程改革作为中心工作，充分发挥教学研究、指导和服务等作用，并与基础教育课程研究中心建立联系，发挥各自的优势，共同推进基础教育课程改革；建立教育部门、家长以及社会各界有效参与课程建设和学校管理的制度；积极发挥新闻媒体的作用，引导社会各界深入讨论、关心并支持课程改革。

四、课程改革对教师的新要求①

（一）教师的角色改变

- 由传授者转为促进者
- 由管理者转为引导者
- 由居高临下转向“平等中的首席”

我国长期以来形成的传统师生关系，实际上是一种不平等的关系，教师不仅是教学过程的控制者、教学活动的组织者、教学内容的制定者和学生学习成绩的评判者，而且是绝对的权威。新课程强调，教师是学生学习的合作者、引导者和参与者，教学过程是师生交往、共同发展的过程。交往者意味着平等对话，教师将由居高临下的权威转向“平等中的首席”。在新课程中，传统意义上的教师教和学生学，将不断让位于师生互教互学，彼此形成一个真正的“学习共同体”，教学过程不是忠实地执行课程计划（方案）的过程，而是师生共同开发课程、丰富课程的过程，课程变成一种动态的、发展的，教学真正成为师生富有个性化的创造过程。

专家分析，在未来的课堂上，知识将由三个方面组成：教科书及教学参考书提供的知识、教师个人的知识、师生互动产生的新知识。新课程将改变教科书一统课堂的局面，教师不在只是传授知识，教师个人的知识也将被激活，师生互动产生的新知识的比重将大大增加。这种学习方式的改变，必然导致师生关系的改变，使教师长期以来高高在上“传道、授业、解惑”的地位发生变化，教师从知识的权威到平等参与学生的研究，从知识的传递者到学生学习的促进者、组织者和指导者。我们知道，教师作为知识传授者的角色是不能被淘汰的，但与以前不同的是，它不再是教师唯一的角色。

（二）教师需要新的工作方式

- 教师之间将更加紧密地合作

① 王家奇，李艳敏. 教育学基础与应用. 哈尔滨：哈尔滨工业大学出版社，2004：275-281.

- 要改善自己的知识结构
- 要学会开发利用课程资源

教师职业的一个很大特点，是单兵作战。在日常教学活动中，教师大多数是靠一个人的力量解决课堂里面所有的问题。而新课程的综合化特征，需要教师与更多的人、在更大的空间、用更加平等的方式从事工作，教师之间将更加紧密地合作。可以说，新课程增加了教育者之间的互动关系，将引发教师集体行为的变化，并在一定程度上改变教学的组织形式和教师的专业分工。新课程提倡培养学生的综合能力，而综合能力的培养要靠教师集体智慧的发挥。因此，必须改变教师之间彼此孤立与封闭的现象，教师必须学会与他人合作，与不同学科的教师打交道。例如，在研究性学习中，学生将打破班级界限，根据课题的需要和兴趣组成研究小组，由于一项课题往往涉及语文、地理、历史等多种学科，需要几位教师同时参与指导。教师之间的合作，教师与实验员、图书馆员之间的配合将直接影响课题研究的质量。在这种教育模式中，教师集体的协调一致、教师之间的团结协作、密切配合显得尤为重要。

新课程需要综合型教师，这是一个非常值得注意的变化。多年来，学校教学一直是分科进行的，教师的角色一旦确定，不少教师便画地为牢，把自己禁锢在学科壁垒中，不再涉猎其他学科的知识。教数学的不研究数学在物理、化学、生物中的应用，教语文的也不光顾历史、地理、政治书籍。这种单一的知识结构，远远不能适应新课程的需要。此次课程改革，在改革现行分科课程的基础上，设置了以分科为主、包含综合课程和综合实践活动的课程。例如，小学 1～2 年级设品德与生活课、3～6 年级设品德与社会课、3～9 年级设科学课、1～9 年级设艺术课、7～9 年级设历史与社会课，还开设了综合实践活动及研究性学习。由于课程内容和课题研究涉及多门学科知识，这就要求教师改善自己的知识结构，使自己具有更开阔的教学视野。除了专业知识外，还应当涉及科学、艺术等领域。

在新的课程中，出现了课程资源的概念。课程资源的开发和利用，是保证新课程实施的基本条件。学校和教师应该成为课程资源开发的重要力量，教科书不应该也越来越不可能成为唯一的课程资源了。那么，哪些是课程资源呢？目前可以利用的主要有三部分：一是校内的课程资源，如实验室、图书馆及各类教学设施和实践基地；二是校外课程资源，包括图书馆、展览馆、科技馆、工厂、农村、部队、科研院所等广泛的社会资源及丰富的自然资源；三是信息化课程资源，如校内信息技术的开发利用，校内外网络资源等。课程资源需要教师去组织、去开发、去利用，教师应当学会主动地有创造性地利用一切可用资源，为教育教学服务。教师还应该成为学生利用课程资源的引导者，引导学生走出教科书，走出课堂和学校，充分利用校外各种课程资源，在社会的大环境里学习和探索。

（三）教师需要新的技能

- 具备课程开发的技能
- 增强对课程的整合能力
- 提高信息技术与学科教学有机整合的能力

在很长一段时间里，教师很重视教学基本功练习，如朗读、板书、绘画等。传统的教学基本功是一笔宝贵的教育财富，应当继续保持和发扬。为适应新课程的需要，教师新的技能将应运而生，比如，搜集和处理信息的能力、课程开发和整合的能力、将信息技术与教学有机整合的能力、广泛利用课程资源、指导学生开展研究性学习的能力，等等。比如，地理课程增加了电子地图、遥感技术等最新科技发展的成果，教师对这些新知识、新领域、新发展要有所了解。

过去，中小学课程统一内容、统一考试、统一教材、统一标准，教师过分依赖教科书和参考书，影响了创造性的发挥。如今，新课程使教学过程中教师可支配的因素增多了。课程内容的综合性、弹性加大，教材、教参为教师留有的余地加大，教师可以根据教学需要，采用自己认为最合适的教学形式和教学方法，决定课程资源的开发和利用。为此，教师要具备的课程整合能力、课程设计能力和课程开发能力，对教科书的依赖程度将越来越低。长期以来，教师的主要任务是讲授别人编写成的，甚至连教学参考书也备齐的教科书，而学校课程的开发要求教师不仅会“教”书，还要会“编”书，为教师提供了一个能够发挥创造性的空间。

儿童与生俱来的探究需要、获得新的体验的需要、获得认可与被人欣赏的需要以及承担责任的需要，必须有一定的教育环境和适当的方法，使其得到满足。过去，教科书是完全按照知识体系编写的，如今是从学生喜欢的生活中的场景、情景入手选择内容，每一个单元都是一个情景主题，教师要根据教学内容，创造各种不同的教育情景，使学生获得更加丰富的体验。比如，音乐教学中《划船》一课，过去只要教会学生唱这首歌，就算完成了教学任务，如今，还要求教师要创设不同的环境与情景，使学生体会在风平浪静里划船、碧波荡漾下泛舟、急风暴雨中拼搏、龙舟竞赛时奋进的不同感受。同是教一首歌，不同的教学方法，学生获得的情感体验是大不一样的。这就是教师对课程的开发、整合能力，同是一节课，每一位教师都可以有不同的上法。另外，新教材提供了许多新的教学形式，许多形式都是首次出现，新颖、独特，每一节课都充满新意，教师要有创意地进行教学，这也对教师的创新精神提出了挑战。

（四）教学策略需要改变

- 由重知识传授向重学生发展转变
- 由重教师“教”向重学生“学”转变
- 由重结果向重过程转变
- 由统一规格教育向差异性教育转变

根据新课程观念，教师的教学策略将发生改变，如由重知识传授向重学生发展转变，由重教师“教”向重学生“学”转变，由统一规格教育向差异性教育转变。

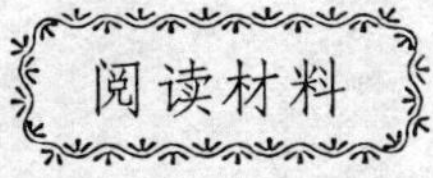

美国的中学教些什么？

美国的初一历史，并不是简单地告诉学生在哪一年发生了哪些事。他们通过埃及胡夫金字塔发掘历程的讲述，告诉学生考古学家是怎样去从事考古挖掘的，包括使用什么样的工具，应该如何进行现场发掘记录。他们还通过古罗马历史学家菲利尼对公元 79 年所发生的维苏威火山爆发的描写以及 1785 年画家奥古利克根据菲利尼的描述而创作的油画的比较，让学生们去理解什么是历史的第一手资料，什么又是第二手资料。并要求学生对于自己所接触到的历史资料，都问上一声：谁是作者？这属于哪一类的资料？这个资料形成的过程以及时间？最后，他们还根据复活节岛上的史前巨石遗迹的考古新发现告诉学生，人类又是如何不断地修正对历史的认识的。

美国的初中并不设置物理、化学、生物这类的课程，取而代之的是一门名叫科学的课程。在讲述什么是科学这样纯理论的内容时，不是简单教条地让孩子们去掌握所谓科学的定义，而是通过对科学家的科学研究方法的分析，即从问题的发现开始，经过信息的收取而形成一种假说，然后围绕着假说，提出实验设计，并进行相关的实验，最后在记录和分析实验数据的基础上，得出一个科学的结论。在这里，科学不再高高在上，它已经衍化成为一种方法和态度，从而更容易为孩子们所接受。

说起美国的学校教育，还有一点必须要提到的是它的宗教课程。鉴于美国并没有像国内的思想品德教育课程，因此，虽然这门课带有非常浓厚的宗教色彩，但必须肯定的是，这门课程的确为孩子的成长提供了有益的道德启示。正是透过这种宗教课程的教育，已经 13 岁的孩子才生平第一次坐下来，与我们一起讨论什么是妒忌、什么是自我中心、什么是犯罪、以及如何道歉、如何避免妒忌、如何避免自我中心、如何避免犯罪等这些平素很难沟通的敏感话题。

（资料来源：田雁. 南风窗. 2004（2））

复习思考题

1. 制约课程的因素有哪些？
2. 我国新课程标准的主要特点？
3. 我国课程改革对教师提出了哪些新要求？

第六章 教 学

【本章要点】

- 教学的概念与基本任务
- 教学过程的本质与规律
- 教学的基本原则
- 教学组织形式
- 教学方法的概念及种类

有三位教师讲“水可以蒸发”这一内容，第一位教师告诉学生水加热可以蒸发，并要求学生记住水蒸发的原理；第二位教师给学生做了个实验，让学生看到水加热后变成水蒸气，然后让学生记住水蒸发原理；第三位教师问学生水杯子里的水干了，是什么原因？学生议论纷纷，有的说被小动物喝了，于是教师引导他们证明是否被小动物喝了，学生在杯子旁放上许多沙子，看有无动物脚印，结果证明不是。另外一个学生提出是蒸发了，然后教师引导学生证明是蒸发。

以上三位教师的教学，你认为哪一种是真正意义上的教学？

第一节 教学概述

一、教学的概念

什么是“教学”？有人认为：“教学就是传授知识”；“教学就是上课”；“教学就是智育”。这些观点虽有一定道理，但都没有揭示出教学的科学涵义。从第一种观点来看，固然传授知识是教学的首要任务，但绝非是唯一任务。同时，教学是包括教和学的双边活动，而传授知识只反映了“教”的方面的活动，却未能反映“学”的活动。第二种观点也是错误的，上课只是教学的一个基本环节，除上课外，教学还包括备课、课后辅导等其他环节。所以，教学也不能只等同于上课。至于“教学”与“智育”，则是既有区别又有密切联系的两个概念。智育主要是发展学生的智力，向学生传授系统的科学文化知识，它主要是通过教学来完成的。但教学不等于智育，教学也是进行德育、美育、体育、劳动技术教育的途径，同时，智育也需要通过课外活动、共青团、少先队及班主任工作等途径才能全面实现。

教学的科学涵义应当是：教师指导学生主动、积极地学习系统的文化科学知识和技能，发展智力和体力，培养能力，形成良好思想品德和审美情趣的最基本的一种学校教育活动。

这就是说，教学是在教师引导和学生参与下的教与学的统一活动，其目的是使学生掌握一定的知识技能，并获得身心各方面的全面发展。由此可见，教学不单纯是教书，而是通过“教书”来达到“育人”的教育活动。

教学与教育这两个概念之间也是既有联系，又相区别的。它们是部分与整体的关系，教学包括在教育之内，是学校进行教育的一条基本途径。学校除了教学活动以外，还要通过课外活动、生产劳动活动、社会活动等途径向学生进行教育。

教学还与学生在教学中的自学紧密联系。教学是由教和学两个方面组成，教学中的学既包括学生在教师的直接教授下的学习，也包括学生为配合教师上课而进行的预习、复习与独立作业等自学活动；而教的目的就是要不断提高学生的自学能力，达到能独立自主地自学，即所谓“教是为了不教”。但是，教学与学生在教学之外独立进行的自学有严格的区别。后者是学生独立自主进行的学习，根本不同于教学中教师指导下的预习、复习和作业。教学不包括这种学生自主进行的自学。

二、教学的作用和地位

（一）教学的作用

1. 教学是社会延续和发展的重要手段

人类社会要延续与发展，必须有一代又一代的新人，在这一代又一代的新人中，他们必须掌握前人的知识经验并能超越这些知识经验，才能保证社会的不断进化。这就要求人类在较短的时间内将其历史发展过程中积累的经验、知识、科学、伦理、政治、美德等一代代地传下去。如果不能传递或传递得不够好，不能为下一代充分利用，他们走入社会后就要从头学起，对先辈走过的路重新摸索一遍，那将会延缓社会的发展。需要指出的是，在人类历史经验与个体经验之间是有矛盾的，即个体精力的有限性与人类经验的无限性之间的矛盾，在今天这个信息化社会中表现尤为突出。这种矛盾主要表现为个体往往不能很好地掌握人类的历史经验，不能适应社会发展的新要求，最终导致社会也不能得到很好的发展。这个矛盾处理得当，就能成为社会发展的动力。处理好这个矛盾是教学的天然使命。通过教学，可以对人类的经验进行筛选、加工，使之适合年轻一代学习，并在学习的过程中培养学生使用文化与创新文化的能力，从而实现社会的延续与发展。

2. 教学是促进学生发展的有效形式

教学是一种专门组织起来的以传授知识、进行思维训练为主的活动，通过教学可以较简捷地将人类长期积累起来的科学文化知识转化为学生个人的精神财富，有效地促进学生身心发展，使青少年学生的个体发展能在较短的时期内达到人类已有的发展水平并为其超越这一水平铺平道路，从而保证社会的延续与发展。教学能够加快学生的认识进程，发展学生的智力和能力；教学内容、教学方法、教学组织、教师言行、教学集体活动的气氛等，无时无处不寓有一定的思想观点、道德精神等的影响；教学能够促进学生身心的健康发展。体育课、生理卫生、生物学等课程都是为了增强学生的身心素质提供理论和方法的指导。

3. 教学是实现教育目的的基本途径

教学能够有目的、有计划地将教育的各个组成部分包括德育、智育、体育、美育、劳动技术教育的基础知识与基本技能传授给学生，为他们的全面发展奠定基础、指明方向，因而教学是学校对学生进行全面发展教育的基本途径。除了知识目标外，技能、方法、情感态度与价值观等的形成与改变也必须依靠教学，因为这些素质的获得大多是与知识的传授与学习相伴而发生的。只有提高教学质量，才能提高教育质量、保证人才质量；只有以教学为主，才能保证教育质量。

（二）教学的地位

教学是学校的中心工作，学校工作必须坚持以教学为主，合理安排。

以教学为主，是指学校应将大部分时间用于教学。在内容上，以学习书本知识为主；在组织形式上，以课堂教学为主，发挥教师的主导作用。

学校工作之所以要以教学为主，是由学校教育本身的特殊职能决定的。学校是专门培养人才的场所，学校离开了教学就不能培养人才，也就不成其为学校了。所以没有教学就等于没有学校。学校工作以教学为主，也是学校工作长期实践经验的科学总结，是办学的客观规律的反映。新中国成立以来，我国教育实践从正反两方面证明，学校坚持以教学为主，教育质量就提高，反之，教育质量必然下降。比如，我国在20世纪50年代末期，学校教育以劳动为中心；20世纪60年代初，以政治活动为中心；20世纪60年代中至70年代中，以“文化革命”为中心。结果学校所培养出来的人才，大多只不过是一些敢于反潮流的“白卷英雄”，致使我国教育质量严重下降，人才青黄不接。1973年辽宁考生张铁生在大学招生文化考试中交了白卷，却在试卷背后写了一封为自己成绩差辩护的信。信中说：“本人自1968年下乡以来，始终热衷于农业生产，全力于自己的本职工作”。“说实话，对于那些多年来不务正业、逍遥浪荡的书呆子们，我是不服气的”，“希望各级领导在这次入考学生之中，能对我这个小队长加以考虑为盼！”1973年7月19日，《辽宁日报》头版头条以《一份发人深省的答卷》为题，刊登辽宁省兴城县白塔公社下乡知识青年、生产队长张铁生的一封信。江青称赞张铁生“真了不起，是个英雄，他敢反潮流”。张铁生被破格录取上学，并担任全国人大常委。这种错误的教育方式，致使我国的学校教育曾经走向了崩溃的边缘，因此，要办好学校，提高教育质量，培养优质人才，就必须坚持以教学为主，统筹安排。

以教学为主，并非教学唯一。教学为主，并不意味着可以轻视其他形式的教育活动。学校教育学生的途径是很多的，除教学外，还有课外活动，生产劳动，社会实践活动等，我们要在坚持教学为主的同时，还要各种教育途径并重，发挥育人的整体功能，建立多角度、全方位的育人体系。

三、教学任务

教学任务指通过教学活动应达到的目的、要求。教学任务分为三个层次，第一层次：学校教学总任务，也称基本任务；第二层次：学科教学任务，即某一门具体学科在知识、能力、品德方面应达到的要求；第三层次：具体教学任务，指一个单元、一堂课应达到的目的、要求。中小学教学的基本任务主要包括以下几个方面。

1. 使学生掌握系统的科学文化基础知识，形成基本技能、技巧

这是教学的中心任务。知识是人类对客观世界的认识，是人类历史实践经验的概括和总结，是人类集体智慧的结晶。中小学向学生传授的知识，应当是自然科学和社会科学中为现代生产和科学文化发展所必需的基础知识。什么是基础知识？概括地说就是指那些最基本、最主要的为进一步学习和今后的工作与生活所必须的知识。如基本概念、定理、法则、公式等。所谓系统的，是指学生学习的基础知识要保持相对的知识间的纵横关系，以便于学生在学习和工作中应用。在教学过程中师生的首要任务就是传授和学习系统的基础知识，并在此基础上通过练习、实习等实践活动，形成基本技能和技巧。

教学还应当使学生形成基本技能、技巧。技能是指学生运用所掌握的知识完成某种实际任务的活动方式。如，语文和外语的阅读写作技能、数学的运算技能、化学和生物的实验技能等。技能分为智力技能和操作技能两种。智力技能是指借助内部语言在头脑中进行的活动方式。操作技能是指由一系列实际动作以合理、完善的程序构成的操作活动方式。技能经过反复练习，达到熟练的“自动化”的程度就是技巧。教学应当对要求学生掌握的技能、技巧进行严格训练。

教学中知识、技能和技巧是密切联系的。知识是形成技能、技巧的基础，而形成了技能、技巧又能加深对知识的理解和巩固。各科教学必须首先抓好“双基”，这是形成技能、技巧，发展智力，培养能力的基础。

2. 发展学生智力、培养能力、教会学生学习

这是教学的重要任务，也是当代教学论最为关注的问题。智力是人们认识、适应、改变客观事物的心理能力，主要指人认识能力，包括观察力、注意力、记忆力、想象力和思维力，其中思维力是智力的核心，发展智力是使学生顺利而有效地进行学习的必要条件。能力的含义较广，它是保证人们顺利进行实际活动的稳固的心理特点的综合，除认识能力外，还包括分析与解决问题的能力、创造力，等等。创新是学生能力的高级表现形式，是社会发展的根本动力，没有创新，就没有科学的发现、发明和创造，因此，从学校教育开始，就应特别重视培养学生的创新精神。实践能力也是能力的组成部分，针对我国当前学生动手能力差，理论脱离实际的现状，也应重视对学生实践能力的培养。

教会学生学习，即教师在教学过程中，不只是教给学生一些知识和技能，更重要的是要使学生成为学习的主人，学会自己学习，使他们会看、会听、会谈、会想、会用，掌握独立学习的本领。21 世纪是知识经济时代，学习与生存和生命关系密切，学会学习是人们在社会上的通行证，是人们安身立命的基础。因此，中小学教学要适应时代的要求，把教会学生学习作为重要而紧迫的任务。

3. 发展学生体力，增强体质，提高学生的健康水平

科学的教学内容为学生的保健及锻炼提供正确的理论基础和方法指导。教学方法和组织形式是否合理也直接影响学生身心健康，关系到学生的发育成长。中小学生正处在身体发育成长时期，讲究教学卫生，关心学生健康，发展学生体力，是教学的一个重要的组成部分。

4. 培养学生的审美情趣和能力

教学是美育的基本途径。教师应当注意并挖掘教材中美的因素，用动人的语言、美好的形象、高尚的情操、崇高的境界去熏陶学生，培养学生健康的审美观点，高尚的审美情趣以及鉴赏美、表现美和创造美的能力，按美的规律创造世界。

5. 发展学生积极的情感、态度和价值观，形成良好品德和个性心理品质

这是德育的重要任务，也是教学的重要任务。因为教学也是实现德育目标的基本途径，教学永远具有教育性，教师应自觉运用这一客观规律，发展学生乐观、向上，谦虚谨慎，乐于助人，大公无私，勤劳勇敢等积极的情感、态度和价值观，以形成我们社会主义国家需要的良好品德和个性心理品质。

教学的这五项任务是密切联系的，统一在教学过程之中。

【案例一】

《狐假虎威》的启示

学完《狐假虎威》一课，老师让同学们说说明白了什么道理。老师的话音一落，几十只小手举起来。学生甲说："不要仗势欺人……"老师问："他回答得对不对？"众生说："对！"这时，学生乙大声说："老师，我不同意他的看法！"

老师说："那说说你的看法。"

学生乙说："仗势欺人，是仗着势力欺负别人的意思。狐狸借老虎的威风，不是仗着老虎的势力，它是欺骗别人，不是欺负别人。所以，不能说是仗势欺人。"

老师高兴地问学生："他的认识对吗？"

众学生："对！"

老师带头鼓掌，并示意学生乙坐下，可他不坐，说："老师，我还有……"

老师："你还有？那你接着说。"

学生乙："这篇寓言还告诉我们，狐狸虽然狡猾但非常聪明，也值得学习……"

老师没有想到这一点，问："狐狸也值得学习吗？"

学生乙："狐狸让老虎逮住了，可它一点也不慌张，还骗了老虎，说明它很聪明，保护了自己，所以，也值得我们学习。"

老师感到很意外地说："可你想想，这篇寓言主要告诉人们的道理是什么？"

学生乙："我……我认为这两个都有。"

老师："可多数人会怎样认识？"

学生乙有些犹豫，但还是说："反正……反正我这么认识……"

老师："一篇课文怎么能有两个一正一反的答案，你说呢？"

学生乙无话了，自己坐下……

（资料来源：http：//wenku.baidu.com/view/1492721b6bd97f192279e999.html.）

第二节　教学过程

一、教学过程的概述

（一）教学过程的概念

教学过程是学生在教师有目的、有计划的指导下，积极主动地掌握系统的文化科学基础知识和基本技能、发展智力和体力、形成一定的思想品德的过程。教学过程是由若干要素构成的，其中最基本的要素是教师、学生、教学内容、教学方法与手段。这四种基本要素有机地统一，使教学过程像一座钟表似地运行着。在这些要素中，教师是教学的组织者、传授者、引导者；学生是教学的主动接受者、体现者；教学内容是教学的桥梁与依据；教学方法与手段是教学的媒介，是保证教学成功的重要条件。上述基本要素不是可有可无，也不是独自发挥作用的，它们之间的集合和相互作用，构成了统一、完整、发展的教学过程。如何使这些要素所共同构成的整体功能取得最佳的效果，这是教学过程理论要研究的一个重要课题，也是揭示教学过程规律的出发点与归宿。

教学过程与德育过程既有区别，又有联系。其区别在于：首先，教学过程侧重于让学生掌握知识、发展智力和能力，它实质上是学生认识世界的过程，主要解决学生认识世界和改造世界的智慧和本领问题；而德育过程则侧重于塑造和改造学生的精神面貌，它主要解决学生个人对待客观世界和主观世界的态度问题。其次，教学过程主要遵循认识过程的规律；而德育过程则主要遵循学生思想品德形成和发展的规律。因此，二者是两个相对独立的过程，不能等同和相互代替。二者的联系是：教学过程担负着形成学生的辩证唯物主义世界观、培养学生共产主义道德品质的任务，这些任务与德育过程的任务相互重合、相互渗透。二者在学校实现教育目的、培养合格人才的工作中，是密切联系、互相配合、缺一不可的。

（二）教学过程的功能

教学过程具有多方面的功能，全面地认识和开发教学过程的功能，可以使教学更好地成为实现教育目的的有效途径。教学过程的功能主要表现在以下几个方面：

1. 传递功能

通过教学过程，教师可以向学生传递系统的科学文化知识和基本技能。因为，教学过程是有目的、有计划、有组织地培养人的过程，所以，它可以发挥出高效率、高质量的传递功能。

2. 发展功能

通过教学过程，可以有效地促进学生智力、能力、情感、意志等心理品质以及身体的发展，可以培养学生的创新精神、认识兴趣和探究能力等。教学过程的发展功能是在传递功能基础上形成的，如在学生主动掌握知识和运用这些知识的过程中，会使学生的认识能力，包括运用语言的能力、思维能力、观察能力和想象能力等，得到培养和发展。

3. 教育功能

在教学过程中，学生不仅能增长知识、发展能力，还能使思想情感、精神面貌、道德品质也受到熏陶，发生变化。教师应自觉地在教学过程中将教书和育人统一起来，使教学过程的教育功能得以充分发挥，给学生的思想和道德以有利的影响。

4. 审美功能

教学过程的审美功能正日益引起人们的重视，并在实践中发挥着越来越大的作用。教学过程将美的因素作为教学手段或教学艺术贯穿于该过程的始终，渗透到教学过程的各个方面，使学生在“美”的形式中顺利吸收“教”所传递的各类教育信息，并陶醉于教学美的享受之中，消除紧张学习带来的疲劳；同时，对教学过程中的美由感知、感受、感动到最后形成一定的审美观念、趣味、理想、情感和能力。教学过程具有审美功能，是教师的教学能够产生引人入胜的审美魅力的源泉。教学过程审美化，是当代教学发展的重要趋势之一。

二、教学过程的本质

所谓教学过程的本质，是指这个过程区别于其他各种教育过程的质的规定性，也就是区别于其他各种教育过程的本质属性。

（一）教学过程是一种特殊的认识过程

教学过程主要是学生在教师引导下掌握人类长期积累起来的科学文化知识的过程，学生循序渐进学习和运用知识的认识活动是贯穿于教学过程始终的主要活动。学生是有意识的能动主体，教材所包含的知识及其所反映的客观事物是他们认识的客体，他们只有在掌握知识和运用知识的能动活动中，才能使自身获得发展、提高。所以，教学过程要受认识论的一般规律所制约，要注意调动学生的学习主动性、积极性，遵循“从生动的直观到抽象的思维，并从抽象的思维到实践”这个认识真理，认识客观世界的辩证的途径。这是社会主义国家教育界运用马克思主义认识论指导教学并经过实践检验而得出的一个正确的结论。

但是教学过程又是一个特殊的认识过程，即它是学生个体的认识过程，具有不同于人类总体认识的显著特点：① 间接性。学生的学习活动主要以掌握人类长期积累起来的科学文化知识为中介，间接地认识现实世界，而人类认识活动的对象是未知世界。② 引导性。需要在富有知识的教师引导下进行认识，而不能独立完成。③ 简约性。科学家独立探索的认识过程是一种生产新知识的过程，而学生的学习则是在教师引导下的一种知识再生产的过程。它避免了人类在生产新知识时所走的许多往返曲折的道路，使学生可以在短时间内迅速地、大量地掌握人类积累起来的文化成果，是年轻一代认识世界的捷径。

教学过程只有既遵循认识论的一般规律，又充分注意学生认识的特点，才能使教学富有成效。

（二）教学过程又是促进学生身心全面发展的过程

教学过程不仅是教师引导下学生的特殊认识过程，而且也是促进学生全面发展的过程。学生掌握知识，并非是把知识简单机械地向头脑中灌输和填充，而是通过大脑的分析综合、抽象概括、推理判断等智力活动内化为个体的知识技能，从而促进了认识能力的发展，也使脑的机能得到发展；学生在认识过程中，亦有非智力因素，如情感、意志等的参与，在学生获取知识和运用知识的同时也影响着学生的主观情感体验，以及产生克服困难的意志行动，从而发展了学生积极的个性心理品质；学生在掌握知识的过程中，也会影响学生的意识，形成观点、信念和思想品德。因此，在教学过程中，学生在认识客观世界的同时，思想、品德、智慧、体质和个性等都获得了发展。

三、教学过程的基本的阶段

一般来讲，我国将教学过程分为以下几个阶段。

（一）激发学习动机

学习动机是直接推动学生学习的内部动力，主要表现为学习的意向、愿望、兴趣等，学生若缺乏适当的学习动机，便会失去学习的积极性，没有学生的积极参与，教学是很难取得良好效果的，因此，激发学生的学习动机十分必要。

引起学生学习动机的方法很多：可以对学生提出引入思考的问题；可以讲述有趣的故事；可以演示引人注目、给人新知的直观材料；可以指出将学的新知识的重要价值等等。究竟用什么方法，应当根据教学任务和内容的需要和学生的实际来选择。

引起学习动机是为了引导学生去积极学习和运用知识，所以这个阶段不宜费时过多。当学生的学习动机被激发出来后，应当立即引导他们积极投入学习，并在教学过程中不断强化他们的学习动机。

（二）感知教材，形成表象

感知教材是理解教材的基础。学生的认识也是从感知开始的，通过教材，或者借助于教材的描写，或者借助于教师的描述，或者借助于学生事前社会生活实践活动中已获得的感性材料，为进一步理解教材打下基础。

学生对教材的感知是在教师引导下进行的。它主要有两种途径。一是直接感知，即让学生直接进行观察和知觉，如进行教学参观、做与实际条件相类似的实验以及对从自然界取回的材料进行直接感知等。二是间接感知，即教师利用语言文字及各种形象化的直观教具，对学生所要学的材料进行生动的叙述和描绘，启发学生联想，使他们的记忆表象得以重视，并按照语言的描绘加以改组，从而形成新事物的表象。这两种感知教材的途径各有其长处和不足。直接感知可以充分发挥多种感官的作用，能使知觉活动成为自觉积极的心理过程，能使感知更完善、更确切，并有利于培养学生的观察力，但教学中的直接感知毕竟是有限的；间接感知虽然也有自身的优势，但由于它不是对现实的直接知觉，所以所引起的表象往往不够真切、完整和稳定。因此，教学必须把直接感知和间接感知紧密结合起来，取长补短，互相补充，才能形成真切、鲜明、完整的表象。

（三）理解教材

理解教材是教学过程的中心环节。教学过程不能仅仅让学生的认识停留在感性认识上，还要引导他们把所感知的材料同书本知识联系起来，进行思维加工，从而把握事物的本质与规律。在此基础上，学生的认识就会产生飞跃，由对事物的感性认识上升到理性认识。

理解教材包括对语言的理解、对事物类属关系的理解、对事物内部组织结构的理解、对事物性质的理解、对艺术作品主题思想的理解，等等。在理解教材的过程中，学生所能达到的水平不一，或是感性认识的水平，或是理解的水平，或是记忆的水平，或是运用的水平，或是创作的水平。因此，在教学过程中，教师要善于调动学生思维活动的积极性，在感知教材的基础上，引导学生运用比较、分析、综合、抽象、概括、系统化的思维方法和归纳、演绎等推理形式来掌握书本中的概念、规律、原理、法则等，认识事物的本质与规律，使学生深刻理解和掌握所学知识。

（四）巩固知识

所谓知识的巩固，是指引导学生把所学的知识牢固地保持在记忆里，并在需要时能够迅速地再现出来。巩固知识的必要性是由教学过程的认识特点决定的。在教学过程中，学生是以学习间接经验、书本知识为主的，缺乏亲身的实践和体验，如果不注意巩固，学习的知识会很快遗忘。学生对所学的知识不能及时巩固，就不能进一步领会新知识，更谈不上将知识运用于实践。

教师在教学中不仅要向学生提出记忆的要求，而且要根据记忆和遗忘的规律，指导他们掌握记忆的方法，使他们形成良好的记忆品质，发展自己的记忆力。巩固知识的主要方法是复习和练习。教师只有指导学生把单元复习、期中复习、期末复习、及时复习和开学前的复习做好，把机械记忆与理解记忆紧密结合起来，才能使他们达到巩固知识、增强记忆的目的。

（五）运用知识

运用知识是学生把所学知识运用于完成作业和解决实际问题的过程。通过知识的运用，可使学生巩固所学知识，形成技能、技巧，并提高学生分析问题、解决问题的能力。

理解知识和巩固知识是运用知识的基础。但是，学生理解了知识并不等于会运用，牢固地掌握了知识不等于形成了技能、技巧。要使学生从理解和掌握概念、原理、公式，发展到能运用于实际，形成技能、技巧，仅仅依靠动脑是不够的，还要引导学生学会动口、动手，进行反复练习与实际操作才能达到。教学过程中，学生主要是通过教学实践来运用知识，如完成各种口头或书面作业、实验、实习作业。此外，还要适当组织学生参加一些社会实践活动，如参观、社会调查、创作活动等。

（六）检查和评价学习效果

对学生学习的知识、掌握的技能及时检查与评定，是学生学习的必要阶段，也是评价教学质量的重要依据之一。因为，教学是一项目的性、计划性很强的教育活动，教学是否按预定的计划进行，学生所学知识是否巩固，技能技巧是否掌握，需要改进和加强教学的哪些方面，都需要一定的客观评定。所以，检查和评定学生的学习效果，对教师改进教学和促进学生学习都有重要意义。教师检查学生学习效果，及时获得反馈信息，一般要通过观察、作业、提问、考试等形式进行。同时，教师还要引导学生进行自我检查。通过检查，发现学习上的不足和教师教学方面存在的问题，及时采取相应措施，使教学活动得以顺利进行。

以上六个阶段，并非各自孤立存在，而是互相联结成为一个有机的整体，各阶段互相联系、互相促进、互相渗透，全面地贯穿于整个教学过程之中。教师要根据学科特点、学生接受能力、具体教学任务和教学内容，合理、灵活、创造性地加以安排和运用，从而保证教学的顺利进行。

四、教学过程的基本规律

（一）教师主导与学生主体相统一的规律

教学过程是教师的教和学生的学的双边活动的过程。教师与学生、教与学的关系是教学过程贯彻始终的最基本的关系。揭示教和学的关系，是认识教学过程规律的首要问题。

教师的主导作用是指在教学过程中，教师对整个教学活动的组织领导作用。教师起主导作用是教学的本质所决定的，教学区别于其他认识或学习活动的重要特点之一，就是学生的认识是在教师的指导下进行的。它的客观必然性在于：教师是教育者，他受社会的委托，代表社会的利益，执行社会对教学的要求，是一定教学目的的实现者；教师受过专门的训练，闻道在先，术业有专攻，掌握教学内容和方法，了解学生身心发展特点，是系统知识的传授者和学习活动的组织者；就学生而言，特别是中小学生正处在长身体长知识的重要成长时期，他们的学习动机、学习行动、学习方式方法，以及学习结果所获得的知识、思想、能力，等等。不是先天的、也不是自发的，只有借助教师的教，才能使他们最迅速、最有效地获得知识和发展；即使是学生的主动性和积极性的发挥，归根结底也是要靠教师的积极调动和正确引导。因此，教师在教学中起主导作用。教师的主导作用表现在：教师的指导决定着学生学习的方向、内容、进程、结果和质量，起引导、规范、评价和纠正的作用。教师的教还影响着学生学习方式以及学生学习主动性、积极性的发挥，影响着学生的个性以及人生观、世界观的形成。

学生是教学过程的认识主体，对自身的发展有重大的作用。学生在教学过程中虽处于受教育的地位，但他们是学习的主人，他们虽是许多方面尚不成熟的人，需要教师的指导，但他们是认识和自身发展的主体，具有主观能动性。学生只有充分发挥自己的主观能动性，才能真正自觉地获取知识和实现自身的发展。外因是条件，内因是根据，外因必须通过内因而起作用。教师“教”这个外因，只有通过学生的“学”这个内因而起作用。没有学生的主观努力，无论教得怎样好，学生视而不见，听而不闻，教育目的最终也难以实现。学生是学习的主体，而学习是有规律的认识活动，认识在任何情况下都必须是人脑对客观事物的能动地反映，没有主观能动性，就根本无所谓认识。没有学生主动地感知、思维，对教材加工消化的功夫，单靠教师的灌输，学生的认识是无法完成的。这就是说，教师传授的知识与技能，施加的思想影响，都必须通过学生自己的观察、思考、领悟、练习、运用，必须通过学生自己的活动，动脑、动口、动手才能获得知识，发展智力和能力，形成一定的思想品德。一般地说，学生学习的主动性、积极性愈大，学习效果也就愈好。所以，学生学习的主动性、积极性调动和发挥得怎样，直接影响并最终决定着他个人的学习效果和身心发展的水平。学生的学是教学不可忽视的重要方面，是教学成功的一个必要有效的条件。

教师的主导作用和学生的主动性具有内在的联系，两者互相促进。教师主导作用越是充分发挥，就越能保证学生的主动性和积极性；学生越是充分发挥主动性和积极性，就越能体现教师的主导作用。但是如何处理教学中教师与学生二者的关系，在教学发展史上曾出现过两种片面性：以赫尔巴特为代表的“传统教育”派认为，教师处于教学的中心地位，主要是向学生传授知识，教师是教学的“主宰”，“学生对教师必须保持一种被动状态”，他们片面强调教师的作用，忽视学生的主动性。结果教得死、学得被动。在要求培养学生具有独立性和创造精神的今天，这种主张显得更落后了。这是一种夸大教师作用的片面性。还有一种片面性，就是夸大儿童的作用。它是以杜威为代表的“现代教育”派，他们批评“传统教育”以教学为中心，以教师为教学的主宰，主张把教师中心变成儿童中心，并把这看做是如同把地球为中心变成以太阳为中心的哥白尼式的革命。片面夸大了学生的主动性，忽视了教师的主导作用，结果影响了系统知识的学习，降低了教学质量。这同样落后于时代的发展。

（二）间接经验与直接经验相统一的规律

所谓间接经验即他人的认识成果或已知的真理，主要指理性知识或书本知识；所谓直接经验是指学生获得的认识，主要指学生在实践中获得的感性认识。

学生以学习书本知识为主，这是学校为学生设计的认识世界的一条捷径。因为书本知识是从人类世世代代知识宝库中挑选和提炼出来的最基本的知识。它在某种程度上可以说是人类文化史上的精华，对学生认识世界和自身发展具有普遍的指导意义。学生学习的书本知识不仅经过了精心筛选，而且还进行了精心加工，使之简约化、系统化、洁净化，组成课程，编成课本，更符合学生的认识规律。这样，学生的认识不受时间和空间的限制，又可以避免人类认识发展史所经历的曲折与错误，以最短的时间、最高的效率掌握人类创造的基本知识，大大缩短了认识世界的过程。同时，学生是在特定的环境中，在教师的指导下，借助比较科学的教学手段和方法，经过精心设计和组织的教学步骤来学习书本知识的，因而学生在认识客观世界时，就能节省时间和精力，就能以最小的代价取得尽可能多的收获。正如马克思所言：“再生产科学同最初生产科学所需的劳动时间是无法相比的，例如，学生在一小时内就能学会二项式定理。”[①]可见，学生以学习书本知识为主，不仅是必要的，也是必需的。

在教学中，学生以书本知识为主，但这并不是不要直接经验。恰恰相反，他们不仅离不开直接经验，而且必须以直接经验为基础。因为学生的认识也必须遵循人类认识的一般规律，理性认识必须以感性认识为基础。如果学生只学书本知识而没有必要的直接经验作为基础，那么容易产生理论脱离实际、死记硬背现成概念和结论的现象，就不能理解和掌握这些知识。发展学生的思维能力，也需要一定的感性认识作为基础。

综上所述，在教学过程中，一方面教学必须坚持以学习书本知识为主；另一方面，必须根据教学的实际需要，充分利用和丰富学生的直接经验，使二者有机地结合起来，这就是间接经验与直接经验相统一的规律。

（三）掌握知识与发展智力相统一的规律

关于掌握知识与发展智力统相一的规律，在教育史上曾出现过两种认识偏差，一是因重视实用学科而著称的“实质教育论”，此派认为教学的主要任务在于传授给学生对生活有用的

① 马克思，恩格斯．马克思恩格斯全集：第26卷（1分册）．北京：人民出版社，1979：377.

知识，至于学生的智力则无需进行特殊的培养和训练；二是“形式教育论”，此派认为教学的目的在于训练学生的思维形式，应特别重视数学、逻辑、拉丁文等形式学科，以充分有效地发展学生智力，知识的传授则是无关紧要的。这两种说法都是不正确的。教学过程既是向学生传授系统的文化科学知识的过程，又是发展学生智能的过程。

掌握知识和发展智力相互依存、相互促进。掌握知识是发展智力的基础，发展智力又是掌握知识的必要条件，两者相互联系，辩证统一。

(1) 掌握知识是学生智力发展的基础。学生的智力是在掌握知识、运用知识的过程中获得发展的。如果离开了对知识的掌握和运用，智力的发展就失去了必要的基础，成为空中楼阁。因为，从来没有离开知识的智力，如果离开掌握知识的基础去谈智力的发展，那就成了无源之水，无本之木。人类思维活动的进行，就是以一定的词语、概念等代表的知识为材料的。离开了这些知识材料，思维活动就无法进行。伟大导师马克思所以能创造无产阶级革命理论，正是由于他几乎把一生的时间都用在了学习和研究上，几十年内大英博物馆每天都留下了他的身影，使得《资本论》一经问世便震惊了世界。这说明掌握知识是取得智力发展的基础，智力是由知识转化而来的。大量调查证明，一个人的知识越丰富，对事物的观察越敏锐、深刻，思维活动就能在更为广阔的领域内进行，因而对事物的判断、推理就会更准确。

(2) 智力是掌握知识的重要条件。智力制约着掌握知识的快慢、深浅、难易和巩固程度。学生智力发展得好，才能深入地掌握知识，在学习中才能举一反三，触类旁通。而智力发展较差的学生在学习中则有较多的困难。一个学生的观察力和思维力强，他对事物的观察就能及时并抓住主要问题，进行分析，对科学的概念和原理懂得快，用得活。有些心理学家曾专门研究过“后进生”，认为他们不是天生的笨，而是教师对他们的智力发展不够重视。所谓“落后”，往往是从观察力、注意力“落后”开始的，因此思维力也开始“落后”。所以发展学生智力是掌握知识的前提条件。只有注意发展学生的智力，才能学得更好、更多、更主动、更灵活，真正使学生成为学习的主人。

掌握知识和发展智力不同步。掌握知识与发展智力虽然联系紧密、互为条件，但二者并不是一回事，二者的发展有时是不均衡和存在差异的。首先，知识不等于智力。学生知识的多少，并不是他智力水平高低的标志，“高分低能”现象就说明了这个问题。因为智力发展不仅与掌握知识的多少有关，还与掌握知识的方法有关。如果学生处于被动状态，囫囵吞枣，死记硬背，掌握的是一些零散而不系统的知识，即使头脑中填满了一大堆知识，也不可能发展智力。其次，智力水平高，也并不标志着知识就一定多。在教学实践中，有些教师存在着这样的认识，即学生只要掌握了知识，智力就会自然而然地发展了；或只要学生智力发展了，知识就会自然而然地进入头脑。这种把知识的掌握和智力的发展看成是自然的、同步的观点，对教学是有百害而无一利的，是必须抛弃的。

我们教学工作中，必须实现二者的辩证统一，不仅要向学生传授系统的文化科学知识，而且要发展学生的智力。单纯进行知识的传授而忽视智力的发展，或单纯追求智力的发展而忽视知识的传授的做法，都是片面的，是违背教学规律的，是不可取的。教师应把掌握知识和发展智力的辩证统一作为教学的指导思想和最高追求，并将其渗透到教学工作的各个环节中去，从而通过教学实现二者协调统一的发展。

（四）传授知识与思想教育相统一的规律

这条规律又叫教学的教育性规律，或称教书与育人相结合规律。指教学过程既是传授和学习系统的文化科学知识的过程，又是学生在掌握知识的基础上接受思想品德教育过程。两者具有紧密的联系。教育史上最早明确提出“教学的教育性”这一命题的是德国教育家赫尔巴特。他说：“我不承认有任何‘无教学的教育’，正如在相反方面，我不承认有任何‘无教育的教学’。”并说：“教学如果没有进行道德教育，只是一种没有目的的手段；道德教育如果没有教学，就是一种失去了手段的目的。”[①]掌握知识是提高思想的基础。学生科学的世界观和共产主义道德品质的形成是建立在一定的科学文化知识的基础的，它本身也是一个科学文化知识体系。在教学中，通过传授知识不仅可以增长学生的知识，发展学生的认识能力，还可以加深学生对道德规范的认识，提高道德判断的能力，培养健康向上的道德情感，养成良好的道德行为习惯，为培养科学的世界观和共产主义道德品质奠定良好的基础。正如列宁所说：“只有用人类创造的全部知识财富来丰富自己的头脑，才能成为共产主义者。”

学生的思想的提高有助于知识的掌握。学生掌握知识的过程是一个能动的认识过程，在这一过程中，学生的思想状况、学习目的与态度等都对学习起着决定性的作用。通过教学活动有意识地帮助学生提高思想觉悟，明确学习目的，端正学习态度，树立远大的理想，认识个人学习的社会意义，养成坚忍不拔、勇于克服困难的优良品质，那么，就会给学生的学习带来巨大的动力，使学生积极主动地学习，掌握更多的知识。

传授知识与思想教育是密不可分的，教学永远具有教育性。首先，各门学科知识从不同的方面科学地揭示了自然界、人类社会和人类思维活动发展变化的规律，这些客观规律和科学知识本身就蕴含着深刻的思想品德教育因素，具有重要的思想品德教育价值。其次，教师的教学，总是在一定的思想体系指导下，受一定哲学观点的支配。社会科学学科教学自不必说了，就是自然科学学科的教学也不是纯知识、纯自然的教学。教师在教学中是以辩证唯物主义科学的世界观和方法论讲授自然科学各门学科，还是以机械的形而上学的自然观讲授自然科学课程，对学生科学世界观的形成具有重要影响作用。再次，教学过程的组织实施，教学方式方法的选用，教师的教学态度、教学作风以及思想感情等，无不对学生产生深刻的潜移默化的影响，甚至会影响他们的一生。也就是说，教书不育人的现象是不存在的。

第三节　教学原则

一、教学原则的概念

教学原则是人们根据教学规律和教学目的制定的对教学工作的基本要求。教学原则不是随便提出的，它的提出是有一定依据的。教学原则提出的客观依据有以下几方面：

（1）教学原则是教学经验的概括和总结。人们在长期从事教学实践的活动中，不断探索出一些成功的经验或失败的教训。对于这些经验或教训反复认识，不断深化，由感性认识上升为理性认识，经过概括抽象，对教学规律有所认识，从而制定了教学原则。

① 戴本博. 外国教育史（中）. 北京：人民教育出版社，1990：267.

(2) 教学原则是教学规律的反映。正确的原则是客观规律的真实反映。一切事物都有自己发展的客观规律，当这些规律被人们所认识，并用来作为指导人们行动的准则时，规律就成为原则。因此，教学原则是人们在实践中根据对教学客观规律的认识而总结提炼出来，又用以指导实践的基本原理。原则源于实践，反过来又指导实践。

(3) 教学原则受到教育目的的制约。教学原则是教学规律的反映，它本身没有阶级性。但是，人们在制定、解释、运用教学原则时，无不受到一定阶级思想的影响。任何一个教学原则或教学原则体系的提出，必须服从一定的教育目的。

一个合格的教师只有认识教学规律，正确地运用教学原则，才能保证教学工作的顺利进行，取得良好的效果。如果违反教学原则，就将事倍而功半，提高教学质量便流于一句空话。

二、教学原则体系及实施要求

（一）科学性与思想性统一的原则

科学性与思想性统一的原则是指教师在教学过程中，要以马克思主义为指导思想，向学生传授系统的科学知识，并结合知识教学对学生进行思想品德教育。

教学中的科学性与思想性是相辅相成、相互促进、密不可分的。科学性是思想性的基础，不讲科学性，把错误的知识也传授给学生，就是误人子弟，根本谈不上思想性；思想性又是科学性的灵魂，没有思想性就影响了科学性，因为只有以正确的观点、方法，才能揭示事物的本质与规律，建立科学的知识体系。

这一原则首先是由我国社会主义学校的教育目的决定的。我国学校教育目的要求教学必须促进学生的全面发展，这一要求本身就包含着在对学生进行科学知识教学的同时，必须结合教学内容进行思想品德教育。其次，这一原则也是传授知识与思想教育相统一的教学规律的反映。在教学中，知识教学本身包含着思想教育的因素，教书与育人是不可分割的整体。

贯彻这一原则的基本要求是：

1. 保证教学的科学性

在教学中，教师要坚持用马克思主义的观点和方法分析教材，善于优选和组织教学内容，要抓住教材的重点、难点和关键精讲多练。同时，教学还要遵循教育学、心理学原理，选择的教学方法要符合人类的一般认识规律，切合学生的知识基础和智力水平。

2. 坚持各门学科教学的思想方向性

中小学各科教材的内容，从不同方面科学地揭示了自然界、人类社会和思维现象发生变化的规律，教材本身就具有重要的思想品德教育价值。教师在教学时要善于把教材中所蕴含的思想品德教育因素挖掘出来。

3. 教师要以身作则，为人师表

在教学过程中，教师本人的思想观念，言行举止，总是对学生发生着潜移默化的影响。学生不但跟老师学知识，而且也在学做人。因此，教师在教学中，时时处处，都要以身作则，为人师表，用自己高尚的人格、严谨的治学态度，实事求是的作风，影响学生、教育学生。

鲁迅从事教学工作经常注意自己的态度和方法。一次当同学们采集标本看到路边一株小

黄花时，就问另一博物教员此花叫什么名称。回答是："这叫'一枝黄花'。"同学们以为他是信口开河而哄然大笑。此时鲁迅却说："我们做学问的，知就是知。不知就是不知，不要强不知以为知。不论是学生还是先生，都是这样。这种植物是不是叫'一枝黄花'，你们可去查看植物大辞典，有图可以对照，这是菊科植物，是叫'一枝黄花'。"这里，鲁迅把科学的态度和循循善诱的教学方法巧妙地结合起来了，使学生受到潜移默化的感染和教育。

（资料来源：罗明基. 试论教学原则. 辽宁师院学报，1979（3）.）

（二）理论联系实际原则

理论联系实际原则是指教师在传授书本知识的同时，要密切联系客观实际，引导学生用所学的理论去分析和解决实际问题，达到学懂会用、学以致用。这里的"理论"主要是指书本知识；"实际"包括学生已有的知识、科学上的最新成就、社会生产与社会变革的需要、学生的思想实际和生活实际等。

这一原则反映了间接经验与直接经验相统一的规律。众所周知，学生的主要任务是学习和掌握间接经验，但它需要以一定的感性认识为基础，因此，教学就必须理论联系实际，这样才能解决好教学中的直接经验与间接经验、感性认识与理性认识、讲与学、学与用的关系，促进学生对间接经验的理解与运用。

贯彻这一原则的基本要求是：

1. 重视书本知识的教学

贯彻理论联系实际原则，关键在于保证理论知识的主导作用，而不能主次颠倒，变成"实际联系理论"。因此，各科教学都应根据本学科的特点和教材内容，严格按照课程标准和教科书的体系以及知识的内在逻辑结构，切实保证把主要精力和时间用于理论知识的传授和学习上，以系统的理论知识为主导，使学生全面掌握各门学科的基础知识和基本技能。

2. 教学要密切联系实际

理论知识的教学只有注意联系实际，才能形象直观、通俗易懂、生动活泼，才易于被学生吸收、内化，才利于他们对理论知识的运用。教学中可联系的实际是多方面的，如可以联系学生的生活实际，已有的知识、能力和兴趣实际，当代最新科技成果实际等。教师应根据具体的学科、具体的教学内容、具体的教学环境和学生的实际情况，确定联系的实际。

3. 加强教学实践环节，培养学生运用知识的能力

教师在教学中应通过实验、实习、练习和见习等教学实践环节和组织学生参加一定的社会活动，使学生加深理解、巩固和运用所学知识，培养他们的实际操作能力和解决问题的能力。

教师讲课联系实际，使学生感到有用、亲切、易懂。生物教师结合教材，讲述人工心脏，说道：要搞成植入式人造心脏，十分困难。心跳每分钟 70 次，一天 100 800 次，一年 3 679 万次，如活十年，就要几亿次，这样长期多次受血液冲击的瓣膜，用什么材料合适？动力怎么办？牵涉到冶金、塑料、能源等一系列科学技术问题，需要用到数、理、化、生等各门知识。学生听了，深感生物科学研究领域之广，从而大大提高了对生物说和其他许多课程的兴趣。

（资料来源：张觉民. 寓教育于教学之中. 教育研究文选：第一集.）

（三）直观性原则

直观性原则是指教师运用各种直观手段，引导学生充分感知所学的对象，使之获得具体鲜明的表象，为正确而深刻地理解教材，掌握科学概念打下基础，并发展学生的认识能力。

在教育史上第一个明确提出直观性原则并在理论上予以分析论证的是夸美纽斯，他说："一切知识都是从感知开始的"，"凡是需要知道的事物，都要通过事物本身来教学；那就是说，应该尽可能地把事物本身和代替它的图像放在面前，让学生去看看、摸摸、听听、闻闻等。"之后，裴斯泰洛齐把该原则当做"一个最高的基本的教学原则"，德国教育家第斯多惠对该原则也作了深刻的评论。

直观性原则是根据认识事物的规律性和学生认识特点及思维发展特点而制定的。学生掌握书本知识需要以感性认识为基础。直观可以使知识具体化、形象化，为学生感知、理解、记忆知识创造条件。同时，学生思维的发展，是由具体形象思维向抽象逻辑思维过渡的，在这一发展过程中，形象思维仍处于主要的地位。

贯彻这一原则的基本要求：

1. 恰当地选择直观手段

教学中的直观手段有三种，即实物直观（包括实物和标本）、模像直观（包括模型、图片、图表和现代化教学手段）和语言直观。教师应根据教学任务、学科特点和教学内容以及学生的年龄特点，恰当地选择直观手段。例如，在自然学科的教学中多选用实物、模型、标本等，在社会学科的教学中多采用生动形象的语言以及图片、图表、图画等；对低年级可多选用实物直观，对高年级则宜选用图片、模型和语言直观。

2. 正确运用直观教具

正确运用直观教具应注意几个方面。① 根据教学需要，该用才用。因为直观本身不是目的，它只是一种手段，目的是为了增强学生的感性认识，为形成科学概念打下基础，所以我们不要为直观而直观，该用才用，不宜用时不要用，宜少用时，不多用，更不要滥用。② 展示的时间要适宜，不用过早，也不能过晚。③ 直观教具要和语言讲解相结合。教师不能只让学生看，而且教师要进行分析、总结，引导学生开动脑筋，使学生由感性上升到理性认识。语言讲解与直观手段结合一般有三种形式：先直观后讲解；直观与讲解同时进行；先讲解后直观。一般而言，教师的讲解有三个方面的作用：一是指导学生观察，帮助学生总结和概括；二是补充直观材料的不足之处，避免形成错误表象；三是教师形象生动的讲解有时本身就是很好的直观。

（四）启发性原则

启发性原则又叫做教师的主导作用与学生的主体作用相结合原则，是指在教学中教师要充分调动学生学习的自觉性、积极性和主动性，引导他们独立思考、积极探索、融会贯通地掌握知识，提高他们分析问题和解决问题的能力。

在我国，最早提出启发性原则的是孔子。他说："不愤不启，不悱不发。举一隅不以三隅反，则不复也。"之后，《学记》也对此进行了深入研究，指出："君子之教，喻也。"并提出了“喻”（启发）的三原则，即“道而弗牵，强而弗抑，开而弗达”。在西方，最早论述启发性原则的是古希腊教育家苏格拉底，他善于用问答的方式来激发和引导学生自己去寻求正确答案，这种方法称为“产婆术”。

一位名叫欧谛德谟的青年，一心想当政治家，为帮助这位青年认清正义与非正义问题，苏格拉底运用启发式方法和这位青年进行了下面的对话（以下皆是苏问，欧答）。

问：虚伪应归于哪一类？

答：应归入非正义类。

问：偷盗、欺骗、奴役等应归入哪一类？

答：非正义类。

问：如果一个将军惩罚那些极大地损害了其国家利益的敌人，并对他们加以奴役这能说是非正义吗？

答：不能。

问：如果他偷走了敌人的财物或在作战中欺骗了敌人，这种行为该怎么看呢？

答：这当然正确，但我指的是欺骗朋友。

苏格拉底：那好吧，我们就专门讨论朋友间的问题。假如一位将军所统帅的军队已经丧失了士气，精神面临崩溃，他欺骗自己的士兵说援军马上就到，从而鼓舞起士兵的斗志取得胜利，这种行为该如何理解？

答：应算是正义的。

问：如果一个孩子有病不肯吃药，父亲骗他说药不苦、很好吃，哄他吃下去了，结果治好了病，这种行为该属于哪一类呢？

答：应属于正义类。

苏格拉底仍不罢休又问：如果一个人发了疯，他的朋友怕他自杀，偷走了他的刀子和利器，这种偷盗行为是正义的吗？

答：是，他们也应属于这一类。

问：你不是认为朋友之间不能欺骗吗？

欧谛德谟：请允许我收回我刚才说过的话。

从这一段生动的对话可以看出，苏格拉底启发式教学的特点是：抓住学生思维过程中的矛盾，启发诱导，层层分析，步步深入，最后导出正确的结论。

（资料来源：色诺芬. 回忆苏格拉底. 北京：商务印书馆，1984.）

启发性教学原则是我国为培养全面发展的、创造型、开拓型人才的必然要求，同时也反映了教师的主导作用与学生的主体作用相统一的规律。只有把教师的主导作用与学生的主体作用有机地结合起来，才能顺利而有效地推进教学过程。

贯彻这一原则的基本要求是：

1. 激发学生的学习兴趣和求知欲

爱因斯坦说过“热爱是最好的老师”，如果学生的学习只靠外力来维持，靠教师、家长的强迫、命令，而没有内在动力，那么这种学习不但很难持久而且成效是很低的。外因是变化的条件，内因是变化的根据，外因通过内因而起作用，所以教师要善于激发学生的学习兴趣，使学生想学、爱学，并努力地学。

2. 要启发学生思维，教会学生学习

启发学生思维，一方面教师要善于向学生提出问题；另一方面，教师又要善于引导学生向老师提问题，学习是一种复杂的思维活动，是学生在教师的引导下不断地提出问题、分析问题和解决问题的过程。教师要交给学生学习的方法，让学生学会学习。19世纪德国教育家第斯多惠说过："一个坏教师奉送真理，一个好的教师则教人发现真理"。

3. 发扬教学民主，建立和谐融洽的师生关系

研究表明，民主、平等、和谐、宽松的教学氛围，有利于学生的健康成长。在美国学校，课堂气氛一般都十分活跃，学生在课堂上可以畅所欲言，各抒己见，而不会受到同学的嘲笑和老师的指责，活跃、激烈、自由的争论，甚至天方夜谭式的幻想，尽管可能没有什么实际意义，但对于启发学生思维、开阔学生的眼界，培养学生提出新问题的能力与思维方法是非常必要和有意义的。

物理课讲"物体的导热性能"，老师上课，一开始就给学生做实验，他拿了一块手帕，用手紧捏着，然后划着火柴烧手帕，学生的眼睛盯着不动，过一会儿，手帕并未烧坏，什么原因呢？学生开始纷纷议论。这时老师笑了笑，从手帕里拿出一块硬币，问大家道理何在？学生积极思考、回答。

（资料来源：沈适菡. 教育学. 北京：人民教育出版社，1989.）

（五）循序渐进原则

循序渐进原则是指教学要按照学科的逻辑系统和学生认识发展的顺序进行，使学生系统地掌握基础知识、基本技能，形成严密的逻辑思维能力。

我国古代的教学十分重视循序渐进，《学记》"学不躐等，不陵节而施"。荀子《劝学》"不积跬步，无以至千里；不积小流，无以成江河"。南宋朱熹曾提出过"循序而渐进，熟读而精思"的教学要求。

循序渐进原则是科学知识本身的特点和学生认识发展规律的反映。任何事物的发展都是有规律的，反映它们的科学知识，也就必然要反映这些规律，学校设置的各门学科的知识内容都有严密的逻辑结构和科学的系统，所以必须循序渐进地进行教学。从学生的认识规律来看，学生的认识是由不知到知，由具体到抽象，由简单到复杂，由现象到本质不断提高的过程。因此，只有循序渐进，才能使学生有效地掌握系统的知识，发展严密的逻辑思维能力。

贯彻这一原则的基本要求是：

1. 教师要严格按照教材的逻辑体系系统而连贯地组织教学

教师要认真钻研教材，掌握好教材的单元、章、节之间的内在联系，切实按照教材的逻辑体系而系统连贯地组织教学，不能任意增删内容，以免破坏知识结构的系统性、完整性。在课堂上，要注意新旧知识之间的联系，要把旧知识作为学习新知识的基础，而使新知识成为旧知识合乎逻辑的发展，只有在学生较好地掌握了旧知识之后，再去学习新知识，才能保证教学的系统性。

2. 要抓住主要矛盾，突出重点

循序渐进，并不是面面俱到，平均使用力量，而是要分清主次，有详有略，突出重点，突破难点，抓住关键，使学生能够举一反三，触类旁通。

3. 培养学生良好的学习习惯

教育学生脚踏实地，一步一个脚印，不能贪多图快，好高骛远，俗话说得好：“一口吃不成胖子”“千里之行始于足下”。

（六）巩固性原则

巩固性原则是指教师在教学中要引导学生在理解的基础上，牢固地掌握所学的知识和技能，并长久地保持在记忆中，当需要时能够正确及时地再现和运用，为学习新知识发展创造性思维奠定基础。

中外许多教育家都很重视巩固性原则。孔子要求“学而时习之”“温故而知新”。夸美纽斯曾形象地比喻不巩固的教学就像“把水泼到一个筛子里一样”。俄国教育家乌申斯基，把巩固知识的复习称为“学习之母”，他形象地把学习中不注意巩固知识的现象，比喻为醉汉拉货车，边拉车，边丢货，最后到家，只剩下一辆空车。

这一原则的贯彻要求是：

1. 引导学生深刻地理解知识

理解知识是巩固知识的前提和基础，没有学会的东西不可能真正巩固的。所以，教师首先应当保证学生学懂学会，才有可能获得巩固的良好效果。要做到这一点，就要求教师在讲解时要条理清楚，生动形象，使学生听懂，在板书或出示直观教具时，要重点突出，使学生看懂。

2. 组织好复习和练习

心理学研究表明，遗忘在识记后立即开始，遗忘的规律是先快后慢。要防止遗忘，就要及时进行复习和练习。尽量调动学生的各种感官，通过听、说、读、写、想、做等多种途径进行复习。练习是巩固知识的重要环节，也是运用知识、形成技能技巧的一种形式。练习的方法要灵活多样，要做到精讲巧练、讲练结合。

3. 指导学生掌握科学的记忆方法

心理学的研究揭示了记忆的规律，提出了科学的记忆方法，教师应遵循记忆规律，为学生创造记忆的客观条件，结合有关的教学环节，将科学的记忆方法教给学生，增强学生对记忆的信心，加强情绪在记忆中的作用，因为对记忆失去信心，往往会导致真正的遗忘。

（七）统一要求与因材施教相结合原则

统一要求与因材施教相结合的原则是指教学既要面向全体学生，使其达到教学所规定的统一要求，得到全面发展，又要从学生实际出发，考虑个别差异，使每个学生都能在原有的基础上得到发展，并使他们的个性和才能都得到充分发挥。

“因材施教”一词源于朱熹对孔子教学实践的概括，他说：“孔子教人，各因其材。”因材施教是孔子教学经验的一个重要方面，他曾说：“中人以上，可以语上也；中人以下，不可以语上也。”《学记》中也提出了“知其心，然后能救其失者也”的思想。在外国教育史上，该原则被称为量力性原则，是西方在争取个性解放的口号下极力强调的原则之一。

该原则一方面是由我国的教育目的决定的。我国社会主义教育目的，既有统一要求，也包括使学生个性特长获得发展。脱离统一要求，教学工作就会脱离党和国家的教育方针，失去教学工作的方向。在统一要求的前提下，若不培养有个性特长的人，“万人一面”，就满足不了社会对各行各业人才的需要，不但社会难以迅速发展，人自身也会受到压抑和摧残。另一方面也是由学生的身心发展规律决定的。学生的身心发展具有共同性、不均衡性和个别差异性，教学工作要把统一要求与因材施教结合起来。学生的身心发展的共同性、在一定年龄阶段上的共同特征，为教学工作的统一要求提出了依据；学生之间的身心发展的不均衡性和个别差异性，要求教学工作要因材施教。在教学工作中，贯彻统一要求与因材施教相结合原则，不仅体现了社会对学生的身心发展的要求，也体现了学生自身发展的需要。学生的身心发展各有其特点，只有因材施教才能扬长避短，把他们培养成为社会上各种有用的和杰出的人才。许多科学家、明星等有特殊禀赋和才能的人，都得益于因材施教而成才。

贯彻这一原则的基本要求是：

1. 按国家统一规定的课程计划、课程标准，并结合学校实际可能来教学

这是使教学达到国家所规定的基本要求的重要保证。教师要教育学生处理好学习各门功课与发展个人特长的关系，使他们努力学好国家开设的各门功课。有了统一要求，教学才会有共同的标准规格，才不会降低水平。

2. 要深入了解学生的个别特点

了解学生的个别特点，是搞好因材施教的基础。教师对每一位学生都应作出系统的全面的调查和分析，了解学生学习各门学科的态度与成绩、兴趣与爱好；了解学习中的理解能力、思考能力和动手操作能力；了解学生的一般发展水平和个性特点等。只有深入了解学生、掌握学生的个别特点，才能有的放矢地进行教学工作，既达到统一要求，又使个性特长得到发展。

3. 要采取有效措施使学生的个性特长得到发展

要不断改革班级授课制，采取有效措施弥补现行班级授课制对发展学生个性特长的缺陷。要采取个别辅导、参加课外活动和校外活动、开设选修课、允许学业成绩优异的学生跳级、提前毕业等方式，为学生个性特长的发展创造条件。在教学过程中，教师要注意长其善、救其失；扬其长、避其短。对把学习看得太容易，浅尝辄止或看得过难，畏难而退的学生，以及所学过多，消化不了或学的过少，孤陋寡闻的学生，都要有针对地进行教育。

4. 既要注意优秀学生的培养，又要特别注意后进生的发展

教学工作要注意优秀学生的培养，对他们应提出更高和更为严格的要求，对他们某方面的才能给予特殊的培养和锻炼，使他们尽早成为优秀人才。同时，教学工作也要面向全体学生，因材施教要体现在每个学生身上。对于那些能力表现一般，特别对于后进生要给予热情的关怀和照顾；要善于发掘后进生的积极因素，从他们的实际出发，因势利导，使他们健康发展。不要认为后进生是不可救药，不可能成为优秀人才的，教师在教学工作中对于后进生的培养提高要有信心。

第四节 教学组织形式

教学组织形式是研究教学活动应怎样组织和进行,教学的时间和教学场所以及设备等应如何有效地加以控制和利用的问题。教学组织形式运用得科学、恰当，对提高教学质量有直接影响。

人类最初的教学组织形式是个别教学。16 世纪随着资本主义生产方式的兴起诞生了班级授课制，并延续至今，成为学校教学的主要组织形式。但由于其固有的弱点，人们尝试对它进行改革。19 世纪末 20 世纪初出现了以适应个别差异为特点的新的教学组织方式，如道尔顿制、兰卡斯特制、特朗普制，还有我国学者提出的“分层递进教学”、“师生合作教学”等。

一、教学的基本组织形式——课堂教学（班级授课制）

（一）班级授课制的内涵和特点

班级授课制度是把学生按年龄、文化程度编成有固定人数的教学班，由教师根据课程计划中统一规定的教学内容和教学时数，按照课程表上课的一种组织形式。

班级授课制的主要特点有:

(1) 把学生按照年龄和知识水平分别编成固定的班级，即同一个教学班学生的年龄和程度大致相同，并且人数固定。

(2) 有统一和固定的教学内容，教师按规定的课程计划、课程标准和教科书进行教学。

(3) 教学在规定课时内进行。在规定课时内展开教学，每门学科每周安排几课时，一般由国家的课程计划作出规定。各班课程表规定了每周的教学安排，每节课之间安排一定的休息时间。

(4) 进行分科教学。每节课一般用于某一特定学科的教学，由某一科任教师组织。

（二）班级授课制的优越性和局限性

班级授课制具有多方面的优越性，概括起来主要有以下几点:

(1) 有利于提高教师工作效率。班级授课制中，教师以“班”为工作单位，可以在同一时间内面向几十甚至上百名学生进行教学，极大地提高了教师工作效率，避免重复劳动。

(2) 有利于发挥教师的主导作用。教学活动离不开教师的主导作用。班级授课制主要采用的是教师系统讲授的教学方法，这给教师发挥自己的主导作用提供了广阔空间。教师可以根据自己的教学思想和教学设计对课堂进行严格且灵活的管理。

(3) 有利于发挥集体的教育作用。班级是一种集体组织形式，学生之间在学习、思想等方面便于相互启发、相互帮助、共同提高。

(4) 有利于严格管理教学，使教学有目的、有计划、有组织地进行。固定的班级人数和统一的时间单位，有利于学校合理安排各科教学的内容和进度并加强教学管理，从而赢得教学的高速度。

班级授课制的出现是人类教育史上一大进步，但这种组织形式也有明显的缺点:

(1) 强调统一要求，不能适应学生的个别差异。

(2) 课堂上学生活动少，不利于发挥学生的主动性和积极性。

(3) 只强调传授现成的知识，忽视发展智力、培养能力。

(4) 由于强调以课堂为中心，学生接触实践的机会少，容易出现理论脱离实际的情况。

(5) 容易养成学习上的依赖思想，不利于培养独立思考和创造能力。

(三) 班级授课制中课的类型和结构

1. 课的类型

课是班级教学的基本单位。课的类型简称课型，是指根据每节课的主要教学任务而划分的课的种类。课的类型有单一课和综合课两类。单一课是指在一节课内主要完成一种教学任务的课。主要有以讲授新教材为目的的新授课；以巩固所学知识为目的的复习课；以培养学生技能技巧为目的的练习课或实验课；以检查学生掌握知识、技能状况为目的的检查课等。

综合课是指在一节课内完成两种或两种以上任务的课。如既传授新知识，又复习巩固学过的知识、培养技能以及对知识和技能进行检查等。

2. 课的结构

课的结构是指课的组成部分以及各部分进行的顺序和时间分配。课的类型不同，其结构也不同。即便是同一类型的课，由于学生的特点和运用的教法不同，其结构也不尽相同。课的结构一般包括以下几个基本组成部分：

(1) 组织教学。这是任何一堂课不可缺少的。它是保证课内师生活动正常进行的基本条件。其目的是使学生对上课做好心理上和物质上的准备，吸引学生的注意，并创设一种有利的课堂情景或气氛。组织教学应贯穿于一堂课的始终。

(2) 检查复习。组织教学后，教师通过检查提问了解学生对所学知识的掌握程度、课外作业的完成情况等。其目的一方面在于督促学生及时复习和完成作业，了解教学效果；另一方面则在于加强新旧知识的联系，为顺利导入新课打下必要的基础。

(3) 传授新知识。这是综合课结构的中心部分。其目的在于向学生传授新的知识，并在传授新知识的过程中发展学生的认识能力，在这一步骤中，教师要全面贯彻教学原则，优选教学方法，引导学生主动探求新知识。

(4) 巩固新知识。在传授新知识后，一般都要随堂复习巩固，目的在于使学生对所学知识能当堂消化吸收。

(5) 布置课外作业。上课结束前，教师布置一定的课外作业，目的是让学生通过更进一步的练习，加深对知识的理解，培养独立分析和解决问题的能力。

任何课，不论是综合课还是单一课，一般都是由其中某几个或所有部分组成。至于每节课具体由哪些部分组成、各部分处于什么地位并需用多少时间等，则需要根据课的内容和任务、课的类型以及学生的具体情况灵活地加以确定。

二、教学的辅助组织形式

(一) 个别辅导

个别辅导又称个别教学，不过现在的个别教学与古代的个别教学是截然不同的，是在课堂教学的基础上，教师针对不同学生的情况进行个别辅导的教学组织形式。个别辅导一般是在学生已有学习的基础上，通过学生的复习、预习和对自己感兴趣的问题的深入学习，发现自己还不明白的问题，然后向老师请教，教师针对学生的具体情况进行个别辅导。

个别辅导的内容和形式主要包括：① 给学生解疑，指导学生做作业。② 给后进生和缺课学生补课。③ 给尖子生作个别指导，开点“小灶”。④ 指导课外学科小组的学习活动。⑤ 对学生进行学习方法的指导和学习目的、学习态度的教育，等等。

个别辅导能够更好地实施因材施教，既照顾学生集体，又不忽视学生个别差异，即所谓“课堂教学抓中间，个别指导抓两头”。通过个别指导能使后进生迅速赶上去，能使尖子生满足求知欲，充分发挥他们的聪明才智，使教学富有成效。个别辅导还可以提高学生学习的积极性、主动性。教师对学生进行个别指导，是将注意力集中于个别学生，学生在受教师重视、关心的情况下，学习的积极性和主动性会大为增加。

个别辅导的注意事项有以下几个方面：

(1) 个别辅导，一般是个别进行的，教师要了解每个学生的学习情况，以便有效地进行指导。个别辅导就是个别指导，而不是通常的课堂教学，不要搞成课堂教学中的分组教学。

(2) 个别辅导，是以学生自己的独立学习为基础的，不是以教师为主，而是以学生为主，学生自己发现问题，在自己独立完成有困难的情况下，才求助于教师。

(3) 在个别教学的过程中，不仅要对学生的知识、技能问题给予帮助，而且要指导他们学会正确的学习和思考方法。

(4) 平等地对待学生。个别辅导可以有针对性，如针对学习能力差或有特长的同学。但对学生提出的问题都应尽量予以回答，不要有所偏向。

（二）现场教学

这是教师根据学科的教学任务，组织学生到工厂、农村园地等生产现场或事物发生、发展的现场进行教学的组织形式。它可以以班级为单位，也可以分小组进行。它只能是课堂教学的补充和完善，只是课堂教学的辅助形式。

现场教学有助于学生把当地、当时的自然现象和社会现象与书本知识紧密联系起来，加深对书本知识的理解，进一步明确书本知识应用的场合；现场教学扩充了学生信息来源的渠道，改变了信息的载体和性质，有助于学生所学知识的分化、巩固和系统化；现场教学一般通过教学参观、教学实习的方法进行，容易诱发学生的好奇心和新颖感，调动学生学习的主动性、自觉性和积极性。由于任何一门学科的教学都可以从周围现实生活中找到它和实际联系的结合点，因此它适用于各门学科的教学。

组织现场教学要做到以下几点：

(1) 组织现场教学的目的要明确。通过现场教学要解决什么问题，完成什么任务，教师、学生和参与教学的现场有关人员都必须做到心中有数。这样才能选择好恰当的课题，物色好适宜的现场，才能保证现场教学与课堂教学的配合和衔接。

(2) 要有计划性。现场教学要在教师指导下，有准备、有计划、有组织地进行，必须争取得到现场工作人员直接的合作与支持，最好是同现场工作人员共同拟定活动计划。

(3) 要重视理论的指导。现场教学是理论与实际结合的表现形式，它为学生提供了大量的实际知识和感性材料。这就要求教师注意理论指导，引导学生在充分的感性材料的基础上进行抽象概括，由感性认识上升到理性认识，从理论的高度分析和认识实际问题。

(4) 要做好现场教学的总结工作。总结的方式可以是教师讲解，也可以分组座谈心得体会。

三、教学的特殊组织形式——复式教学

复式教学是指同一个教师在同一教室的同一节课上给两个或两个以上不同年级学生上课的教学组织形式。它是班级教学的一种特殊形式。这种形式保留了课堂教学的所有特点，所不同的是教师在一节课内通过直接教学和自动作业交替的办法巧妙地同时安排几个年级的活动。当教师给一个年级上课时，其他年级的学生根据教师的指示进行预习、复习、练习或其他作业，前者称之为直接教学，后者叫做自动作业。

复式教学主要在人口居住分散、交通不便、学生教师少的农村、山区设置，便于儿童就近入学。它有利于节约师资、教室、教学设备等，对于农村，特别是偏僻山区普及义务教育有重要的意义。从我国的国情分析，这种教学组织形式仍将存在相当长的一段时间，并将作为一种不可缺少的特殊形式而得到重视。

第五节　教学工作的基本环节

教学工作是由一系列相互联系的环节构成的，如果某一环节与整体不协调，就会削弱整体的效果。因此，要想全面提高教学质量，就必须认真研究教学的基本环节，并对这些环节提出质量上的要求。

从教师的角度来看，教学工作的基本环节有备课、上课、作业的布置与批改、课外辅导、学业成绩的检查与评定。

一、备　课

备好课是上好课的前提，是提高教学质量的保证。由于教学内容不断更新及教学对象不断变化，不仅青年教师要认真备课，即使是很有经验的教师也要备课；不仅对新教材要备课，即使对熟悉的教材也要备课。

备课分个人备课和集体备课两种。个人备课是教师自己学习掌握课程标准和教材的个别活动。集体备课是同学科同年级教师共同研究教材、教法的活动。教师的备课以个人备课为主，在此基础上集体研究。这样可以集思广益，互相学习，取长补短。

教师备课要做好三项工作，制订好三种教学计划。

（一）三项工作

1. 钻研教材

钻研教材包括钻研课程标准、教科书及有关的教学参考资料。

钻研课程标准就是要明确本学科的教学目的和任务，了解本学科教材体系和基本内容以及各部分的时间分配，掌握本学科在教学法上的基本要求。

钻研教科书就是教师要在掌握课程标准精神的基础上，认真研究教科书的全部内容，了解教科书的编写意图和编排体系，掌握重要章节和各章节的重点、难点和关键。与此同时，教师还应熟悉邻近学科的课程标准和教科书，以便互相印证和参考。

参考书是教科书的补充。备课时，在认真钻研教科书的基础上，还应广泛阅读有关参考书和参考资料，以便正确地把握并充实和丰富自己的教学内容，提高教学质量。

教师掌握教材，一般要经过懂、透、化三个阶段。懂，就是对教材的基本思想、基本概念，每一字、每一句话都要弄明白；透，就是对教材不仅懂得，而且融会贯通，成为自己的知识体系，教起来得心应手，运用自如；化，就是教师的思想感情和教材的思想性、科学性溶化在一起。做到了懂、透、化，才算是完全掌握了教材，精通了教材。

2. 了解学生

学生不仅是教学的对象，也是教学中认识活动的主体。教师只有全面、深入地了解教育对象，才可能使自己的教学切合实际，有的放矢。因此，教师要深入了解每一个学生的个性特点、兴趣爱好、思想状况、学习方法、学习习惯、知识基础及身体健康状况等。在了解的基础上，再进一步分析研究、预测教学中可能出现的问题以及采取的相应措施，确保教学的顺利进行。

3. 选择教法

教师要根据教学的目的和任务、教材的性质以及学生的年龄特点，对教材进行教学法上的加工，选用适当的教学方法。以便学生易于接受并能促进学生能力的发展。

（二）三种计划

教师在钻研教材、了解学生、考虑教法的基础上，还要写好三种计划。

1. 学期（或学年）教学进度计划

这种计划应在学期或学年开始之前制定，其内容包括：教材、学生情况的简要分析，本学期或学年的教学要求，课程标准，教科书的章节或课题，各个课题的教学时数和时间的具体安排，各课题所需要的直观教具等。

2. 课题（单元）计划

订好学年或学期教学进度计划后，在上课前，教师对课程标准中一个较大的课题或教科书的一个单元要进行全盘考虑，并在此基础上制订出课题计划。课题计划的内容包括：课题名称、教学目的、课时划分、课的类型、主要教学方法及教具等。

3. 课时计划（教案）

课时计划也称教案，要求在每节课上课之前写好。写教案是备课工作中最深入、具体、落实的一步，是教师上课最直接的依据。完整的教案应包括：上课班级、学科名称、授课时间、课题、教学目的、课的类型、教学方法、教具、教学进程、备注。其中，教学进程包括教学内容的详细安排、教学方法的具体运用、板书设计和时间分配等。这是课时计划的主要组成部分。

任何教师上课前都要写好教案。教案的详略，可因人而异。一般来说，新教师要写详细些，有经验的老教师可以写简略些。

二、上　课

上课是整个教学工作的中心环节，要提高教学质量，就必须上好课。教师上课，应该按照教案进行。但每一堂课都是教师的一次创造性的实践活动，无论编得怎么好的教案，由于客观情况的变化，在实际使用中是常会有变动的。教师要从实际出发，灵活地使用教案，不能照本宣科。

要上好课，一般地说应符合下列基本要求。

（一）教学目的明确

一节课的教学目的是该节课的灵魂，它决定着整节课的方向，是整节课教学活动的出发点和归宿处。苏霍姆林斯基认为:“无目的的课只能浪费时间，讲到哪里算哪里”。“一般来说，课时计划里写着课的目的，但是它不一定真正能达到，纸上写的常常是个形式。我常焦急地看到：学生上了一节课，而知识技能毫无长进，跟没学一样。这是因为教师没有提出明确的目的和步骤。”① 教学目的既包括知识教学目的，也包括思想教育目的，还应当有启发智力与审美目的。一节课的目的，不仅应在教案中明确提出，而且应在课堂教学中成为师生为之奋斗的目标。也就是说，师生的活动都要围绕教学目的进行，全力以赴实现目的而不偏离目的。因为是否实现了预定的正确目的，是衡量一节课成功或失败的一个重要的依据。

（二）教学内容正确

教学内容正确就是要保证教学内容的科学性、思想性。在科学性上，教师要正确无误地传授知识和进行操作，及时而准确地纠正学生在学习中表现出来的种种差错，理论联系实际地引导学生掌握重点难点，抓好双基教学。在思想性上，教师要深入发掘教材蕴含的思想性，以饱满的热情讲解，激起学生的思想共鸣，使他们深受教育。

（三）教学方法恰当

教学方法恰当就是教学方法选择得恰当、运用得恰当。教师要根据教学目标、教材内容和学生的实际情况，恰当地选用多种教学方法和直观教具，生动形象地进行教学，使学生学得生动、有趣。教师无论选用什么教学方法，都要坚持启发式，最大限度地调动学生学习的自觉性、积极性。教学方法是否恰当，要看是否有利于学生掌握知识、发展智力、培养能力和进行思想品德教育，促进他们多项素质的发展。

（四）教学组织严密

一堂课的结构可以划分为课的开始、课的进行和课的结束三个阶段。教学组织严密一是

① 苏霍姆林斯基．给教师的建议（上册）．杜殿坤，编译．北京：教育科学出版社，1980：241.

要求教师不仅要组织好每个阶段的活动，而且要使这三个阶段前后衔接、安排合理、环环紧扣；二是要求教师要有较强的组织能力和时空感，能控制节奏、有张有弛、有序进行，为此要求教师有较强的随机处理各种偶发事件的教育机智；三是要求建立一定的教学常规，使学生在课堂上的一言一行都有一定的规范和要求。

（五）教学语言清晰

语言是教师在课堂上传递信息、表达思想感情的重要工具。因此，教师要掌握好语言的艺术：说话要清楚、准确、鲜明、有条理；讲授要通俗易懂、深入浅出、生动形象、富有启发性；语速语音语调快慢适中、高低恰当，抑扬顿挫、富有情感。

（六）师生积极性高

在整个课的进行中，教师和学生都应处在积极的状态，教师要充分发挥主导作用，学生要充分发挥主体作用。双方都应积极主动，相互配合，相互支持，相互促进，相互转化。教师要了解学生，善于引导；学生要专心听讲，积极思考。可以说双边活动积极是一堂好课的外在标志。

三、作业的布置与批改

学生作业的布置与批改，是教学工作的一个有机组成部分。布置学生作业的目的在于巩固和消化所学的知识，并使知识转化为技能、技巧。组织好学生作业，对于培养学生独立工作的能力与习惯，发展学生的智力与创造才能，有着重大的意义。

学生的作业有两种：一种是在教师的直接指导下完成的课堂作业，它构成课堂教学的一部分；另一种是课外作业。课外作业又称家庭作业，它是整个教学工作的重要组成部分，是课堂教学的继续和补充。

学生作业的类型有：

(1) 阅读作业。如阅读教科书、参考书和各种课外读物等。

(2) 口头作业。如口头问答、复述、朗读、背诵、解释等。

(3) 书面作业。如书面问答、演算习题、作文、绘制图表等。

(4) 实际作业。如实验、实地测量、社会调查、各种技能的训练等。

教师布置作业时应注意以下几点：

(1) 作业要符合课程标准和教科书的要求，并要有代表性。

(2) 作业的分量要适当，难易要适度。要按本学科上课与自习时间的比例确定作业分量，作业难易以大多数学生的水平为准，也要照顾少数学习成绩突出或程度较差的学生的状况。

(3) 布置作业时，教师要对学生提出明确的要求，规定完成作业的时间，养成独立完成作业的习惯，对一些题目，特别是较难的题目要进行必要的指导或提示。

批改作业是教师检查教学效果，发现问题，改进教学工作的重要手段。也是一种重要的个别教学形式。通过作业的批改，学生学习效果和接受程度能及时得到反馈，错误可以得到纠正，还可以促使学生不断改进学习方法，增强学习信心。

批改作业的方式多种多样，有全批全改、重点批改、轮流批改、当面批改、师生共同讨论批改、指导学生互相批改等。对批改的作业应有评定，肯定成绩、指出缺点和错误，对一些共性问题应在全班分析讲解。

四、课外辅导

课外辅导是教学工作不可缺少的环节之一，它对于照顾学生的个别差异，贯彻因材施教的原则，提高教学质量，都起着重要的作用。

课外辅导可分为个别辅导和集体辅导两种形式。其主要任务和内容一般包括：给学生解答疑难问题，指导学生的课外作业；给缺课或基础差的学生补课；给优秀生或有专长的学生以个别指导，为发挥其个性特长创造条件；对学生进行学习目的、学习态度的教育，指导他们掌握正确的学习方法。

五、学业成绩的检查与评定

学业成绩的检查与评定是测试教学效果，对教学过程进行调节控制从而掌握教学平衡的一个重要环节。对学生来说，通过检测评估，可以使他们从自己的学习结果中及时获得矫正的信息，调整自己的努力方向；对教师而言，可以从学生掌握知识、技能及发展情况了解自己的教学效果，及时调整教学要求，总结教学经验，不断改进工作。

1. 学业成绩检查

学业成绩检查的方法主要有两种：一是考查；二是考试。

(1) 考查。考查是在教学过程中，为了随时了解学生的学习状况而采用的一种方法，它能及时而有效地了解教学的效果。考查又可以为以下几种不同的方式：

一是口头提问。这是平时运用比较普遍的一种考查方式。它的特点是教师能当场了解学生掌握知识的情况，而且教师对学生回答感到不完满时，可以进一步补问，容易较好地了解学生的真实情况。

二是检查书面作业。通过检查学生的书面作业，教师可以了解学生掌握知识的质量和学习中存在的问题及学习的习惯和态度。它是考查学生的一种经常性的方法。

三是书面测验。书面测验的特点是能在较短的时间内，用范围较广的问题检查学生。书面测验一般在学完一个章节或单元后进行，既可事先通知学生，使学生对测验有所准备，也可不通知学生，采取临时测验的方法，使学生把复习功课经常化。测验后，教师要及时阅卷，对试卷所反映出来的问题要作妥善处理。书面测验的次数、数量、难易程度及时间长短等应根据学科教学的需要和学生的年龄特点做好安排。书面测验的次数不宜过于频繁，以免加重学生课业负担。

(2) 考试。考试是对学科的学业成绩全面性的、总结性的检查和评定，从而检查学生的学习情况和教学效果的一种重要的方法。考试一般分为期中考试、学期考试、学年考试和毕业考试等不同类型。通过考试，学生可以系统全面地复习所学过的知识，并使知识系统化；通过考试，教师可以比较全面地了解学生掌握某门功课的情况。

考试的方式有口试、笔试和实践考试等，其中笔试又可分为开卷和闭卷考试两种。在考试中具体采用哪种方式，要根据学科特点和各年级的不同情况而定。

2. 学业成绩的评定

正确评定学生的成绩，能够充分发挥检查的作用，使学生了解自己的成绩，既看到进步，又看到差距，督促自己的学习。

学业成绩评定有评分和评语两种形式。常用的评分方法有百分制和等级制两种。等级制记分法又分为文字等级记分法（如甲、乙、丙、丁；优、良、中、下）与数字等级记分法（如5、4、3、2、1等）。一般说，考试题目较多，便于定小分的，用百分制较为方便；题目数量不多或开卷考试、考查等，用等级制比较方便。评分要与评语相结合，因为评语不仅能使学生了解自己的学业等级，而且还能使学生了解学业的优缺点及其成因，明确今后的努力方向。

对学生学业成绩的检查与评定，要遵循下列要求：

(1) 持客观公正的态度。教师评分只反映学业成绩，而不反映其他方面的表现，要避免对学生的主观印象。教师评分宽严要得当，尺度要统一，做到客观、公正，一碗水端平。

(2) 贯彻理论联系实际的原则。由于学科的特点不同，检查与评定的具体要求必然不同。教师要灵活地运用一般的检查评定方法。结合本学科与学生的实际情况，具体地制定评分标准。

(3) 及时进行分析总结。检查评定成绩的根本目的，在于促进学生的学习，改进教师的教学，所以，对学生学业成绩的检查与评定，要及时给予反馈。通过分析，肯定成绩，找出薄弱环节，制定出提高教学质量的具体措施。

第六节　教学方法

一、教学方法概述

（一）教学方法的概念

教学方法是教师和学生为实现教学目的、完成教学任务所采取的手段和一整套工作方式。它既包括教师教的方法，也包括学生学习的方法，是教授方法与学习方法的统一。

教法与学法有联系，又有区别。区别在于：教法主要在于教师向学生有效地传递知识、技能；学法主要在于学生在教师指导下获取和掌握知识、技能。教法与学法的联系在于：教师施教的方法，往往会影响和训练学生的学习方法；学生的学习方法，又在一定程度上制约着教师对施教方法的选择运用。正如我国著名教育家陶行知指出的，教的法子来自学的法子。

（二）教学方法的意义

教学方法是教学过程整体结构中的一个重要组成部分，是构成教学活动的重要因素之一，直接关系着教学工作的成败、教学效果的好坏和教学效率的高低，在教学过程中具有不可忽视的地位，其意义具体体现在以下几个方面。

1. 教学方法是联系教师教与学生学的重要纽带

古人云："事必有法，然后可成，师舍是则无以教，弟子舍是则无以学。"[①]正是通过有效的教学方法而将教师的教学活动与学生的学习活动有机地联系起来，成为共同实现教学目的的活动。

2. 教学方法是实现教学任务的必要条件

毛泽东曾说过："我们不但要提出任务，而且要解决完成任务的方法问题。我们的任务是过河，但是没有桥或船就不能过。不解决桥或船的问题，过河就是一句空话。不解决方法问题，任务也只是瞎说一顿。"[②]同样，不解决教学方法问题，教学任务的完成也要落空。

3. 教学方法是提高教学质量和教学效率的重要保证

良好的方法，可以使人免走许许多多的弯路，并节省在错误方向上浪费的无法计算的时间和劳动，极大地提高课堂教学的质量和效率。

4. 教学方法是影响教师威信和师生关系的重要原因

《学记》中指出："善学者师逸而功倍，又从而庸之；不善学者师勤而功半，又从而怨之。"学生善学不善学与教师善教不善教是密切联系着的，那些因适当采用优良教学方法而使教学效果不断提高的"善教者"，就容易在学生中赢得较高威信，师生关系也比较融洽。

5. 教学方法影响到学生身心发展

皮亚杰认为："良好的方法可以增进学生的效能，乃至加速他们的心理成长而无所损害。"而不好的教学方法则可能会使学校成为"才智的屠宰场"。恩格斯就曾在批评爱北裴特中学时说："这个学校流行着非常可怕的背书制度，这种制度半年时间就会使一个学生变成傻瓜。"[③]

（三）教学方法的指导思想

教学方法就其指导思想来说，可以分为两大类，一是启发式，二是注入式。启发式又叫启发式教学，是指教师在教学过程中，从学生的实际出发，采用多种方法，以启发学生思维为核心，充分调动学生学习的主动性和积极性，促使他们生动活泼地学习的一种教学思想。注入式又叫填鸭式教学，是从教师的主观愿望出发，把学生当做是被动接受知识的容器，向学生灌输现成的知识的一种教学思想。

一般认为，运用教学方法的指导思想是"坚持启发式，废止注入式"。作为当代的教师，坚持贯彻这种启发式思想对于新课程的推行及实施尤为重要。我们需要明白的是，启发式教学或注入式教学都不是一种具体的教学方法，而是教师运用任何一种教学方法时的指导思想。各种具体的教学方法，在教师的不同思想指导下，既可以具有启发作用，也可能出现注入式的情况。判断一种教学是否具有启发性，关键是看教师能否促进学生积极主动地去学习，而不是单从形式上加以判断。素质教育必须坚持启发式教学，废止注入式教学。

---

① 朱熹. 孟子集注.
② 毛泽东. 毛泽东选集. 北京：人民出版社，1968：134.
③ 马克思，恩格斯. 马克思恩格斯全集：第一卷. 北京：人民教育出版社，1979.

二、我国中小学常用的教学方法

（一）以语言传递为主的教学方法

以语言传递为主的教学方法是指通过教师和学生口头语言活动以及学生独立阅读书面语言为主的教学方法。在教学过程中，讲授法、谈话法、讨论法和读书指导法等属于语言为主要传递形式的教学方法。它的教学效果主要取决于教师是否具有正确的口头表达能力和学生是否具有较强的阅读书面语言的能力。

1. 讲授法

讲授法是教师通过语言系统连贯地向学生传授知识的方法。由于语言是传递经验和交流思想的主要工具，所以讲授法是中小学最基本的一种教学方法，而且其他方法的运用都需要配合以一定的讲授。讲授的基本形式有讲述、讲解、讲读、讲演。讲述指对事物或事件作系统地叙述和描绘。讲解指教师对复杂问题及概念、公式、定理等进行解释、分析和论证。讲读指在讲述、讲解的基础上，指导学生阅读教科书。讲演指不仅描述事实，而且深入分析和论证事实，并在此基础上做出科学结论。

讲授法的优点是教师容易控制教学进程，能够使学生在较短时间内获得大量系统的科学知识。但如果运用不好，学生学习的主动性、积极性不易发挥，就会出现教师满堂灌、学生被动听的局面。

运用讲授法的要求：

（1）教师的语言要清晰、准确、简练、通俗易懂，要有趣味性。

（2）教师讲课要条理清楚，层次分明，要有系统性和逻辑性。

（3）教师的讲解要和学生主动积极的学习相配合，把学生的注意力集中到主要的学习内容上来。

（4）教师讲课时，要注意启发学生积极思维，配合适当的板书，指导学生记好笔记。

2. 谈话法

谈话法又称问答法，是教师和学生以口头语言问答的方式进行教学的一种方法。谈话法也是一种历史悠久、行之有效的方法。我国古代教育家孔子，就经常用谈话法启发学生思维，传授有关知识。古希腊哲学家苏格拉底（公元前496—前399年）也曾用这种方法进行教学，并称之为“产婆术”。在现代学校中，谈话法也在各科教学中广泛地采用。

根据谈话的目的和任务的不同，谈话法可分为启发谈话和复习谈话两种。启发谈话是教师提出一系列学生未思考过的问题，逐步深入地引导学生思考和探求新知。复习谈话是教师根据已学过的教材内容，就难点、重点提出一系列问题让学生回答，帮助学生复习、巩固、深化已学的知识。另外，根据谈话时学生的人数，还可以把谈话法分为个别谈话和集体谈话等。

谈话法的优点是便于激发学生的思维活动，培养学生独立思考能力和语言表达能力，唤起和保持学生的注意力和兴趣。教师通过谈话可直接了解学生对知识、技能的掌握情况，获得教学的反馈信息，改进教学。

运用谈话法的要求：

（1）教师要作充分的准备，编写谈话提纲，以便有计划地进行启发引导。

（2）谈话要面向全体学生，使大家都有回答、参与的机会。研究成果表明，学生叫答次数与教学效果呈正比。因此教师应尽可能保证每个学生有较多且均等的叫答机会。

(3) 提出的问题必须明确、具体、富有启发性，难易必须适当。

(4) 谈话结束时，教师要进行总结，作出明确的结论。

3. 讨论法

讨论法是在教师指导下，由全班或小组成员围绕某一中心问题进行探讨，辨明是非真伪以获取知识的方法。可是整节课的讨论，也可以是几分钟的讨论；可以是全班性讨论， 也可以是小组讨论。

讨论法能培养学生思考力和语言表达能力；学生之间能互相学习，互相促进；通过讨论、争辩，掌握的知识更深刻、更准确。但讨论法一般只适用于高年级学生，因为学生必须具备一定的知识基础、一定的理解能力和独立思考能力，才能参与讨论。另外讨论法花费的时间较多，不作为主要的教学方法。

运用讨论法的基本要求是：

(1) 讨论前，教师要提出讨论题和讨论的具体要求。讨论题要有吸引力，有讨论、钻研的价值；同时还要指导学生提前阅读有关材料或进行必要的调查研究，准备好意见。

(2) 讨论时，教师要善于启发诱导。既要鼓励学生勇于发表自己的见解，做到畅所欲言，又要抓住问题的中心和争论的焦点，引导讨论向纵深发展；既要鼓励学生发扬勇于坚持自己的观点而不随波逐流的精神，又要向学生提倡不固执己见，随时修正错误的学风；问题的结论要让学生在讨论中探求，教师不要暗示。

(3) 讨论后，教师要做好讨论小结。对不同意见，要辩证地进行分析，肯定正确的，纠正错误的、片面的或模糊的认识，从而进一步得出科学的结论，使学生获得正确的观点和系统的知识。

4. 读书指导法

读书指导法是教师指导学生通过阅读教材和参考资料，获得知识、巩固知识、培养学生自学能力的一种方法。

读书指导法的特点是既强调学生的读，又强调教师的指导。它有助于培养学生的自学能力和习惯；有助于扩大学生的视野；有助于培养学生对书面语言的理解能力。

在实际教学中，教师指导学生阅读，必须从指导阅读教科书开始。因为教科书是学生在学校中获得知识的主要来源。虽然各门学科的性质不同，对学生阅读指导的具体方式不同，但都应该注意加强对学生的预习和复习活动的指导，也应注意在各科内容的讲授过程中加强对学生阅读的指导。与此同时，教师还要指导学生阅读课外读物。学生阅读课外读物，不仅能加深理解和巩固课内学习的知识，而且能开拓知识领域，满足多方面兴趣，丰富精神生活，进而发展智力和能力。因此一些教育家称课外读物是"智力生活的策源地"。

运用读书指导法的基本要求是：

(1) 提出明确的目的、要求和思考题。要让学生带着任务、问题阅读教科书，然后带着阅读的问题去听课或请教老师。同时要让学生养成阅读教科书再做作业，作业中出现疑难再反复阅读教科书的习惯。

(2) 教师应结合教学内容的需要，向学生推荐好书。选择推荐的书籍应对学生是有益无害的、适合他们程度的，知识面应当宽一些，体裁应当多样一些；每一本好书都可以在学生面前打开一个新奇的世界，由此激发学习的兴趣，丰富精神生活，养成读书的习惯。

(3) 教给学生读书的方法，并加强辅导。对如何朗读、默读、背诵，如何浏览、通读、精读，如何使用工具书，利用工具书来帮助理解；如何在阅读时作记号、写批注、做摘要摘录、写读书心得，等等，教师都应该进行专门的指导，并及时检查效果，不断提高学生的阅读水平。对于学生阅读中遇到的疑难问题，教师也要加强辅导。

(4) 适当组织一些读书活动。可以搞班级读报栏、读书角，组织学生举办读书报告会、座谈会、专题讨论会、读书心得交流会，开展读书竞赛、评比、评奖活动，等等，以此增强和巩固读书收获，培养读书的兴趣和爱好。

（二）以直接感知为主的教学方法

直接感知的教学方法是指教师通过实物或直观教具的演示和组织教学性参观，使学生利用各种感官直接感知客观事物或现象从而获得知识的方法。这类方法具有形象性、直观性、具体性、真实性。但是，直接感知的教学方法要和语言传授的教学方法结合起来，才能取得更好的教学效果。

1. 演示法

演示法就是教师在课堂上通过展示各种实物、直观教具，或进行示范性实验，让学生通过观察获得感性认识的教学方法。这种方法在中小学各科教学中被广泛采用。但它是一种辅助性教学方法，要与讲授法、谈话法等教学方法结合使用。

演示的种类按教具可分为5种：实物、标本和模型的演示；图片类（包括图画、图表、地图等）的演示；实验的演示；幻灯、录音、录像、教学电影等的演示；教师示范动作（操作）的演示。按教学要求区分，可分为两类：演示单个物体或现象；演示事物的发展过程。随着电化教育手段的发展，某些原来很难观察到的现象，都可以采用模拟的办法，将它们的动态通过录像、幻灯、投影仪、教学电影表现出来。

演示法能使学生获得丰富的感性认识，把书本知识和实际联系起来，以帮助学生形成深刻的概念；还可以引起学生的兴趣，吸引学生的注意，激发学生积极的思维，并有助于学生理解和巩固所学的知识。

运用演示法的基本要求：

(1) 演示前教师要根据教学内容选择好教具。

(2) 演示时要使全班学生清晰地观察到演示对象，并尽可能调动学生的多种感官参加活动以加深印象。

(3) 演示要与讲解、谈话相结合，重视语言的直观作用，并注意引导学生重点观察演示对象的主要方面和主要特征，把观察到的现象同书本知识联系起来。

(4) 演示的时间、地点要适当，还要注意演示安全。

2. 参观法

参观法是教师根据教学任务的要求，组织学生到工厂、农村、展览馆、自然界和其他社会场所，通过对实际事物和现象的观察和研究而获得知识的方法。如地理学科、历史学科参观名胜古迹、博物馆；理化学科参观科学宫；艺术学科参观美术展览、戏剧表演等。

根据具体目的不同，一般有三种参观：一是准备性参观，在讲授新课之前进行，为学习新课提供感性认识；二是并行性参观，在学习某一课题的过程中进行，边讲边看，把理论和实际联系起来，一般和现场教学相结合；三是总结性参观，在讲完新课后进行，以验证、巩固和加深所学的知识。有的参观可与调查访问或座谈会结合进行，补充参观不能直接看到的材料。

参观法可以丰富学生的感性认识，有助于开阔学生的眼界，激发学生的求知欲，培养学生的观察力；有助于把教学与生活实际联系起来，做到理论与实际相结合；有助于对学生进行思想政治教育。

运用参观法的基本要求：

(1) 参观前要做好充分准备。教师要根据数学目的和要求，拟定参观的计划和步骤，选择参观的项目和地点。

(2) 参观过程中，教师要引导学生仔细观察，并作必要的记录。

(3) 参观后，要指导学生作好总结。要引导学生把收集到的材料进行分析研究，得出结论，形成体会或报告。

（三）以实际训练为主的教学方法

以实际训练为主的教学方法，是通过练习、实验、实习等实践活动，使学生巩固和完善知识、技能、技巧的方法。这类方法是以学生的实践活动为特征。通过实践把知识转化为技能、技巧，有利于培养学生运用知识和实际工作的能力。

教学过程中，以实际训练为主的方法，包括练习法、实验法和实习作业法。

1. 练习法

练习法是学生在教师指导下进行巩固知识、运用知识，形成技能技巧的教学方法。练习法在各科教学中被广泛采用。

根据练习内容的不同，可以把练习划分为语言的练习、解答问题的练习和实际操作的练习等；根据练习的形式，可以把练习划分为口头练习、书面练习和操作练习等；根据练习的层次，可以把练习划分为模仿性练习和创造性练习等。

练习法有助于发展学生的认知能力；有助于培养学生灵活运用知识的能力，有助于知识的巩固并形成相应的技能技巧，有助于培养学生良好的意志品质。

练习法运用的要求：

(1) 明确练习的目的、任务，提高学生练习的自觉性。让学生清楚地认识到为什么进行练习，通过练习要达到什么样的结果，这对增进学生练习的主动性和积极性，提高练习的效果具有重要的意义。

(2) 循序渐进，逐步提高。练习必须有步骤、有系统地进行；要由浅入深，由易到难，由基本练习到创造性练习，由单一练习到综合练习，逐步提高，达到熟练和完善的地步。

(3) 练习的方法要多样化。在各科教学中，可以根据教学内容和学生的实际情况，使练习的方式灵活多样，随时变化。这样不仅可以激发学生练习的兴趣，保持学生注意，而且可以培养学生灵活运用知识的能力。

2. 实验法

实验法是在教师的指导下，学生运用一定的仪器设备，进行独立作业，观察事物和过程的发生和变化，以理解、验证知识和形成技能、技巧的方法。实验是中小学理科教学的特点，实验法也就成为中小学理科教学的重要方法。

根据实验目的和任务不同，可以把实验法分为感知性实验和验证性实验，感知性实验是在讲新课之前做，目的为学新课作好感性认识准备。验证性实验是在讲完新课之后做，目的是检验所学的原理。

实验法的优点在于，它能按教学的需要人为地创设和控制一定条件，使事物的发生和变化过程重现，使学生通过观察获得最直接的感受，从而验证原理，掌握自然规律，这不仅有助于学生理论联系实际，掌握实际操作技能，而且能培养学生对科学研究的兴趣和求实精神。

运用实验法的基本要求是：

（1）做好实验前的准备。主要包括制定实验的课时计划、准备好实验的仪器设备，让学生明确实验的目的，必要时教师还可作示范性实验。

（2）加强实验过程的指导。在实验过程中，教师要巡回指导，确保实验的程序科学、操作规范、结论正确。

（3）做好实验后的总结。实验结束后，教师要以实验的过程和正确的结论为重点进行小结，并指导学生写好实验报告。

3. 实习作业法

实习作业法是教师根据课程标准的要求，组织学生在校内外一定的场所运用已有知识进行实际操作或其他实践活动，以获得一定的知识和技能技巧的方法。这个方法在自然学科和技术学科中占有重要地位。如数学课的实地测量、地理课的地形测绘、生物课的植物栽培和动物饲养等。

实习作业法有助于培养学生运用知识于实际的能力；有助于培养学生的操作能力、创造能力和独立分析、解决问题的能力；有利于贯彻理论联系实际的原则。

运用实习作业法的基本要求：

（1）做好实习前的准备工作。包括划分实习小组，制订实习计划，讲清有关理论知识和操作规程，指明具体要求和注意事项。

（2）实习过程中教师要加强指导，并取得所在实习单位的配合。

（3）实习结束后，教师要对实习情况进行总结，组织学生写好实习报告，并对每个学生给予公正评定。

三、学生学习方法的指导

教学方法是教法和学法的统一。所以，研究教学方法，既要研究教师如何施教，又要研究教师对学生学法的指导。所谓学法指导是教育者通过一定的途径和方式对学生进行学习方法的传授、诱导与改进，使学生养成良好的学习习惯，掌握科学的学习方法，形成较强的自学能力，即“教学生学会学习”。

（一）指导学生学习方法的意义

1. 指导学生掌握科学的学习方法，是提高学生学习的质量和学业成绩的基本途径之一

传统的教学论比较重视教的科学性，而现代教学论在肯定教的科学性的同时，强调重视学生学习的科学性。我们知道，在学生学习的全部活动中，教师只是控制了其中的一部分活动，而大量的学习活动则要靠学生自己来掌握。英国著名学者哈里·麦多克斯分析指出，一个人学习的成功，大致取决于下面三个因素：① 智力和特殊能力占 50%～60%；② 勤奋刻苦和有效的学习方法占 30%～40%；③ 机遇和环境因素占 10%～15%。[①]所以，提高学生学习质量和学业成绩最重要的途径，一是提高学生主动学习的积极性，激发和培养学生的学习动机、学习兴趣和求知欲，使学生"想学"，二是使学生逐步掌握科学的学习方法，使学生"会学"，只有在学生想学，而且会学的情况下，学习质量和学业成绩的提高才能成为现实。

2. 指导学生掌握科学的学习方法，减轻学生负担，促进学生的身心建康和发展

在教学中有不少教师认为，学生的学习主要取决于教师的教学。教师只要注意不断改进自己的教法，就可以提高学生的学习质量。在这种认识指导下，教师只要求学生刻苦、用功，并用加大作业量的方法，使学生整天沉浸在"题海"里，靠死背硬记，苦学取胜。诸如此类的不科学的学习方法，在小学阶段学生学业成绩分化还不明显。随着年级逐年上升，进入初中或高中学习，教材的难度逐渐加大，要求机械记忆的内容相对减少，而要求理解记忆，深入思考、独立创新的教学内容和作业越来越多时，许多学生学习越来越感到吃力，不少学生成绩逐渐下降，陷入困境和苦恼之中。长时间一味苦学付出巨大劳动得不到学习上的成功，不仅影响学生身体健康，还会使学生丧失学习信心，并在学校、家庭、社会各种压力之下出现厌学的学习心理。要解决这两个问题，出路在于加强学生科学学习方法的指导。

3. 指导学生掌握科学的学习方法，是教学的一项基本任务，也是学生未来发展的需要

现代教学论认为，教学的基本任务之一，就是要培养学生的学习能力。因为，学生在校学习的时间是有限的，不可能学到一生中所需要的全部知识，只能为一生打下一定的基础。一个人要想在工作中有所成就，必须不断学习，终身学习。《第三次浪潮》的作者美国未来学家阿尔温·托夫勒说过："未来的文盲不再是不识字的人，而是没有学会学习的人。"这就要求学生在校时就掌握一套科学的学习方法。

（二）学生学法指导的根本目标

学生学法指导的根本目标是教会学生学习，培养学生的自学能力。

教会学生学习的基本要求是：培养学生对学习的持久兴趣和自信心；养成勤奋学习的良好习惯；掌握学习的基本方法与技巧；培养实事求是、勇于探索和创新的科学精神；能对学习过程和结果进行自我评价和反思。

教会学生学习体现和落实在培养学生的自学能力上。中小学生的自学能力主要包括：学会使用三种工具（即会查字典、会利用图书馆、会使用计算机和上网）和具备六种能力（即获取信息的能力、获取新知的能力、分析解决问题的能力、综合运用知识的能力、语言表达能力、与人合作能力）。学生有了独立思考的自学能力才算是学会了学习。

① 哈里·麦多克斯. 学习方略. 北京：中国国际广播出版社，1988.

（三）几种常用的学习方法的指导

1. 指导学生学会预习

课前预习是听好课的前提。通过预习，对教材有了初步的印象，明确了哪些能看懂，哪些不理解，哪里有疑问。这样可以带着问题听课，把主要精力集中在疑问上，提高听课的质量。

（1）提出预习的要求和内容。

（2）教给学生预习的方法。预习的方法有很多，如笔记预习法、提纲预习法、尝试预习法、质疑预习法、圈点批注预习法，等等。指导学生根据具体的预习内容，选择不同的预习方法。

2. 指导学生学会听课

众所周知，听课这一环节是至关重要的。听课是学生学习的中心环节，是学生获得知识的主要途径。教师与学生都要重视听课，教师尤其要注意在听课这一环节上对学生进行指导。

（1）指导学生根据预习的结果有重点地听课。特别要注意听预习时没弄懂的问题。

（2）要求学生注意力保持高度集中，专心听课。只有学生保持好了注意力，教师教授的内容他们才能够听得进去，才能够跟上老师的进度，才能知道教师在讲什么、在想什么、在写什么，并且尤其应该在自己预习上遇到困难的地方高度集中注意力，在难点的问题上提高注意力，只有这样才能提高听课的质量，才能更有效地进行学习。

（3）指导学生在听课时要记笔记，笔记的内容主要是本节课的重点、难点，或是新的体会，或是深有感触的问题。

（4）指导学生听课时调动多种感官参与听课活动，做到口到、眼到、心到、手到、耳到，只有这样才能集中注意，提高听课效率。

3. 指导学生学会复习

复习是学习过程的重要环节，在教学过程中，教师要指导学生学会复习。

（1）指导学生学会紧扣教材进行及时复习，合理分配复习时间。

（2）指导学生学会归纳知识，使学过的知识系统化。

（3）指导学生学会抓知识重点。一般来说，教材中的基本概念、基本原理就是知识的重点，应重点去掌握。

（4）指导学生学会使用多种复习方法。适合于中小学生的复习方法有很多，如尝试回忆复习法、复述复习法、归类复习法、联想复习法、提纲小结法，等等，选用哪种复习方法，要根据学生自己的特点和所要复习的学科的性质来确定。

4. 指导学生学会做作业

作业是学生将所学的知识转化为技能技巧的基本过程。通过作业，可以将所学的知识用于实践，有利于加深学生对知识的理解和巩固，培养学生的创造精神。

（1）指导学生先复习再做作业。

（2）指导学生要认真审题，弄清题意。确切地了解题意，剖析题目的条件和要求，抓住问题的关键，是做作业不可缺少的一步。

（3）指导学生积极思考，独立完成。只有通过自己独立思考解答问题，才能真正起到加深理解、锻炼思维的作用。

(4) 指导学生要自我检查，按时完成。每次作业都应认真仔细地检查，发现错误之处，应及时改正和补做。

5. 指导学生学会阅读

课外阅读是学生课外学习活动最普遍最经常的方法。课外阅读的材料范围包括书籍、报刊、杂志等。

(1) 指导学生制订好阅读计划，明确阅读的目的、要求、范围、时间、步骤、方法等。

(2) 指导学生根据阅读计划要求学会找书，尽快进入“定向阅读”。

(3) 帮助学生学会控制阅读中的心理状态，保持必要的学习内驱力，调节自己的学习情绪。

(4) 提供一些阅读材料，让学生根据自己的实际，合理地选用。

四、教学方法的选择依据

要有效地完成教学任务，必须正确选择和运用教学方法。常有这种情况，有的教师满腹经纶，却似“茶壶里的饺子”——有货倒不出；有的教师讲课时滔滔不绝，而学生却昏昏欲睡。究其教学效果不好的原因之一，在于这些教师存在着重教学内容、轻教学方法的倾向。所以，我们应该注意教学方法的选择与运用。

1. 依据教学的具体目的与任务

不同的教学目的与教学任务需要不同的教学方法去实现和完成，如果是传授新知识的教学任务，就得选择语言传递信息的方法，直接感知的方法；如果是形成和完善技能、技巧的任务，就得选择以实际训练为主的方法。

2. 依据教材内容的特点

一般来说，不同学科性质的教材，应采取不同的教学方法，而某一学科中的具体内容的教学，又要求采取与之相适应的教学方法。如就学科教材来讲，语文、外语多采用讲读法；物理、化学多采用演示、实验法；数学多采用练习法，等等。就每门课程的具体内容来讲，它们有各自的特点和要求，在教学过程中，它们又总是和学生掌握该内容所必需的智力活动的性质相联系的。所以有些部分可以用讲授法，有些部分可以用讨论法，有些部分可以用练习法或实习法。总之，必须根据教材的性质和具体内容的特点，选择适当的教学方法。

3. 学生的年龄特点和知识水平

低年级学生注意力易分散，理解力不高，教学方法宜多样化且具有新颖性；高年级可适当采用谈话法或讨论法。如果学生缺乏对所学内容的感性认识，可采用演示法，已有相应的感性认识时就不必再使用演示法。

4. 教师本身的素养

并不是每一个教师都有能力使用任何教学方法，有的方法很好，但教师缺乏必要的素养条件，自己驾驭不了，就不能在教学实践中产生良好效果。教师的某些特长、某些不足和运用某种方法的实际可能性，都是选择教学方法的重要依据。总之，要扬长避短。教师的口头语言能力强，可选用讲授法；有的教师口头语言能力弱，可选择演示法、讨论法等。

5. 学校的设备条件

不少教学方法的运用需要一定的设备条件。如演示教学法需要一定的直观教具，实验教学法需要一定的仪器、材料，程序教学法需要有程序教材和教学机器，等等。学校不具备相应的条件，教师可因陋就简，尽量创造条件加以运用，但不宜过分强调。

“教有法而无定法”，任何一种教学方法，都不是万能的，每一种教学方法都有它的优点和缺点，并且在实际工作中，我们很少单独使用一种教学方法，而是综合地、灵活地创造性地运用各种教学方法。

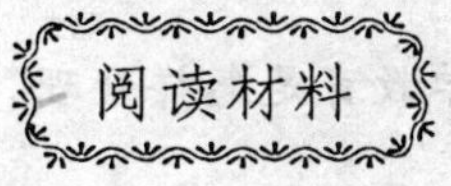

从数学教育看美国如何培养智慧学生

美国老师怎样教数学

中国孩子在美国中小学“玩算术”是出了名的。

我儿子矿矿在同班的美国小朋友只会掰手指算简单加减法时，已会多位数乘除法。老师问：4+3=？大家还没反应，他答：4+3=21÷3。全班都傻了眼，就他得意洋洋。美国孩子和家长见到矿矿都竖拇指赞叹“聪明!”我们当然自以为是。在我眼里，美国小学数学太浅，整个一个“磨洋工”。一年级时，我借来六年级的数学课本，矿矿一样应付自如。

第一学期结束后，我们向学校提出，能否让矿矿插班到三年级上数学？我心里想，只要求上三年级，已经很谦虚了。谁知，在我们很“谦虚”地提出让矿矿每星期跳级到三年级去上一节数学课时，美国学校竟然不同意，并指出：矿矿擅长的是中国学校教的“算术”技巧，美国学校教的则是“数学”……

读了那封矿矿的老师代表校长和学区（相当于国内的教育局）写的信，我们非常不服气，不屑地扔到一边。直到后来对美国教育有更多了解时，我才重新冷静地阅读了这封信（节录）：

关于矿矿的数学学习问题，我已和校长罗伯特博士说过了。她也跟学区主管教学和课程的助理督导迈克·威廉斯博士谈了……

附上一年级数学课 15 个单元的学习内容和教学目标……我们更强调的是孩子对那些隐藏在数学后面的概念的理解，从而在口头上和书写中能够运用他们所学的东西进行交流，而不是对算术的死记硬背。我们的目标是培养孩子成为解决问题的能手，学会思考，让孩子把自信建立在自己的能力之上，从而去珍视数学。我们的课程是让孩子积极参与到学习中，通过循序渐进、适当的教学活动去学习具体的操作计算。矿矿在中国学校学到的一些算术技巧，例如乘法和除法，对美国一年级小学生来说，不是循序渐进的适当的活动。我们运用的是绝对具有乘除法功能的组合法教学，从而使孩子在记住计算的数字之前已能理解乘除法的实际意义。

矿矿当然是一个具有计算技巧的优秀学生。然而，算术仅仅是整个数学课程中的一个部分。我们在数学课里，会运用许多教学活动来挑战矿矿的思维，从而也对他本身形成一种挑战。

我们觉得，派一个迈阿密大学的在校生一对一地帮矿矿，将比到三年级上数学更适当。如果你们想借三年级的数学教材在家里使用，我将乐意作出安排……

重读此信，我多了一份思考：这封信非常讲究遣词造句。比如，在讲到矿矿及中国学校时，她始终用“算术”这个概念，而说到美国学校时，她都说“数学”。所谓“算术”，计“算”之技“术”也，似属雕虫小技。数学，是关于“数”的学问，是研究符号和数字之间的关系，以及如何用这些符号和数字来解释世间与之有关的现象。因此，数学是学术中的极品。

到底美国小学的数学教学是“磨洋工”，抑或是我们把数学这门大学问当成了计算的技巧？我在潜心研究美国教育时，终于有了一些感悟。比如关于《鸡兔同笼》的计算：

笼里有 5 个头和 14 只脚，一共几只兔几只鸡？在许多人眼里，这完全是一个计算问题。设兔为 x，鸡为 y，$x+y=5$；$4(x)+2(y)=14$。

到底我们该把它看作算术教学，还是数学教学？让我们来看美国的数学教育是怎样处理类似问题的：

某个住在湖边的老人养有狗和鸭子。某天，老人看到 5 个头和 14 只脚。老人看到的是多少条狗？多少只鸭？

老师：能不能找到解决问题的方法？

学生们纷纷要求回答问题。

学生 A：要找到答案并不难，只要两个公式：一个解决脚的问题，另一个解决头的问题……

老师制止学生 A 继续往下讲，说道：“很好！谁来设计这两个公式？”

学生 B：设狗为 x，设鸭为 y；$4(x)+2(y)=14$。

学生 C 写道：$x+y=5$。

老师：这两个公式对不对？

学生七嘴八舌：“对啦！”

老师：现在我们不要去计算答案。我们按照这两个公式来推理，看看答案是否合理。

大家你望我，我望你。不让计算，却去猜答案，老师葫芦里卖的什么药？

老师：犯愁了？不错！我们现在不打算去计算准确的答案，我们只是去猜测大致的答案。

学生仍然丈二和尚摸不着头脑……

老师：既然你们不回答，那我就来问你们，5 条狗和 4 只鸭，对不对？

学生哄然：不对！5 条狗和 4 只鸭，一共是 9 个头，老人只看到 5 个头。

老师：那么，谁能告诉我，狗脚和鸭脚的数目？

学生们又是你望我，我望你，不知所措……

老师：如果我告诉你们，狗不少于 4 条。你们认为怎么样？

学生 B：不对，请看看我设计的公式：脚的总数是 14，而 4 条狗就有 16 条腿。除非老人喝醉了，把自己的脚也数进去了！

哄堂大笑！

老师：非常好！那能不能是 3 条狗呢？

学生们陷入思考……

学生 C：那也不对！

老师：为什么？

学生C：除非有1只鸭子，少了两条腿。您看我设计的公式，总共有5个头。3条狗有12只脚。要符合5个头，14只脚的条件，就只剩两个鸭头，两只鸭脚。因此，除非有1只鸭没有脚……

又是一阵哄堂大笑！

老师：好吧，让我们假设所有的狗和鸭子都是进化完整的，没有缺胳膊少腿的。那么，该有多少只鸭子呢？

学生再没有像前面那样沉默，而是议论纷纷。

学生D：不管怎么说，前提是不能超过5个头，14只脚。

老师：如果狗少于3只，我们能在鸭子的数量上做什么文章呢？

学生E：这就是说，鸭子必须是3只以上。因为，头的总数是5个，狗少于3只，鸭子没有3只以上凑不够5只。

老师：有道理。狗只能少于3只，鸭不能少于3只。那么，我们应该寻找的下一个线索是什么呢？

学生思索……

老师：如果是3只鸭子，鸭脚应该是……

学生们：6只鸭脚。

老师：对！如果是3只鸭子，6只鸭脚，狗的数目又该怎么算呢？

学生A：如果狗脚不能多于12只，这就是说，狗不能多于3条，鸭子至少得有3只才能凑够5个头。3只鸭，鸭脚就是6只。于是，狗只能是2条，狗脚……

老师高兴地大笑：好！不要往下说了。请大家用公式计算吧。

到了这一步，再用公式计算，简直是吃豆腐：狗是2条，鸭是3只。

学生B有些不太高兴：老师，看到您那么高兴，我倒有些费解了。这2条狗、3只鸭的答案，我们推理来推理去，花了快一节课的时间。其实，一开始就让我们拿公式来算，早就该做完了……

老师微笑着点头：你提出了一个非常好的问题，甚至超过了我们这个问题的答案。请大家想一想，为什么我们没有一开始就用公式来计算，而是花了一节课的时间来走完整个推理的过程？

学生E：我们浪费了不少时间去推论那些不正确的答案。

学生C：我不同意“浪费”的说法。有时候，你不能证实一个答案是错的，你就不能证实另一个答案是对的。

学生F：但是，值不值得花那么多时间？

学生们七嘴八舌……

老师会心地笑了：谢谢大家！数学课不是算术，更不是用一个似懂非懂的公式去计算一个只有公式才能告诉你的答案。公式告诉你做什么，怎么做。我们充其量像个计算器。要真正理解为什么这么做是对的，为什么那么做是不对的。这样，问题就不那么简单了。就像知道点击电脑的什么键，电脑会怎么反应一样，那是电脑操作员的工作。只有理解为什么点击电脑的这里会产生这个结果，为什么点击那里会产生那个结果，那才能成为电脑程序员。我们要的是通过演绎推理和归纳推理来证实和证伪某些答案，以及在这个过程中所培养和锻炼的推理能力。

数学的实质是一种思维方式

其实，美国的数学教学是在企图回答学数学的目的问题：数学不仅仅是计算和应用公式。数学的实质是一种思维方式，是演绎推理和归纳推理的逻辑思维方式。对许多美国人来说，学数学并不一定是目的，而是通过学数学来培养自己的能力。同时，通过学数学来理解世界、理解世间与之有关的各种现象。

许多美国人相信，学数学的目的是掌握一种思维方式，是一种解释世间许多现象的工具，是训练思维能力的手段。

我到过国内不少地方听数学课，情况却刚好相反。老师总是“赶集”式地、急急忙忙地直奔最简单的方式和答案。有一次，我到某重点小学去听数学课，老师踩着步点赶时间，课上得似乎挺活，但只给答对问题的学生一颗糖，答不对的，不给糖。没得到糖的孩子，心思都在别人的糖上。更要命的是，老师也不解释为什么不对。

课后，我问老师，为什么不向学生解释错的原因。这位年轻的老师很不好意思，但又颇有些理直气壮地说：根据教学大纲的进度，时间不够。我建议道：能不能在课后，由知道的同学给不知道的同学解释为什么错。后来，她给我来电话，说是我的建议收到了很好的效果。

我发现，国内的一些老师总是争分夺秒地“赶”教学内容，像上了发条似地踩着步点上课，“好”的老师可以按照设计好的教案在刚讲完课、对学生说“下课”时，铃声正好响起。已经有好几个美国老师跟我说到这种让他们叹为观止的现象：怎么上课可以像发射宇宙飞船一样精确？好像遥控一样。其实，“以老师为中心”和“以内容为中心”的教学，是完全可以做到的。该讲的内容讲完了，至于结果怎么样就无法顾及了。正像美国老师无法理解中国老师可以踩点下课一样，中国老师在听了我介绍美国的教学以后，也摇着头说：好是好，可是他们怎么能完成教学内容呢？

然而，只讲已知的正确的东西，忽略让学生去证实或证伪自己的假设，就是忽略了对学生怀疑精神的培养。鼓励学生去证实或证伪某个假设，强调的是自我教育。上面那位美国老师，通过证实和证伪的过程培养学生演绎推理和归纳推理的能力，可谓用心良苦！

“聪明”的孩子与“智慧”的学生

为什么年龄越小时，中国孩子领先美国孩子越多，随着年龄的增长这种差距却越来越小，到高中以后，中国孩子与优秀的美国孩子就基本没有差距了？

经过多年的观察与研究，我发现，中国教育培养的是聪明的孩子，美国教育培养的是智慧的学生。聪明的孩子和智慧的孩子有什么本质的区别？

我们以“西安事变”的教学为例子，可清晰地看出两者的巨大差别：

中国的大多数学校，老师讲完史实后，要求学生记时间、地点、人物、事件等，以“学会”为目的，满足于考试结果。

美国的教育则是八仙过海：比如，可能什么都不教，让孩子们分成几组，分别制作一份当时各党各派报纸，或者只给几个辩论题，让孩子组成正反方进行辩论。即便是常规教学，老师也会启发孩子的发散性思维：如果蒋不妥协？如果张、杨不和共产党合作？如果张、杨把蒋处死？如果蒋逃出西安……甚至让学生自己设想发散性的问题。无论哪种方式，学生都在收集材料、研究材料、组织观点的过程中，培养了“会学”的能力。

美国学者贾尼丝·萨博把培养“聪明的孩子”还是培养“智慧的学生”概括为两种教育：

聪明的孩子	智慧的学生
1. 能够知道答案	1. 能够提出问题
2. 带着兴趣去听	2. 表达有力的观点
3. 能理解他人的意思	3. 能抽象概括
4. 能抓住要领	4. 能演绎推理
5. 完成作业	5. 寻找课题
6. 乐于接受	6. 长于出击
7. 吸收知识	7. 运用知识
8. 善于操作	8. 善于发明
9. 长于记忆	9. 长于猜想
10. 喜欢自己学习	10. 善于反思

从很多教学的比较看，中国教育培养的学生包揽了“聪明的孩子”的所有特点；美国教育培养的学生囊括了“智慧的学生”的所有表现。

（资料来源：王定华. 透视美国教育——20位旅美留美博士的体验与思考. 北京：北京大学出版社，2008.）

复习思考题

1. 教学的基本任务有哪些？
2. 教学过程的基本规律有哪些？
3. 教学过程有哪几个阶段？
4. 班级授课制度有何优点和缺点？
5. 如何正确理解“教学有法，但无定法”？
6. 一堂好课的标准是什么？
7. 下列实例分别遵循或违背了什么教学原则？

（1）上《鱼》一课时，老师事先在水盆里面放了一条活的鲫鱼，让学生仔细观察鱼的形状、鱼的表面、背鳍、胸鳍、尾鳍。然后问学生各种鳍的作用是什么？学生一下子被问住了。这时，老师用剪刀把鱼的尾鳍剪掉，结果学生发现鱼在水中无法前进了，他又把胸鳍及腹鳍剪掉，结果鱼体在水里失去了平衡，再把背鳍剪掉，鱼只能一动不动地躺在水里喘气，通过观察，学生明白了各种鳍的作用。

（2）一位教师教“因式分解”时，发现学生间差别大，就对八位成绩好的学生提出不同要求，让他们到图书馆自学《因式分解及其应用》，通过自学，他们不但完成了作业，还集体选编了几十道有代表性的习题，教师有选择地按程度不同分别介绍给其他同学练习和讨论，推动了全班学习提前五课时完成任务。

（3）有两位教师同教“机器”这一概念，一个老师在甲班说：“电动机、拖拉机、织布机都是机器。”另一个老师在乙班说：“机器有三个要素，一是人为的构件组合体，二是构件之间具有确定的相对运动，三是能代替人们做功或转换能。”课后提问：钟表是不是机器？甲班说：“不知道，老师没讲。”乙班说：“钟表不是机器，它不能做功。”

（4）下面是某老师教儿童形成“动物”的概念：

教师：为什么说鸡、鸭、猪是动物？

学生：因为它们会叫唤。

教师：对吗？蚯蚓不会叫唤，可是它也是动物呵！

学生：蚯蚓会爬，会爬、会走的生物叫动物。

教师：鱼可不会爬，不会走，只会在水里游动；鸟会飞，它们不是动物吗？

学生：它们是动物，因为它们都能活动，能活动的生物叫动物。

教师：对了，能活动的生物叫动物；可是飞机会飞，是不是动物？

学生：飞机自己不会飞，是人开的，它没有生命，是人造的，是不动物。

教师：对了，能自己活动的生物才叫动物。

（5）有位教师讲《阿Q正传》，一上课便崇敬地说：“在20世纪初，中国文坛出了一篇震动社会的小说，这篇小说还在报刊连载时，就使那些“正人君子”、豪绅官吏惊恐万分，以为小说写的是他们自己，纷纷要求追查作者。小说很快被介绍到各国，成为世界名著”，学生听了，学习主动性一下子便调动起来了。

第七章 德 育

【本章要点】

- 德育的概念
- 德育过程
- 德育原则
- 德育的途径与方法

某班有两个后进生，已有一段时间没有打架了，但有一次为了争夺一个篮球，互不相让，最后挥拳而上，又打起来，打着打着，他们便扭在一起去找班主任评理，班主任认真听完他们各自的辩说后，深思了一会儿，却笑着说："你们俩人都有进步"，两人一听都愣住了，心想打架怎么还说有进步呢？班主任不慌不忙地说出了三点理由："第一，你们这次争的是篮球，说明你们对锻炼身体有兴趣，开始有了正当爱好，这比过去为争一本无聊、下流的小说而斗殴好一些。第二，你们打架是错误的，但是这次你们能够中途停手，不像过去那样，非打个你死我活方才罢休，也是一点进步。第三，你们找班主任评理，说明愿意服从真理，不像过去那样，老师的话听不进去。"两个后进生听完老师的话，你看看我，我看看你，没有再提出比个高低的要求，而是一齐向班主任鞠了一躬，便手拉手走了。

从教育学原理来看，这位班主任的做法对吗？为什么？

第一节 德育概述

一、德育概念

德育有广义和狭义之分。广义的德育又称思想品德教育，狭义的德育指道德教育。广义的德育是教育者根据一定社会或阶级的要求和受教育者品德形成发展的规律，有目的、有计划、有系统地对受教育者施加思想、政治和道德影响，并通过受教育者积极的认识体验、身体力行，把一定社会的思想道德规范转化为受教育者个体的思想品德的活动。简言之，德育是培养人的品德的活动。

我国社会主义的学校德育包括三个组成部分：政治教育，即引导受教育者坚持社会主义道路，坚持共产党的领导，逐步形成爱憎分明的政治态度和立场；思想教育，即引导受教育者逐步掌握辩证唯物主义和历史唯物主义的基本观点，以形成正确的人生观和科学的世界观；道德品质教育，即引导受教育者逐步掌握社会主义的道德规范，履行道德义务，以形成高尚的品德。

在上述三者中，道德品质是基础，尤其是中小学德育，更要注重培养受教育者良好的基本道德品质。但是三者又是相互联系、相辅相成的，不可有所偏废。我们应使三者相互促进，以发挥它们在培养受教育者品德中的最佳整体功能。

二、加强德育的意义

德育是各个社会共有的教育现象，历史上各个时代和国家的教育都非常重视德育。目前，在复杂的国际形势和改革开放的形势下，我国学校教育加强德育更具有重要的意义。具体说来，其意义表现为以下几点。

（一）德育是社会主义现代化建设的需要

社会主义现代化建设包括物质文明建设和精神文明建设两个方面，无论哪一方面的建设，都必须以加强思想品德教育为中心的一环。当然，德育与精神文明建设的关系更为密切。一方面，德育就是精神文明建设的组成部分；另一方面，思想建设决定着精神文明的社会主义性质。加强对青少年的德育建设是关系社会未来的大事。青少年是社会未来的希望，他们的精神面貌如何，直接关系到党和国家的命运和前途。

（二）德育是实现教育目的的需要

社会主义的教育目的是培养德、智、体、美等全面发展的社会主义建设者和接班人。人的德、智、体、美等是相互联系、相互影响、相互制约、相互促进的辩证统一体。通过德育促进青少年儿童的品德发展，可为他们智、体、美的发展提供保证和动力，为其智力、体力、审美能力等的运用指明方向。因此，德育是社会主义全面发展教育的基本组成部分，是把学生培养成德、智、体、美等全面发展的一代新人的一个重要方面。一句话，德育是实现教育目的的需要和基本保证。

（三）德育是青少年健康成长的需要

青少年处于身心高速发展时期，心理发展逐步成熟，表现为既独立又依赖、既成熟又幼稚的矛盾，这时的可塑性很大，是思想品德形成的关键时期。此时最容易接受各种思想的影响，若及时给予正确引导，他们容易接受社会主义教育，形成良好的道德品质。反之，若放松教育，由于他们缺乏识别能力和抵抗能力，也很容易受到各种错误思想的影响，甚至走上违法乱纪的道路。因此，在这个时期加强对学生的思想品德教育工作，关系到青少年一生的思想品德的健康成长。

三、德育的任务

1998 年 3 月，教育部颁布了《中小学德育工作规程》，其中第五条对我国中小学的德育任务具体表述为：“中小学德育工作的基本任务是，培养学生成为热爱社会主义祖国、具有社会公德、文明行为习惯、遵纪守法的公民。在这个基础上，引导他们逐步确立正确的世界观、人生观、价值观，不断提高社会主义觉悟，并为使他们中的优秀分子将来能够成为坚定的共产主义者奠定基础。”1993 年，中共中央、国务院制定的《中国教育改革和发展纲要》对学校德育的根本任务作了明确表述：“用马列主义、毛泽东思想和建设有中国特色的社会主义理论教育学生，把坚定正确的政治方向摆在首位，培养有理想、有道德、有文化、有纪律的社会主义新人，是学校德育即思想政治和思想教育的根本任务。”依据我国中小学德育的任务及我国学校德育的根本任务，我国德育的基本要求应包括以下几个方面。

（一）培养学生初步树立坚定正确的政治方向

毛泽东早说过“没有正确的政治观点，就等于没有灵魂”，邓小平也说过“学校应该永远把坚定正确的政治方向放在第一位”。我国教育方针要求教育要培养社会主义的建设者和接班人，为实现这一培养目标就必须把坚定正确的政治方向摆在首位，这是关系到整个教育的培养方向和教育为谁服务的重大原则问题。引导学生树立正确的政治方向，最根本的是要对中小学生深入浅出地进行马列主义、毛泽东思想、邓小平理论、“三个代表”重要思想和科学发展观以及党的基本路线、方针、政策教育学生，培养学生热爱社会主义祖国的思想情感和坚定的社会主义信念，初步树立为人民服务的思想。

（二）引导学生逐步树立科学的世界观和人生观

世界观是人们对待整个世界的根本看法和态度，它包括道德观、政治观、社会历史观、人生观、自然观。人生观是人们对人生的根本看法和态度，人生观是世界观的一部分。引导学生树立科学的世界观，就是使学生具有辩证唯物主义和历史唯物主义世界观，同时要摈弃一切封建迷信、唯心论、宿命论等世界观。引导学生树立正确的人生观，就是使学生树立为人民服务、为社会服务、为人类作贡献的人生观，同时要帮助学生同形形色色的个人主义、拜金主义、享乐主义等资产阶级人生观划清界限。

（三）逐步使学生养成社会主义的基本道德、法纪观念和文明行为习惯

我国宪法第二十四条规定：“国家提倡爱祖国、爱人民、爱劳动、爱科学、爱社会主义的公德”。“五爱”是我国公民的国民公德，是所有公民应当遵守的道德行为规范，也是广大学生的社会主义基本道德，学校德育应以“五爱”为国民公德教育的基本内容。另外，培养学生具有较强的法纪观念和文明行为习惯也是学校德育的重要任务。学校德育应教育学生懂法守法，正确理解民主与法制的关系，做自觉守法的好公民；在社会公德教育方面注重培养学生的文明行为习惯，养成讲礼貌、讲卫生、遵守公共秩序，诚实正直、谦虚谨慎、尊老爱幼、助人为乐、见义勇为等优良的品质。

（四）培养学生自我教育的能力

教是为了不教，管的最高境界就是不管。能否激发学生进行自我教育，在一定意义上可以说是德育工作成效的标志之一。所谓自我教育是指在社会或教育影响下，学生主体以自我对象、自觉而自主地改善自身的品德、才智、审美、体质而进行的活动。在自我教育中，自

我认识是主导，自我态度是核心，自我调节是杠杆，培养学生自我教育能力，就是要帮助学生养成自我认识、自我监督、自我评价的能力，让学生自己教育自己，自己管理自己，即前面所讲的“三自”(自主、自立、自治)。

(五)培养学生良好的个性心理品质

心理健康教育不等于德育，但德育与心理健康教育特点是与个性心理的关系甚为密切。德育的重要任务之一就是要增进学生的心理健康，培养他们良好的个性心理品质，使他们具有自尊、自爱的意识、开拓进取的品格、健康积极的情感、乐观开朗的心境、勇敢顽强的意志以及适应环境的能力、自我控制的能力。优良的个性心理品质是学生顺利完成学业任务、保持心理健康、开发心智潜能、促进全面发展的重要条件。同时对学生今后适应社会和服务社会也至关重要。

四、德育的内容

(一)爱国主义教育

所谓爱国主义是人们千百年来在社会生活中形成、巩固起来的对自己祖国的一种深厚的感情。爱国主义是中华民族的优良传统，几千年来，它作为一种伟大的凝聚力和向心力，使中华民族能经受住无数自然的、社会的难以想象的困难和风险的考验，而一直保持坚强的团结和旺盛的生机。

爱国主义教育的主要内容包括：国家观念教育、国情教育、热爱社会主义制度教育、民族意识与情感教育、国际教育、为祖国富强人民富裕而奋斗的教育。

(二)集体主义教育

集体主义是一切言论行为以合乎广大人民群众的利益为出发点和最高标准的思想。

集体主义教育内容有：教育学生正确认识和对待国家、集体和个人利益的关系，把国家和人民的利益放在第一位；教育学生关心集体、热爱集体、树立集体荣誉感和责任感；教育学生学会在集体中生活，在集体中学会与老师、班干部及同学相处和交往，学会与他人协作，在集体生活中培养学生的生存能力；使学生养成个人服从集体、少数服从多数、自觉遵守集体纪律的习惯。综上所述，集体主义教育是指使学生形成集体主义的观念，关心集体、助人为乐的情感，培养学生在集体中生活、工作的能力和习惯的教育。

(三)劳动教育

劳动创造了人类的物质文明和精神文明，促进了社会的发展，是人类幸福之源。但脑力劳动和体力劳动的分工，以及剥削阶级对体力劳动和体力劳动者的歧视，长期以来扭曲了人们对待劳动的看法和态度。为了还原劳动的“声誉”，纠正人们的错误劳动观，就需要用“劳动光荣”的思想教育他们，调动其劳动热情，让他们用辛勤的劳动来建设美好生活。

劳动教育的主要内容包括：热爱劳动和劳动致富教育；热爱和尊重劳动人民教育；珍惜

劳动成果教育；艰苦奋斗，劳动习惯养成教育；勤奋学习，学习劳动教育；升学与就业指导教育等。

（四）自觉纪律教育

纪律是国家、社会、集体为维护正常的工作、学习、生活秩序而制定，并要求每个成员必须遵守的规章、制度、命令、条例等。纪律是一定社会历史条件的产物，不同历史时期有不同的纪律，正如列宁所说的，封建社会是棍棒纪律，资本主义是饥饿纪律，阶级社会是强迫纪律，而社会主义社会是自觉纪律。因为在社会主义制度下，人与人之间实现了真正的民主与平等，社会主义的纪律代表了绝大多数人的利益，对纪律的遵守就发展成为一种自觉的行为，但这种自觉的纪律行为还需要教育的培养。

对学生进行自觉的纪律教育，首先，要帮助学生正确理解纪律的存在及自觉遵守纪律的必要性；其次，要求学生严格遵守《学生守则》，学校、班、团、队的各项规章制度，并逐步养成自觉遵守纪律的习惯。另外，还要教育学生搞清自由与纪律的关系，认识到世界上没有绝对的自由，人只有在遵纪守法的前提下，方可获得真正的自由。

（五）道德教育

道德教育就是关于调整人与人之间及人与社会之间关系的行为规范的教育。主要内容有："中小学生日常行为规范"的教育和训练；人道主义和博爱精神的培养；公民道德与社会公德教育；社会主义人际关系教育；现代文明生活方式和交往礼仪教育及职业道德教育。

（六）民主和法制教育

民主即人民当家作主，指人民有参与国家、社会、集体事务并有自由发表意见的权利。我国的民主集中制体现了我国社会主义的民主。法制即依法治国，是国家制定和颁布，用以维护正常社会秩序的规范，在阶级社会，是统治阶级实施阶级统治和压迫的工具。我国社会主义的法制是由人民制定，代表广大人民的利益，为大多数人民利益服务的，社会主义法制体现了社会主义的民主，是社会主义民主的法律保证。

民主和法制教育的主要内容有：社会主义民主和法制观念教育；社会主义的民主政治教育；公民的基本权利和义务教育；普及法律知识教育。

（七）人道主义和社会公德教育

人类在长期的共同生活和交往中逐步形成了公共的道德风尚，主要有文明行为与人道主义等。这些道德是人类共有的基本美德，既是人类自身发展和自我完善的道德基础，也是社会发展与进步的重要条件与标志。它包括：发扬社会主义人道主义精神；培养文明行为；养成良好的品质。

（八）科学世界观和人生观教育

世界观是人们对客观世界总的观点和态度，世界观有阶级性和历史性，不同历史时期不同的阶级有不同的世界观。科学世界观指的是辩证唯物主义世界观。人生观是人们对人生的总的看法和根本态度，也是对人类生存价值和意义的看法。人生观是由世界观所决定的。

科学世界观和人生观教育的具体内容有：① 对学生进行辩证唯物主义和历史唯物主义理论教育，社会政治、国情教育，近现代史及科学理论教育，全面提高学生的理论修养，为形成科学世界观和人生观奠定理论基础；② 树立全心全意为人民服务的思想，将个人理想与社会主义共同理想相结合，端正对人生的认识和态度；③ 积极参加生产及社会生活实践，逐步学会用马克思主义的立场、观点和方法观察、分析和解决问题，最终建立科学的世界观和人生观。

《中小学生守则》

1. 热爱祖国，热爱人民，热爱中国共产党。
2. 遵守法律法规，增强法律意识。遵守校规校纪，遵守社会公德。
3. 热爱科学，努力学习，勤思好问，乐于探究，积极参加社会实践和有益的活动。
4. 珍爱生命，注意安全，锻炼身体，讲究卫生。
5. 自尊自爱，自信自强，生活习惯文明健康。
6. 积极参加劳动，勤俭朴素，自己能做的事自己做。
7. 孝敬父母，尊敬师长，礼貌待人。
8. 热爱集体，团结同学，互相帮助，关心他人。
9. 诚实守信，言行一致，知错就改，有责任心。
10. 热爱大自然，爱护生活环境。

（资料来源：中华人民共和国教育部修订. 中小学生守则. 2004.）

五、当代德育工作的困惑

在从20世纪80年代开始的社会主义计划经济体制向市场经济体制转轨的过程中，我国在中小学德育工作的创新与改革方面做过许多尝试性探索，并取得了一些成功经验。但随着我国市场经济体制的建立、发展和信息现代化进程的逐渐加快，也使学校德育工作面临着许多新的问题与困惑。

（一）学校德育价值取向与学生价值观相冲突的困惑

社会是人们生活和交往的场所，社会风气与生活方式的变化都直接影响着学生道德观的形成与发展。当今社会是一个以多元化的信息和知识为主体的知识经济时代，知识经济推动了社会的高速前进，也使社会的道德价值观发生了根本的变化。那么，学校德育如何应对这种变化呢？长期以来，学校德育价值取向的突出特点是一元化、理想化、重心偏高，且忽视学生的个体差异性，基本上是用一个统一的模式去塑造所有的学生。在德育工作中过分强调按照社会规范的需要来确定培养规格和设计培养过程，没有充分考虑到个人在道德发展中的个性化需要，再加上目标统一、缺乏层次、没有选择自由度，最终培养出来的学生虽然比较符合社会共性道德规范的要求，但学生的创新精神、创造意识、批判精神以及良好的个性心理素质却都被忽略了。

以经济建设为中心的社会发展理念使经济观念深入人心，但同时也会在一定程度和范围上导致功利性价值取向突出，利益意识强化，这势必引起学生从传统的“重义轻利”观向“重利轻义”观转变。学生不再从同一个视角、同一个层次去理解世界，他们开始用多元化的观念看问题，并体现出四个突出特点：兼容性、主体性、多样性和不稳定性。这些特点是与社会政治、经济结构的变化密切相关的，是社会政治、经济、文化、价值观在个体发展过程中的反映。

（二）学校德育目标与传统道德相背离的困惑

几十年的改革开放加快了我国的社会变迁，但随之而来的各种新的价值观也冲击着人们的思想和心灵，而且会首先在学生身上反映出来。这就要求学校德育工作在加强学校与家庭德育的同时，还要注重社会环境与生活方式变化所带来的影响，共同为学生营造一个良好的道德实践大环境。正像西方一位名人所说：“如果人类要在21世纪生存下去，就必须回首2500年前，去吸取孔子的智慧”。这一提议就是要让人们认识到“道德是现代社会的稳定剂”，人类的传统道德理想不但与现代社会是相通的，而且是现代社会道德理想的源头所在。首先，在做人的境界上，传统道德提倡培养“贤人”或“君子”。孔子把人经过努力可能达到的境界定在“君子”上，孟子还说：“亲亲而仁民，仁民而爱物。”即君子有一种博大的爱心，它不仅表现为对亲人的爱，而且还表现为对全人类乃至整个自然界的爱。其次，在做人的标准上，传统道德以“仁”来界定人。人之所以为人是因为有德，而“仁”则是中国传统道德的核心。“仁”即爱人，爱人即爱众人，人对人要有爱心和尊重之心，孟子在孔子“仁”的基础上又把做人的目标概括为“仁、义、礼、智”四种基本品质。今天我们所理解的“仁”，其实也就是现代道德的核心——“善”。再次，在处理人际关系上，传统道德提倡“己所不欲，勿施于人”。它强调，在人际交往中不要强行干涉别人，而要尊重别人。这也概括出了当今社会公平、尊重、自由的道德主旋律。

然而长期以来，我们的学校德育目标中似乎缺乏一种入世的“仁爱”和“君子”形象，缺少对学生如何“向善”的道德引导。由于应试教育的强大影响力，社会上竞争的激烈，家长和教师关心的往往只是学生学习成绩的沉浮，根本无暇顾及青少年“仁”“爱”“善”的传统道德教育，也很少关注他们人格的健全。因此，德育目标自然成了无法实现的“空中楼阁”。

（三）学校德育内容与时代发展不相适应的困惑

中国是一个有着悠久历史的国家，许多经历了千百年积淀后流传下来传统道德规范在传统文化中占有重要地位，它们时时制约着人们的道德行为，也是学校德育内容的主体。但是，学校德育工作中历来存在着一对基本矛盾：传授道德理想规范与传授道德现实规范的矛盾。道德理想规范是人类千百年积淀下来的对美好社会理想的追求和向往，而道德现实规范是人们在现实生活中所要遵循的活生生的行为规范，它基于具体的现实社会而形成。每一时代的道德现实规范都以不同形式在不同程度上体现了道德理想规范，这是二者统一的地方。在社会平稳发展期，这对矛盾并不明显，但在我国当前的社会变革期，这对矛盾就会激化。

由上可见，虽然我们所弘扬的中华民族传统道德是剔除糟粕后的精华，但这并不意味着它再也不存在丝毫与当前时代不符的烙印而可以成为我们无需加工的现成德育快餐。相反，它仍然需要联系具体实际，从内容上进行积极的转换，使传统德育内容现代化，并以此当作我们时代精神的源头，发展我们的时代精神，但目前如何才能把传统道德的精华现代化，做到古为今用，仍然是当前学校德育工作变革的一个难题。

（四）学校德育方式与家庭德育相矛盾的困惑

家庭是学生生活成长的主要场所，是学生道德教育的源头，它是影响学生健全人格形成的重要因素之一。由于它建立在血缘关系基础之上，所以具有浓厚的情感色彩，能对学生的发展产生独特的影响。古语云：“养不教，父之过”，就充分说明家庭德育在孩子一生的成长过程中扮演着学校难以替代的作用。人们平时所说的“有出息”的孩子，就往往与其良好的家庭德育密切相关，像历史上著名的“孟母三迁”“曾子杀猪”“孔融让梨”等家庭德育明证更是不胜枚举。

可是，由于现代社会竞争的日趋激烈，社会风气的不良影响，家长素质的参差不齐等原因，都导致家庭“不教”、“歪教”的现象出现。诚然，各个学校大多在通过家长会、家长学校、老师家访等途径引导各个家庭做好学生德育工作，但是学校德育工作者在实践中还会常常遇到德育观念、方式与家庭德育不相适应的矛盾，有时甚至出现德育工作的效果“等于零”或“小于零”的尴尬现象。

据有关调查结果表明，85%的家长认为在家庭德育对青少年的成长最重要，但一系列选择性题目却显示出家长们最关心和实际上认为最重要的还是孩子的学习、分数等智育问题。这一结果明白地告诉我们，家长们在这个问题上存在着比较严重的认识与行为脱节的现象。要让广大家长转变德育观念与方式，需要一个长期而艰苦的过程，这也是当前学校德育改革中的一项紧迫任务。

六、当前德育效果低效的原因

如今的德育问题越来越受到社会的关注，德育的低效问题更是人们思考的重心之一。尽管我们一直高度重视学校的德育工作，投入了大量的人力和物力，可德育的实际功效却偏低，通过对其进行认真的思考和分析，原因归纳如下。

（一）忽视德育对象主体性

现行德育体系中的不少德育活动是在师长从宏观到微观的指导和组织下，学生被要求“参加”的，学生不是主体，只是“例行公事”地参加，是一种客体的参与，成了“道德的容器”或旁观者。这种活动培养出的是听话的学生。无疑，我授你受、不存在师生对话的霸道教育所教育出的更多的是道德行为能力不强、言行不一的学生。德育工作者忽视青少年的心理特点及各自差异，把不同的学生看成统一的、消极的客体；超越受教育对象的认知，忽视了不道德行为的影响，把德育目标当作德育起点，使德育过程与道德内化相分离，德育主体精神的缺位，完全改变了德育工作的性质，使德育成了异化的、反道德的教育。学校德育教育片面强调学生对于道德义务、道德责任的认同，却无视义务和权利的对等性，忽视人的价值内涵和精神品性，把道德教育变成琐屑的行为训练和消极防范。

（二）德育的内容政治化、目标虚化、方法陈旧

当前的学校德育在德育内容上过分强调政治和法纪教育，而忽视思想和道德教育，德育成了政治的附庸，丧失了自己独特的品质、本质和价值。学校德育脱离生活，主要表现在：① 对社会的研究不够。面对日新月异的现代社会，我们的学校德育可谓“涛声依旧”，几乎没有什么变化，对学校德育面临的社会真实情况考虑得太少，仍是坐在教室里听取教师的道德说教。② 学校德育手段的创新不够。面对突飞猛进的科学技术，我们的学校德育没有能够迅速做出反应，迄今上网这一手段仍很少在学校德育中采用，即使采用了也常是手段新、内容旧、价值不大。控制性的德育使德育课程低效，教育者根据自己的意愿或教育者所代表的利益需要进行教育。为了让学生树立对某种道德观念的认同，千方百计找出认同的理由，凡是有利于认同就讲，不利于认同的就不讲。一旦碰到与教育者所讲的道德观念相悖的现象，学生的道德观念就可能改变了。教育者方法落后，效果欠佳。在实际德育工作中，教育者不学习，不调查，不研究，不设计，习惯于多灌输，少启发；多压制，少诱导；多说教，少指点；多替代，少帮助；多言教，少身教；多理论，少实践等教育方法，学生只知道德育的内容而不知道怎样去做，更不知道为什么去做，做了又有什么感受和作用。③ 德育目标贪大求高，缺乏层次性。我国中小学有些德育目标没有考虑中小学生的年龄特征和接受水平，以及社会主义初级阶段全体国民的思想觉悟、道德水平、文化素质等现实情况，出现德育目标倒挂的现象。④ 德育途径封闭单一，未形成 “教育合力”。学校、家庭 、社会三方面的德育力量缺乏沟通联系和组织协调配合，教育要求不一致，甚至互相矛盾冲突，形成教育上的分力与反作用，最终导致学校德育的低效与失败。

（三）社会环境的影响

进入市场经济以后，中小学生的思想已呈多元化趋势。多种人生观、价值观并存，思想表现多具有两面性。由于社会经济生活的巨大变化和个性获得的巨大解放所带来的物质文化超前发展，人文文化相对滞后，相应的经济伦理和法制建设还不够完善的事实，容易引起人们把市场的原则扩展到社会生活的各个领域。学校也毫不例外地受到冲击，个人主义、利己主义、享乐主义的表现处处可见。信息化、网络化、多元化的进程引起学习行为的变革，对学校教育构成挑战；开放的社会环境带来大量可变因素，导致德育效果的不稳定。网络使青少年的生活方式发生巨大改变，这把双刃剑在给网民带来知识、便利的同时，网上色情、暴力、垃圾信息等会毒害、腐蚀人的灵魂，特别是对于身心正处在发展中的中学生网民，极易在网络中迷失自我并导致道德沦丧，荒废学业，社会适应能力下降，甚至走上自杀、犯罪的道路。网络环境的这一不利现实，给学校德育提出了严峻的课题。德育低效的根本原因是社会机制的低效：社会对改革带来的新鲜事物还不能有效规范，改革与时代的剧烈变化，使得社会的公平正义在某些领域处于道德真空状态。中学产生的道德危机并不是学校德育的原因，而是我们这个社会无序的一种深层反映。

（四）家庭教育的缺失

现在的中小学生大都为独生子女，家长总是倾尽心力去满足他们的一切要求，但由于方法欠妥，久而久之，便养成了以馋、懒、散、浮、嫩、娇、傲、独、冷、赖为特征的“顺境

综合征”，这给学校教育带来了相当大的困难。有些家庭的教育存在严重问题，教育子女方式方法不当。有些家长对子女言行表现如何根本不闻不问；有的不知道怎么教育子女，还以为“棒打出孝子”；还有的忙于生计或事业，无暇照顾子女，使得家庭教育形同虚设。

除了上述四个层次的原因之外，还有学者提出其他的一些观点。比如，应试教育的弊端制约着德育实效，学校片面追求升学率，重智轻德，导致德育工作低效；某些教师的不良师德降低了德育实效；德行成本过高是当前中小学德育低效的原因；德育评价注重文本考试，忽视学生的日常行为表现，定性评价和定量评价没有很好地结合起来；校长个人对德育工作口头重视、观念忽视、行动漠视的办学思想，为学校德育低效埋下伏笔。

第二节　德育过程

一、德育过程概述

（一）德育过程的概念

德育过程即进行思想品德教育的过程，它是教育者根据一定社会对受教育者在思想品德方面的要求及其思想品德形成的规律，有目的、有计划、有组织地施加系统的影响，使他们逐步形成教育者所期望的思想品德的过程，也就是在活动和交往中，教育者借助一定教育手段，把一定社会的思想准则和道德规范转化为受教育者个体的思想品德的过程，这就是德育过程的本质。

德育过程与品德形成过程是既有区别又有联系的。从区别来说，德育过程是一种教育活动过程，是教育者和受教育者双方统一活动的过程，是培养和发展受教育者的品德内容及其相应形式和能力的过程；而品德的形成过程属于人的发展过程，是指个体人的品德从简单到复杂、从低级到高级、从量变到质变、从旧质到新质的矛盾运动过程，影响这一过程的实现包括生理的、社会的、实践的等多种因素，德育仅是社会因素中的一种因素。从联系来说，德育必须遵循品德形成发展的规律，才能有效地把社会思想道德转化为受教育者个体的品德，促进其发展；而品德的形成发展也离不开德育这一外在因素的影响；同时，从受教育者的角度看，德育过程也是受教育者个体品德的形成过程，只不过是在教育者有目的、有计划、有组织、有系统的教育影响下，受教育者按照社会思想政治道德要求，形成个体品德的过程罢了。因此，我们既要看到德育过程和品德形成过程的区别，又要看到它们之间的联系。

（二）德育过程的结构

德育过程是由教育者、受教育者、德育内容和德育方法四个相互制约的要素构成的。

教育者是德育过程的组织者、领导者，是一定社会德育要求和思想道德的体现者。在德育过程中起主导作用。教育者包括直接的和间接的个体教育者和群体教育者。

受教育者包括受教育者个体和群体，他们都是德育的对象。学校德育过程中的受教育者是指学生个体和群体。在德育过程中，受教育者既是德育的客体，又是德育的主体。当他作为德育对象时，他是德育的客体，当他接受德育影响、进行自我品德教育和对其他德育对象产生影响时，他成为德育的主体。

德育内容是用以形成受教育者品德的社会思想政治准则和法纪道德规范，是受教育者学习、修养和内在化的客体。学校德育基本内容是根据学校德育任务和学生品德形成发展规律制定的，它具有一定范围和深浅层次。

德育方法是教育者施教传道和受教育者受教修养的相互作用的活动方式的总和。教育者借助一定的德育方法将德育内容作用于受教育者，受教育者借助一定的德育方法来学习、修养、内化德育内容而将其转化为自己的品德。

以上各个要素在德育过程中不是简单相加或机械凑合，而是通过教育者和受教育者双方的统一活动，使各要素间发生一定的联系和相互作用，促使受教育者的品德发生预期变化的矛盾运动过程。因此，德育过程是教育者和受教育者双方借助德育内容和方法进行施教传道和受教修养的统一活动过程，是促使受教育者形成一定品德的过程。

（三）德育过程中的基本矛盾

在德育过程中，教育者、受教育者、德育内容和方法四个因素之间存在复杂的矛盾和关系，诸如教育者与受教育者、教育者与德育内容和方法、受教育者与德育内容和方法等几种矛盾和诸多关系。这些矛盾和关系是德育过程的内部矛盾和关系。德育过程正是在这一系列矛盾运动和关系中展开的。

德育过程中的主要矛盾是教育者提出的德育要求与受教育者已有的品德水平的矛盾。这也是决定德育过程本质的特殊矛盾。正是这一矛盾的特殊性质，使德育过程与智育、体育、美育等过程区别开来。德育过程中，教育者向受教育者提出的德育要求，是根据受教育者的品德形成规律及社会发展需要确定的，归根到底是由当时的社会关系所决定的。因此，德育过程中的矛盾，就其实质来说是一种社会矛盾。这一主要矛盾贯穿于德育过程的始终，并影响与制约着其他矛盾，其他矛盾服从于和服务于这一主要矛盾。

在德育过程中，正是教育者提出的德育要求与受教育者品德发展水平之间的矛盾的不断产生和解决，才不断地将社会思想政治准则和道德规范转化为受教育者个体的品德，使受教育者的品德向着社会要求的方向发展，完成德育任务，达到德育目标。

二、德育过程的基本规律

（一）德育过程是促进学生知、情、意、行诸要素和谐统一发展的过程

德育过程是培养学生思想品德的过程。学生思想品德是由道德认识、道德情感、道德意志、道德行为等因素构成的，简称为知、情、意、行。这四种因素互相影响、互相促进、互相转化贯穿于一个人整个思想品德形成过程的始终。

知：道德认识，指人们对是非、好坏、善恶的认识和评价。

情：道德情感，是人们对事物的爱憎，好恶的态度。

意：道德意志，是人们为达到一定的道德目的而行动时所作出的自觉的坚持不懈的努力。

行：道德行为，是人们在道德认识、情感、意志的支配调节下的行动。

这四者既彼此独立，又互相联系，互相依赖，互相促进。其中，知是基础，情是动力，意是保证，行是关键。

一般来说，学生思想品德的形成是沿着知、情、意、行的顺序发展的，即从知开始，最后以形成行为习惯为终点，因此培养学生的思想品德的一般程序可以概括为：提高道德认识、陶冶品德情感、锻炼品德意志和培养品德行为习惯。有的班主任根据自己的经验，将德育工作总结概括为晓之以理、动之以情、持之以恒、导之以行四句话，这是符合德育过程规律的。

但在实际的工作中，学生思想品德的知、情、意、行各个要素在发展的方向和水平上，具有不平衡性，所以，德育在具体实施过程中，具有多种开端，即不一定恪守知、情、意、行的一般教育培养顺序，而可根据学生品德发展的具体情况，或从导之以行开始，或从动之以情开始，或从锻炼品德意志开始，最后达到使学生品德在知、情、意、行等方面的和谐发展。

（二）德育过程是促进学生思想内部矛盾斗争的发展过程

学生思想品德的形成和发展离不开外部德育的影响，但外部德育影响只有通过主体内部的思想矛盾，即受教育者对当前德育要求的反映与原有思想道德状况之间的矛盾，产生相互作用才能取得效果。学生原有思想道德有其相应的品德结构，它是在外部环境和教育影响下形成的认知与行为结构，本身是主体与客观环境同化和顺应的结果，但它形成以后，就具有相对独立性。当新的德育影响反映到受教育者的主观世界时，便可能与原有的思想道德结构形成矛盾关系。这种矛盾关系在内容上表现为正确与错误、先进与落后的矛盾；在认识上表现为知与不知、能与不能的矛盾；在构成因素上表现为发展方向和水平上的矛盾。受教育者以自己独特的思想道德环境或品德结构、独特的态度对待外部德育影响，作出评价和选择，形成自己特有的思想道德矛盾，并以自己的方式解决这些矛盾，从而产生新的同化与顺应，形成新的品德结构，而积极的新品德结构将对原有品德结构作某些调整，使之更加巩固和完善。反之，则会破坏原有的较好的品德结构，降低思想道德水平。

学生思想品德正是在不断解决其主体内部思想矛盾斗争中发展的。因此，教育者要充分发挥受教育者的积极性和主动性，自觉地运用主体内部矛盾运动的规律，通过开展丰富多彩的活动与交往，促进受教育者内部的思想矛盾斗争，发挥其自我教育的作用。

（三）德育过程是学生在活动和交往中，接受多方面教育和影响的过程

学生品德不是先天的，而是在后天的环境和教育影响下、在积极的活动和交往过程中，逐步形成发展起来和表现出来并接受其检验的，形成一定品德的目的也是为了更好地适应和参与社会活动和交往，参与社会新生活的创造。因此，组织学生活动和交往是德育过程的基础。德育过程中，活动与交往的内容、形式是多种多样的。如学习活动、劳动、社会政治活动、各种文体活动等。这些都能使学生获得社会道德经验，得到实际锻炼。但是，学生的主要活动是学习活动，主要的交往对象是教师和学生。因此，教学是学校德育的主要途径，班级和学生团体是思想品德形成的基本环境，要充分发挥班级、团、队等正式团体的教育作用，防止非正式团体的消极影响。

（四）德育过程是一个长期的反复的逐步提高的过程

学生的品德是在活动和交往的基础上，实现其内容、形式、能力从简单到复杂、从低级到高级的矛盾运动发展的，也就是通过活动和交往，反映德育要求，产生品德内部矛盾斗争，引起品德结构的变化。然后，再通过活动和交往，反映新的德育要求，产生新的品德内部矛盾斗争，引起品德结构新的变化。如此循环往复，不断发展。学生品德正是在这种不断教育和修养的过程中，从旧质到新质的螺旋式发展上升的。这种螺旋上升需要经过长期的、反复的、逐步提高的培养和教育。

第三节 德育原则

一、德育原则概念

德育原则是教育者对学生进行道德教育时必须遵循的基本要求。它是依据学生德育的培养目标和学生德育的规律来确定的。这些原则也是广大教育工作者长期教育实践经验的总结。因此，教育者要使教育工作取得成效，必须认真研究和贯彻学生德育原则。

德育原则对组织与实施德育工作，提高德育水平具有重要意义。它是正确制定德育工作计划，有效选择德育内容和方法，恰当处理德育工作者与德育对象之间关系的重要依据。

二、中小学德育原则

（一）方向性与现实性相结合的原则

这一原则是指在德育过程中，既要坚持用共产主义思想体系教育学生，高标准、严要求，又要从社会主义现实和可能出发，实事求是，讲求实效，把思想方向性和现实可能性结合起来。

这一原则体现了我国德育的社会主义性质和发展方向，是社会主义学校德育区别于剥削阶级学校德育的根本标志。这一原则是我党长期以来的思想政治工作经验总结。无论在民主革命时期，还是社会主义革命和建设时期，我们都坚持用共产主义理想教育广大干部和群众，使他们明确了斗争方向，激励了他们的斗志，推动了革命和建设事业走向胜利。青少年是祖国的未来，他们能否沿着共产主义方向前进，关系着我们党、民族和国家的前途和命运。

贯彻这一原则的基本要求是：

(1) 以马列主义、毛泽东思想和邓小平理论为指导。学校德育的任务、内容、形式和方法以及一切德育活动都必须符合马列主义、毛泽东思想、邓小平理论，这是坚持共产主义方向性的根本保证。

(2) 把方向性与现实性结合起来。也就是说，既要用共产主义思想体系教育学生，又要用现行的路线、方针、政策教育学生。比如，既要提倡个人无私奉献，又要保护个人的正当利益。

(3) 引导学生把远大的理想与日常的学习、生活、工作联系起来。使共产主义方向性落到实处。教育学生从大处着眼，从小处入手，从我做起，从现在做起，从小事做起，脚踏实地，一步一个脚印。

（二）知行统一原则

知行统一原则又叫言行一致原则或理论联系实际原则，是指在德育过程中，既要对学生进行马列主义基本理论的教育，又要引导学生进行实际锻炼，也就是把提高认识与训练行为结合起来。使学生成为言行一致、表里如一的一代新人。

这一原则是根据辩证唯物主义认识论的原理和社会主义教育目的提出来的，并符合德育过程的第一条基本规律。马克思主义观点认为，一切真知来源于伟大的实践，实践是检验真理的唯一标准。社会主义教育要培养言行一致的建设者和接班人，只有通过品德实践才能真正形成学生的良好思想品德。

贯彻这一原则的基本要求是：

(1) 提高认识——解决“知”的问题。具体说来，就是对学生进行系统的马列主义、毛泽东思想和社会主义道德规范的教育。使学生分清是与非、好与坏、真与假、美与丑、荣与辱，使学生知道应该怎么做，不应该怎么做，为什么这么做是正确的，道理在哪里。

(2) 培养道德行为习惯——解决“行”的问题。具体说来，就是要组织各种社会实践活动，让学生在实践活动中受到锻炼，养成良好的思想品德，养成言行一致、表里如一的作风。

(3) 教师要言传身教，以身作则。“正人先正己”，“己所不欲，勿施于人”。“其身正，不令而行，其不正，虽令不从”。凡要求学生做到的，教师首先必须做到，凡要求学生不做的，教师首先不做。

（三）尊重热爱与严格要求相结合

这一原则是指在德育过程中，既要热爱、尊重、信任学生，又要严格要求学生，使两方面有机结合起来。尊重热爱与严格要求是辩证统一的。

热爱尊重学生是严格要求学生的前提，如果对学生不尊重热爱，就很难做到对学生的严格要求；同样，没有对学生的严格要求，也谈不上对学生的尊重热爱，因为严格要求本身就包含着对学生能力与力量的信任与尊重。

马卡连柯说过：“我的基本原则永远是尽量多地要求一个人，也要尽可能地尊重一个人，对我们所不尊重的人，不可能提出更多的要求，当我们对一个人提出很多要求的时候，在这种要求里，就包含着我们对这个人的尊重，正因为我们向他提出了要求，正因为他完成了我们的要求，所以我们才尊重他。”

贯彻这一原则的基本要求是：

(1) 教师要热爱尊重每一个学生。① 要热爱、尊重学生。热爱学生是教师的天职，是师德的核心。师爱应高于父爱与母爱，是严与慈，刚与柔的有机结合。常言道“亲其亲，信其道”。热爱学生是教育学生的前提和基础。② 要热爱、尊重每一个学生，教师由于认识的偏见，常常产生“马太效应”。教育要面向全体学生，一切为了学生，为了一切学生，为了学生的一切。对后进生，不要给予歧视，要给予更多的关怀。

(2) 教师要严格要求学生。“养不教，父之过”、“教不严，师之惰”。严格要求是对学生成长发展的负责，是热爱学生尊重学生的表现。但严格要求不等于打骂，不等于体罚。要做到“五严”，即严而有格、严而有度、严而有恒、严而有理、严而有方。

（四）依靠积极因素克服消极因素的原则

这一原则是指在德育过程中，教师要善于依靠和发扬学生身上的优点和长处，去限制和克服他们身上的缺点和短处，扬长补短，长善救失，以形成良好的思想品德。

任何一个学生的内部道德环境都存在积极因素和消极因素两个方面，这两个方面相互斗争，并在一定条件下相互转化。当积极因素居于思想的主要方面时，学生品德表现较好，反之则较差。学生思想品德的发展，就是一个不断地以积极因素克服消极因素的过程，就是学生思想中新与旧、进步与落后的思想斗争和转化的过程。

贯彻这一原则的基本要求是：

(1) 教师要一分为二地看待每一个学生。俗话说，金无足赤，人无完人，再优秀的学生，也有一定的缺点，再调皮的学生也能找到一定的优点。一般来说，教育者对优生往往易于发现其优点，对后进生易于发现其缺点而看不到其优点。因此，教师要以一分为二的态度对待学生，对优生要看到他的缺点，对后进生要善于发现他的优点。

(2) 要以发展的观点看待学生。世界上的任何事物都是发展变化的，好可以变坏，坏可以变好，学生身上的优点也是发展变化的，今天的优点，说不定隔几天，就会变成缺点。今天的缺点，说不定过几天就会变成优点。因此，教育者切不可用僵化的、固定的眼光看待学生，而要以发展的观点看待学生，积极鼓励他们进步。

(3) 要因势利导，化消极影响为积极因素。教师要针对每个学生的特点，因势利导，化消极因素为积极因素。如有的同学过分自信，听不进同学的不同意见和教师正确的批评教育，这显然是缺点，但同时“自信”是推动学生上进的极其重要的积极因素，只是由于“过分”而阻碍了视听，成为消极因素。因此，教师要利用学生自信心强的优点，克服自信“过分”的缺点，帮助学生正确认识自己，虚心听取他人和教师的意见，从而化消极因素为积极因素，推动学生品德健康成长。

（五）正面教育与纪律约束相结合的原则

这一原则是指在德育过程中，既要摆事实、讲道理进行正面教育，又要带有强制性的纪律约束，督促其严格执行。

历史上，一切剥削阶级的教育，是培养供他们驱使的奴才，对儿童的教育常常采用压服、训斥、体罚，《学记》“夏楚二物，收其威也”。而在社会主义社会，儿童是祖国的花朵和未来，教师和学生是平等的，师生关系是尊师爱生，民主平等。因此我们只能采取正面教育，以理服人。

贯彻这一原则的基本要求是：

(1) 摆事实、讲道理，以理服人。教师要通过摆事实、讲道理，循循善诱的方法，使学生口服心服，心悦诚服，要以理服人，而不是以力服人。颜回说：“夫子循循然善诱人，博我以文，约我以理，欲罢不能。”

(2) 坚持以表扬鼓励为主，批评处分为辅。适当的表扬对学生个人来，良好的行为可以及时得到强化，对其他学生来说，可以为他们树立榜样，带领全体学生向先进看齐。

（六）集体教育与个别教育相结合的原则

这一原则是指在德育过程中，既要培养集体、教育集体，并通过集体教育个人，同时又要通过教育个人去影响集体的形成和发展，把集体教育与个别教育结合起来。

这一原则是苏联教育家马卡连柯在长期的教育实践中提出来的，也是马卡连柯教育思想的核心，他把这一原则叫做“平行影响原则”或“平等作用原则”。

马卡连柯在工学团当老师的时候，有一次一个叫彼得连柯的学生迟到了，马卡连柯并没有直接批评他，而是对其队长说：“你们队有迟到的人”，队长说“是的，以后不会有了”。第二天彼得连柯又迟到了，马卡连柯指责了全分队，全分队保证以后不会有这样的事了。后来，全分队教育了彼得连柯，以后，再也没有迟到现象了。

贯彻这一原则的基本要求是：

(1) 要教育、培养好学生集体。教育和培养好学生集体是教师工作的目的和手段。实践证明，一个良好的集体，可以培养学生各种优良的个性品质，改变其不良行为习惯，甚至可以教育好品德不良学生。相反，一个不好的集体，则会使学生沾染各种恶习，甚至使其变坏。

(2) 充分发挥集体教育作用。学生集体，既是教育的对象，又是教育的力量，集体一旦形成，就成为一种教育力量。一个良好的集体，具有强大的向心力和凝聚力，它对每个成员都具有无形的约束力。

(3) 要重视个别教育。教师在抓好集体教育的同时，还要抓好个别教育，通过个别教育来影响集体的形成和发展，因为集体是由很多个人组成的，把集体中每个学生教育好了，有利于集体的形成和发展。

集体教育与个别教育是相辅相成的，只抓集体教育而不抓个别教育，就会使教育工作流于一般化，影响其巩固与发展。只抓个别教育而不抓集体教育，就不可能形成健康向上的集体，发挥集体教育的作用，这样个别教育就失去了基础和依托。

（七）因材施教原则（适应学生的年龄特征与个别差异的原则）

这一原则是指在德育过程中，教师要从学生身心发展的实际出发，根据他们的年龄特征和个性差异进行教育，使每个学生都能得到最好发展。

从实际出发，教师对学生进行因材施教也是根据学生身心发展的特点决定的。青少年的身心发展不仅存在年龄差异，而且同一年龄的儿童也存在巨大差异，在德育工作中，只有从学生的思想实际出发，根据他们身心发展的不同水平、知识阅历、个性特点进行教育，做到因材施教，“一把钥匙开一把锁”，才能取得实效。

贯彻这一原则的基本要求是：

(1) 深入了解学生。了解学生是教育学生的前提，是因人施教的基础，作为教师，既要了解一般学生的思想状况，又要了解个别学生的思想状况，既要了解学生的年龄特征，又要了解学生的个别差异。

(2) 根据学生的年龄特征实施德育。教育学把儿童身心发展划分为六个阶段，乳儿期（0～1），婴儿期（1～3），幼儿期（3～6、7），童年期（6、7～11、12），少年期（11、12～14、

15)，青年初期（14、15～17、18)，各个阶段学生的身心发展都有各自的特点，教育者就是要研究、掌握这些特点，并根据这些不同的特点，采取不同的教育内容、方法和形式。如少年期的思维属于经验型的抽象思维，因此在德育内容上就不能太空洞，太抽象，要多列举一些典型事例，用生动、感人的直观材料去影响他们，教育他们。在形式和方法上，也要多样化，除课堂讲授外，还可以请人作报告，看电影、录像、参观、访问，开展一些社会实践活动。

(3) 根据学生的个别差异，因人施教。由于每个学生的能力、性格、兴趣和气质的不同，因此，教育者在施教时，应因人而异，一把钥匙开一把锁。比如，多血质的学生，可给予较多的活动机会，教育他们养成踏实专一的克服困难的精神。对胆汁质的学生，不要轻易去激怒他们，要有意培养他们的自制力和沉着冷静的品质。对黏液质的学生，给他们思考问题和准备行动的足够时间。对抑郁质的学生，要给予更多的关心，体贴，避免在分开场合指责他们。

（八）教育影响的一致性和连贯性原则

这一原则是指在德育过程中，学校、家庭、社会，都要按照德育任务和要求，统一认识，步调一致，前后一贯地教育影响学生，较好地发挥教育的整体功能。

学生思想品德的形成要受家庭、学校、社会多方面的影响，如果它们之间的教育影响不一致，积极的影响和消极的影响就会互相抵消。学生思想品德的形成具有阶段性、反复性的特点，这就要求各个阶段的教育影响要前后一贯，连续不断，互相衔接，只有这样，学生才能形成比较稳固的思想品德。

贯彻这一原则的基本要求是:

(1) 校内各方面的教育要求务必保持一致。学校领导、团队干部、班主任、各科教师以及其他勤杂人员，要统一认识，分工合作，形成一股统一的教育力量，做到“教书育人”“管理育人”“服务育人”。

(2) 学校要加强与家庭、社会的联系，形成三位一体的教育网络。学校要定期召开家长会，班主任要进行了家访，配合家长，共同教育学生。学校要与校外教育机构取得联系，如博物馆、少年宫、图书馆、影剧院等，共同研究对学生的教育问题。

总之，这八个原则是相互联系、相互制约、相互渗透的，教育必须从整体上去把握，以便综合地加以运用。

第四节 德育途径与方法

要完成德育任务，首先要遵循一定的德育原则，其次要遵循一定的德育规律，最后，还要选择一定的德育途径和方法。

一、德育途径

德育途径是指德育的实施渠道或形式。我国学校主要有以下几种德育实施途径。

（一）政治课和各科教学

教学是实施多方面教育的基本途径，也是进行德育的主要途径。通过教学对学生进行品德教育，要求各科教师要教书育人，为人师表，结合各学科的性质、任务和特点寓德育于各科教学内容和教学过程中，把思想性和科学性统一起来，培养学生的辩证唯物主义世界观和共产主义道德品质各门学科内容性质不同，在思想品德教育中便有不同的意义和作用。政治课是向学生较系统地进行思想品德教育、马克思列宁主义毛泽东思想基本常识及中国特色社会主义理论观点教育的一门课程。社会科学学科主要培养学生爱国主义、集体主义情感和历史唯物主义观及基本道德观；自然科学学科主要培养学生实事求是精神及辩证唯物主义世界观；艺术学科主要陶冶学生情操，培养学生鉴赏美、创造美的能力。

（二）班主任工作

班主任是全面负责一个班级学生工作的教师。班主任的基本任务是带好班级，教好学生。对学生进行品德教育是班主任的一项重要职责和任务。班主任工作是学校实施德育的重要途径之一。班主任要做好学生德育工作必须全面深入地了解研究学生、尊重信任学生，并争取其他任课教师、团队组织、社会有关方面和学生家长的配合，共同对学生进行教育。班主任特别要精心组织、培养健全的班集体，并通过集体对学生进行教育。

（三）共青团、少先队、学生会组织的活动

学校共青团、少先队和学生会是学校里学生的集体组织，他们组织开展的活动不仅有利于发挥学生的主体作用，调动他们的积极性和主动性，培养他们自我教育和自我管理的能力，而且是实现德育内容、达到德育目标的有效形式。

（四）课外、校外活动

课外活动是学校在课堂教学任务之外，利用课余时间对学生实施的各种有意义的教育活动。校外活动是由学校以外的教育机关组织和领导的学生课余教育活动。课外和校外活动是整个教育体系中的一个组成部分，是进行全面发展教育的一个重要途径，也是学校实施德育的一个重要途径。

（五）社会实践活动

根据德育的要求，组织学生参加各种形式的社会实践活动，是学校德育的重要途径。这种途径主要包括组织学生参加劳动（工农业生产劳动、社会公益劳动、自我服务性劳动）、开展勤工俭学活动、组织学生参加社会政治活动（宣传党的方针政策活动、拥军优属活动、社会调查活动、参观访问活动）等。

（六）校园环境建设

整洁、优美、富有教育意义的校园环境能使学生受到良好的熏陶和影响，提高学生道德素质和修养。学校要积极进行校园环境建设，加强校园环境管理，充分发挥校歌、校训和校

风对学生的激励和约束作用；利用黑板报、橱窗、广播、图书馆、壁报、影视、荣誉室等多种形式专用场所，创造良好的教育环境。

二、德育方法

德育方法是指为达到德育目的，实现德育内容，运用德育手段进行的教育者和受教育者相互作用的活动方式的总和。德育方法的性质受教育的目的、任务和内容所制约。德育方法要以德育过程的规律和原则为理论依据，德育方法是实现德育目的、任务、实施德育内容、提高德育工作实效性的极其重要的关键性因素。

我们通常掌握的德育的方法有以下六种。

（一）说理教育法

说理教育法是通过摆事实、讲道理的方式来影响学生的思想意识，使学生心悦诚服，从而提高思想认识的一种方法。它是运用最广泛、最经常的一种基本方法。

说理的方式有讲解、报告、谈话、讨论、辩论、阅读等。说服教育法的特点在于教育者十分重视向受教育者进行正面教育、循循善诱、以理服人，充分调动受教育者的主观能动性。说服教育法的应用很广，无论运用哪一种德育方法，都需要结合运用说服教育法。

运用说服教育法的要求是:

(1) 对学生说服，教师的态度要诚恳、深情、语重心长、与人为善。只有待之以诚，才能扣开学生心灵的门户，使教师讲的道理被学生所接受。

(2) 明确目的性。说服要从学生的实际出发，注意个别特点，针对要解决的问题，有的放矢、符合需要、切中要害，启发和触动他们的心灵，为他们所接受。说服切忌一般化、空洞冗长、唠叨，使学生感到单调、厌烦、抵触。

(3) 内容要有知识性、趣味性。青少年渴求知识，期望更多地了解社会、人生，故说服要注意给学生以知识、理论和观点，使他们受到启示、获得提高。但选用的内容、表述的方式要力求生动、有趣，使学生喜闻乐见，留下深刻印象，并乐于去实践。

(4) 要注意时机、地点、条件的选择。说服的成效，往往不取决于花了多少时间、讲了多少道理，而取决于是否善于捕捉教育的时机，拨动学生的心弦，引起他们的情感共鸣，被他们所接受。

（二）示范教育法（榜样示范法）

示范教育法又叫榜样示范法，是给学生呈现一定的道德范例，让学生敬仰和模仿范例，以正面人物去影响学生情感和行动的一种方法。如组织学生看电影、参观烈士陵园，学习革命先烈。

榜样有激励作用、调节作用、矫正作用。榜样示范法的特点在于通过榜样的言行把抽象的政治信念、理想、人生价值、道德规范具体化、人格化，使受教育者从这些富于形象性、感染性、权威性和可信性的榜样中吸取到丰富的营养，受到深刻的教育。所以榜样具有极大的感染力、吸引力和说服力。

中小学生学习的榜样很多，革命领袖、英雄模范人物是教育学生最好的榜样；家长、老

师是学生最接近的榜样；三好学生、优秀典型是教育学生最有说服力的榜样；伟大历史人物、文艺典型形象是教育学生不可缺少的榜样。

运用示范教育法的要求是：

(1) 要使学生了解榜样的先进思想和事迹，引导学生深刻理解榜样人物的优秀品质，这些优秀品质形成的原因及其社会意义，使英雄模范的形象深深地刻在学生的心灵上，成为激励他们前进的力量。

(2) 要一分为二地宣传榜样，金无足赤，人无完人，要学习榜样人物积极的方面，要“择其善者而从之”。任何榜样都是社会中的一员，不可能尽善尽美。我们宣传榜样的模范事迹时要实事求是，不能把一个人说得一切都好，要真实反映其所具有的高尚情操和良好品德。只有这样，才能比较客观地树立起令学生心悦诚服的榜样。

(3) 要开展必要的活动，引导学生把学习榜样与自己的品德认识、情感和行为联系起来，并落实到自己具体的行动中。

（三）实践锻炼法

实践锻炼法是教育者组织学生参加各种实践活动，在实践中培养和形成学生良好品德和行为习惯的方法。学生思想品德的培养离不开锻炼，只有在社会生活和实践的过程中才能形成、发展和完善。离开了锻炼，不论用什么方法都不能培养起学生的良好品德和习惯。所以，锻炼也是德育的一个基本方法。

实际锻炼法的方式是多种多样的。主要包括：校内外的各种学习活动、生产劳动、文体活动、交往活动、社会服务活动等。

运用实际锻炼法的要求是：

(1) 必须把说服教育、陶冶教育等方法结合运用，使其明确目的，产生自觉锻炼的要求。

(2) 必须严格要求，持之以恒，并认真地进行督促检查，有计划、有总结，及时表扬强化。

(3) 要调动学生的主动性、自觉性。只要激发他们的主动性、积极性，使他们感到锻炼是必要的、有益的、有价值的，他们才能获得最大的锻炼效果。

（四）陶冶教育法（情感陶冶法）

陶冶教育法是指教育者利用环境和自身的教育因素，对学生进行潜移默化的熏陶感染，使学生在耳濡目染中受到感化的方法。我国古代教育很重视用陶冶方法，如“孟母三迁”“近朱者赤，近墨者黑”“蓬生麻中，不扶自直，白沙在涅，与之俱黑”。陶冶教育法的特点是：既不向学生传授系统的道德知识，也不对他们提出明确的要求，而是寓教育于情境之中，通过按教育要求预先设置的情境来感化与熏陶学生，既没有强制性的措施，也难有立竿见影的功能，却能给学生品德发展带来深远的影响。

陶冶教育法的方式主要有：师爱感化（教师对学生的爱）；环境陶冶（美丽的校园、优良的班风、校风）；文艺熏陶（文学、音乐、美术、舞蹈、诗歌）。

运用陶冶教育法的要求是：

(1) 创设一个良好的育人环境。环境对受教育者有着强烈的感化作用，极易引起情感的共鸣，能使受教育者在不知不觉中受到教育。这种环境包括：美观、朴实、整洁的学习环境，团结、活泼又纪律严明的班风和校风。

(2) 运用人格的力量去感化学生。作为一名称职的教师要用高尚的师爱的力量去影响和打动学生，让他们在不知不觉中受到教师的人格陶冶及人格魅力的教育。

(3) 要引导学生参与情境的创设。陶冶教育并不意味着只是由教育者提供和创设情境，也包括受教育者在内。通过组织学生参加校园环境的美化、净化校园环境、维护校风、班风等活动，学生会在这种充满主动性和创造精神的情境设计中主动地受到陶冶，有利于他们道德品质的形成。

（五）自我教育法

自我教育法是指教育者指导受教育者自己教育自己，以形成良好的思想道德的方法。它的根本功能就在于使学生从受教育的客体转化为教育的主体，积极参与德育过程。在自我教育中，学生根据社会道德规范要求，通过“内省”、“慎独”、“躬行”等内部思想矛盾运动，自觉接受积极的思想，克服消极的思想，最终形成优良的品质。

人的自我教育表现在知情意行的各个方面。在知的方面表现为自我认识、自我分析、自我判断和自我评价等；在情的方面表现为自我体验、自我喜悦、自我悔恨、自我安慰等；在意的方面表现为自我监督、自我控制、自我誓约等；在行的方面表现为自我检查、自我行动、自我改造等。

运用自我教育法的要求是：

(1) 教育者要指导学生掌握自我教育的标准，激发学生自我教育的愿望和动机需要。教师应帮助学生了解社会道德规范要求，并且确信只要经过努力可以达到这种要求，从而增强信心。有了信心便能产生自我教育的动机和愿望，这是自我教育的内在动机。为此，教师要指导学生学习马列主义、毛泽东思想，以及邓小平同志建设有中国特色社会主义理论，领会社会道德规范要求，并把这种学习与社会实际，与自己的行为表现相联系。

(2) 指导学生进行自我分析、自我评价、自我认识，明确努力方向。“人贵有自知之明”，自我分析、自我评价、自我认识是自我教育的重要内容，自知才能自觉。教师应教会学生应用已有的道德认识，对自己的道德行为进行客观的、全面的自我判断、自我分析、自我批评。

(3) 指导学生进行道德情感体验，努力培养学生的自尊心等。道德情感是道德认识转化为道德信念的必要条件。因此，教师要指导学生对形成优良品德有帮助的道德情感进行体验，组织和开展各种形式的、丰富多彩的实践活动，以具体、生动的艺术形象来感染学生，使学生具有丰富、深刻而坚定的道德情感。如自尊心、羞耻心、同情心、上进心等。

(4) 组织各种社会实践活动，在实践中指导和培养学生自我教育能力。学生的个人修养、道德面貌表现在行为举止之中，更要靠行动来实现。所以，教师指导学生自我教育时就要把指导学生的道德认识和道德情感同组织学生参加实践结合起来，使他们在活动与交往中，提高认识丰富情感，磨炼意志，培养控制行为的能力，养成良好的行为习惯。

（六）品德评价法

品德评价法就是由教育者根据德育目标对受教育者的思想品德状况进行肯定或否定的

判断，从而督促受教育者向预定目标努力的一种德育方法。

品德评价法的具体方式主要有表扬与奖励、批评与惩罚、评比竞赛和操行评定四种。

1. 表扬与奖励

表扬与奖励是对学生好的思想品德行为做出肯定的评价，用以巩固和发扬学生的优良行为。主要表现形式有赞许、表扬和奖赏等。赞许是对学生良好品德的赞同和许可，可以是口头表示，也可以用点头或微笑等动作表情表示。表扬有口头表扬和书面表扬两种，往往是比较正式进行的。奖赏是对学生较为突出的优良品德的奖励。往往以颁发奖状、授予奖品和光荣称号等形式进行。

2. 批评和惩罚

批评和惩罚是对学生不好的品德行为做出否定的评价，用以克服和改正他们的不良品德行为的方法。批评可个别或当众进行，以个别为主，可采用口头和书面两种方式；惩罚是对学生严重的不良行为的否定，根据学生错误的性质和认错的态度，一般可分警告、记过、留校察看、开除学籍等。

3. 评比竞赛

这是对学生思想品德行为作出比较评价，用以表彰先进，鼓励后进的方式。评比分为个人评比、集体评比或单项评比、综合评比。竞赛分为个人竞赛、自我竞赛、团体竞赛。

4. 操行评定

操行评定对学生在一定阶段的思想品德行为表现、学习状况等方面做出评定，以使学生发扬优点，克服缺点，不断上进。一般由班主任承担此项工作，多以评语的形式出现。

运用品德评价法的要求是：

(1) 评价要有明确的目的。教师无论采用哪种方式评价学生，都是为了鼓励学生发扬优点，克服缺点，取得更大的进步。奖励是优良品行的结果，不应是学生追求的目的；惩罚是教育学生的手段，不应成为教师的目的。

(2) 评价要客观、公正。对待不同的学生要有统一的评价标准，不可厚此薄彼。对学生的评价要恰如其分、恰如其人，要抛开个人的好恶，避免任意渲染、夸张。既不能因某方面的错误而对学生的优点、长处一概采取否定的态度，也不能因为成绩好而“一俊遮百丑”；既要看学生在校内的表现，又要看到学生在校外的表现。

(3) 评价要争取得到大多数学生的认可。教师对学生的评价、奖惩，只有与大多数学生的评价基本一致并得到集体舆论的支持，才能起到既教育个人又教育集体的作用。奖励不能只让少数人洋洋得意，多数人悻悻不服，让一些人趾高气扬，而令另一些人垂头丧气。惩罚则要注意避免损伤学生的自尊心和自信心。扼杀学生的积极性和主动性，使他们一蹶不振。评价时要考虑学生的个性特点及年龄特征，针对不同年龄的学生采取不同的评价方式。

上述德育方法各有其特点与作用，每一种方法都是进行德育所不可缺少的，但又不是万能的，它们之间相互联系、补充、配合，构成了德育方法的完整体系。

第五节 班主任工作

班主任是为建立、巩固和发展班集体而设立的专职教师，是班集体的组织者、教育者和领导者，是学校领导实施教学工作及各种教育活动的得力助手。学校总是选派政治思想觉悟高，道德品质好，作风正派，热爱学生，教育思想端正，工作责任心强，有一定教学水平和组织管理能力的教师担任班主任，全面负责一个班学生的各项工作。班主任在学校教育工作中具有重要作用。

一、班主任工作的地位与作用

(1) 就班主任与班级关系看：班主任是班级的组织者、教育者和指导者，对学生身心健康的成长起着导师作用。

(2) 就班主任与学校教育的关系看：班主任是学校领导的助手，是学校教育工作的基石，对学校教育教学各项方针措施的贯彻落实起着沟通作用。

(3) 就班主任与社会教育的关系看：班主任是家庭、学校、社会教育的协调者，对沟通社会各界通力合作配合、支持教育，起着纽带作用。

二、班主任工作的基本任务

(1) 管理班级。班组管理是班主任工作的基本任务之一，主要包括几个方面的内容。① 对学生学习的管理，如上课、课外作业、考试、自学等的管理。② 对学生生活纪律的管理，如考勤、遵纪守规、清洁卫生等。③ 班级组织建设，如班团干部的选拔与培养、班团干部工作的指导、各项活动负责人的选拔等。④ 班级活动的设计组织与实施，如班级工作计划的制订，班级主题讲话的拟定，主题班团活动的设计组织与实施等。⑤ 班级评价管理，如学生的评价、学期总评、单项活动的评价等。⑥ 偶发事件的处理等。

(2) 教育影响学生。教育影响学生包括对学生进行思想政治、伦理道德、行为规范、身心健康、人际交往、礼仪规范等方面的教育，且真正落实到培养学生立志、修身、成长、进取、创新和适应社会等方面。

(3) 协调好任课教师关系。

(4) 沟通家长、联系社区。

(5) 身体力行，服务学生。班主任应该时刻关心、体察每个学生的冷暖安康，关心他们学习、生活及成长过程中的每一个环节，关注他们的心理健康，提升学生的个人修养和学习水平。

(6) 组织和指导学生参加社会实践活动。

三、班主任工作的主要内容和方法

(一) 了解和研究学生

班主任要实现对本班级规范化、科学化的管理，提高工作质量和效率，首先要全面正确地了解和研究学生。学习活动是班主任了解和研究学生的主要途径。由于中小学生学习活动极为丰富，班主任了解和研究学生的方法也多种多样，如观察法、谈话法、问卷法、作品分析法、调查法和测量法等。这些方法可以参照课文中教学方法和科研方法等相关部分加以领会。下面主要介绍观察法和谈话法及其在班主任工作中的运用。

1. 观察法

观察法是班主任在自然情况下，有目的、有计划地对学生进行了解和研究的方法。观察法是班主任工作中一种最常用、最基本的方法。

观察法的正确运用，应当注意以下几点：① 要有明确的观察目的，主要是确定观察什么和为什么要观察；② 要有科学而可行的观察计划，主要解决怎么做；③ 要及时做好原始记录，主要是确保材料的客观真实性；④ 要对材料进行整理和分析，去伪存真，透过现象找到本质；⑤ 写出结论，对观察作出准确、全面的终结性评价。

观察法的优点是在自然状态下进行，观察材料直接源于观察过程，真实性强。但观察法也有缺点，观察对象和条件难以控制，表面现象干扰大，情境性和主观性因素多。因此，在观察法运用中，对观察材料的分析处理一定要慎重。

2. 谈话法

谈话法是班主任有目的、有准备地与学生通过问答方式直接交谈，从中了解学生情况的一种方法。如果说，观察法主要是了解学生的外部表现，那么谈话法则是通过学生的心里话，有意识地、主动地了解和掌握他们的思想活动。

谈话法也是班主任工作中简单易行的一种常用方法。为了保证谈话取得好的效果，谈话法的使用要注意以下几点：① 确定好谈话的目的、内容；② 对谈话的过程有周密思考，如先谈什么，后谈什么，选择什么地点、时间、采用什么方式等，做到心中有数；③ 谈话态度要亲切、和蔼、诚恳，尽量不使学生感到紧张，更不能造成对立情绪；④ 要根据学生的不同个性特点，采用灵活多样地谈话技巧，善于启发、引导学生说出真心话；⑤ 和学生谈话时，耐心听取学生的意见，不要轻易打断学生的话；⑥ 谈话后写出谈话记录，记下自己的看法和感受。

此外，班主任还应注意利用非正式的谈话形式了解学生。非正式谈话是根据学生的特长、爱好、有意识地在活动和交往中与他们多接触。由于非正式状态下没有特定形式、地点、时间的限制，学生易于敞开心扉，有利于班主任从中了解学生。

以下为一则优秀班主任运用谈话法的成功案例。

教育案例

有一位刚入学不久的小侯同学，一天放学经过弄堂口的水果店，看到摊头上放着一批新上市的鲜红李子，顺手拿了一只美美地吃起来。同学将这情况向班主任老师反映。老师很吃惊，小侯家里经济宽裕，怎么会“偷”吃店里的东西呢？第二天班主任与小侯进行一次谈话：

“听说昨天放学的时候你拿了水果店里的东西？”

“我吃了一只红李子，可好吃了!”

“你为什么要拿水果店里的李子呢？”

"我想吃。"小侯很干脆地回答。

"你想吃也不能自己拿呀!"

"我们家吃东西，从来都是自己拿的。想吃多少，就拿多少。"小侯天真地回答。

班主任一听，明白了：原来他不懂得什么叫"拿"，什么叫"偷"，搞不清这两个概念的区别。这种情况在小学生身上往往是可以见到的，于是班主任进一步与他谈话：

"你知道你们家吃的东西是从哪儿来的吗？"

"妈妈买的。"

"妈妈为什么能买呢？"

"妈妈有钱。"

"妈妈的钱从哪里来的呢？"

"公家发的。"

"公家为什么要发钱给你妈妈呢？"

"妈妈每天上班，公家就发钱给她了。"

"对呀!你妈妈每天去上班，为大家工作，公家就发工资给她，她才能用钱买东西。不劳动能随便拿别人东西吗？"老师由浅入深，由具体到抽象，引导他认识问题的本质。

"不能。"小侯若有所悟地摇摇头。

"对了!不劳动是不能拿人家的东西的。要是拿了，别人会说你，这是要'难为情'的事了。"老师巧妙地避开了"偷"字，循循善诱，阐明私自拿人家财物是不道德的行为。

"营业员叔叔说我是小偷，还说要送我到派出所去关起来。"孩子气愤地说。

"你不是小偷。你是不懂得道理，分不清拿人家的东西与拿自己家里的东西的不同。现在懂了吗？"老师一边抚摸着他的头，一边亲切地说。

"懂了。人家的东西是不能随便拿的。今后，我再也不拿人家的东西了。"孩子诚恳地接受了批评。

"你真是一个好孩子。"师生俩会心地笑了。①

这是一次成功的谈话。其中有两点经验和方法值得学习。一是抓住学生的认识特点循循善诱。整个谈话犹如和学生在叙"家常"，自然和谐；谈话没有讲"大道理"，而是将教育性融入交谈中，通过亲切地发问去引导学生深刻地思考，最终让学生自己得出是或非。二是高超的谈话艺术和教育机智。谈话过程有一个非常重要的关节点，即帮助学生弄清"拿"和"偷"的区别，谈话从具体到抽象，既有理有据，又深入浅出。谈话最后又很巧妙地用"难为情"回避"偷"字，既保护了学生的自尊心，有效防止不必要的对立情绪产生，同时又教育了学生，使他乐意地接受了批评，明白了道理。

（二）组织和培养班集体

建设好班集体，是班主任的一项重要工作，也是班主任最基本的任务。良好班集体的组织培养，虽然会因学校、教师、学生等条件不同而方法上各异，但是，班集体的形成和发展仍有一定规律可循。因此，组织和培养班集体的要求和方法也有许多共同之处。

---

① 黄济，劳凯声，檀传宝. 小学教育学. 北京：人民教育出版社，2007：310-311.

1. 确立目标

班集体目标是指全班同学共同具有的期望和追求，是班级各项活动所要达到的预期目的的总概括。确立班集体目标，就是要让班级全体学生明确班集体的发展前景，知道共同的努力方向，并为目标实现统一行动。班集体目标是班集体形成的条件和发展的动力，与学生一起制定班级目标是班主任创建班集体的首要工作。

由于目标具有很强的导向和激励作用，因此，确立班集体目标有以下基本要求：① 体现时代精神。班集体目标既要符合教育方针和教育的培养目标要求，体现社会发展的时代特征，又要符合班集体两个基础文明建设的需要以及新时期社会主义现代化建设人才素质的新要求。② 有明确的指向性。班集体目标是全班同学共同奋斗所要达到的最终目的，具有很强的导向性。目标必须明确具体。③ 注意目标的层次性。班集体目标可分为远期、中期、近期三种。一般来说，远期目标要“高而可攀，望而可及”，有鼓动性和号召力；中期目标既要反映阶段性或者专题性的要求，又要发挥承上启下、远近衔接的作用；近期目标则要明确具体、又要与长、中期目标保持一致。④ 有可行性。目标价值能否得以体现，关键还取决于既能照顾学生年龄特点和接受水平，又要掌握好目标水平高于现实水平的差距，合理适当的差距才有吸引力，才能激发学生奋发向上的斗志，挖掘学生发展的潜能。

2. 建立班委会

班委会是班主任做好各项工作的有力助手。建立一个勤奋学习、团结友爱的班集体，必须组建好班级的领导核心，挑选能团结同学、办事认真、关心集体、乐意为班级服务的积极分子来参与班级领导工作。

建立班委会，应遵循四个原则：民主性原则；用其所长原则；教育与锻炼相兼的原则；关心爱护与严格要求相结合的原则。班干部产生形式和方法多种多样。如“选举制”，由学生直接进行民主选举；“委任制”，在广泛征求同学意见，通过全面了解基础上，由班主任直接任命；“竞争制”，在自鉴基础上，通过公平竞争选举干部。用以上方法产生学生干部，各有优缺点，班主任要注意优势互补，扬长避短。

3. 培养正确的舆论和良好的班风

正确舆论，就是根据是非标准所作出的符合客观事实的意愿和态度。它是衡量集体觉悟水平的重要标准。班风是班级成员的思想、言行、风格、习惯等方面表现出来的班集体特有的一种精神面貌，是班级“个性特征”的体现。良好班风有很强的制约功能和教育功能，并主要以舆论或规范的形式体现。良好班风是班集体构成要素长期相互作用，不断发展的结果，是班集体形成的综合标志。

正确舆论和良好班风是相互联系的。良好班风的形成，需要正确舆论的支持，而良好班风一旦建立，又会促成良好的集体舆论。班主任培养正确的集体舆论和良好班风，需要做好以下几项工作：

（1）加强思想政治教育，提高认识。班主任应认真组织学生学习学生守则和行为规范，明确要求，教育学生逐步养成正确的道德理念，使学生掌握正确的价值观念和判断标准，树立起正确的是非观、荣辱观和美丑观。

（2）抓好常规训练，严格行为规范。集体舆论和班风的形成是一个渐进的、不断发展和巩固的过程。班主任应从大处着眼，小处入手，从日常的学习、生活开始，严格要求，严格训练，教育学生从自我做起，从身边做起，从小事做起，加强行为习惯的训练和培养。

(3) 培养集体荣誉感和责任感。集体荣誉感在集体活动中是一种巨大的心理动力，也是责任感形成的心理基础。班主任要利用一切教育时机，将学生的一言一行与整个班集体联系起来，教育每个学生明确自己对集体应担负的责任和义务。

(4) 奖惩强化。要形成正确舆论和良好班风，严明的纪律是保证。班主任要及时对好行为给予表扬和奖励，对不规范行为要批评和抵制，努力营造以遵规守纪为荣、爱班如爱家的风气。奖惩不宜太泛太滥，奖励要以表扬和精神鼓励为主，惩罚要以批评教育为目的，不能损伤学生的自尊心，更不能搞体罚和变相体罚，不能用经济惩罚简单地代替思想教育。

4. 组织开展班级活动

一个良好班集体的建设必须通过各种活动来实现。这是因为集体活动可以产生凝聚力，能使每个学生的主体积极性得以发挥，能使师生关系不断密切。主题活动，是班级教育活动的重要形式，是班集体建设的基本方法和途径。所谓主题活动，是指在班主任的指导和带领下，围绕具体问题而组织的集体性教育活动。主题活动的表现形式多种多样，从时间看，有长时期的，也有短时间的；从目的来看，有行为训练、能力素质提高和思想品德培养；从内容来看，有理想教育、劳动教育、爱国主义教育、集体主义教育等。组织开展主题活动的具体要求如下：

(1) 要精心设计主题。主题必须服从于教育方针和班级目标，有利于促进学生的全面发展，有利于班集体的健全和完善。

(2) 要有针对性，能切实解决问题。

(3) 善于开拓创新，具有鲜明的时代性。

(4) 要生动活泼，具有趣味性。

(5) 面向全体学生，充分调动和发挥每个学生的积极主动性。

主题班会是主题活动的系列之一，是班级教育活动的基本形式。主题班会是在班主任指导下，由班委组织开展的围绕一个专题或某一问题进行的自我教育活动。成功的主题班会，除了具备以上主题活动的五点要求外，还要注意它的活动形式是“会”，时间性强，严密组织的要求高。主题班会需要班主任认真导演和精心设计。

（三）做好个别教育工作

苏联教育家苏霍姆林斯基曾经说过，每一个学生都各自是一个完全特殊的、独一无二的世界。每个学生都有自己的特点、兴趣、情感和需要，具有不同的发展水平。要让不同的学生都有所提高、有所发展，班主任必须根据学生的个体差异，采用不同的方法去做好学生的个别教育。班主任对学生的个别教育工作面向的是全班每一位同学。这里着重从类别上分析对优秀生和后进生两类学生的教育工作。

1. 优秀生的教育工作

优秀生一般指在班级中德、智、体、美诸方面发展比较好的学生。这类学生在班集体中是骨干，是班主任和教师的得力助手，在同学中有威信、有影响。因此，优秀生的培养和教育对班集体建设关系重大。

优秀生是一个相对的概念。特别是小学生，可塑性大，不稳定性突出，在一定条件下变

化的可能性大。因此，班主任对优秀生的教育既要体现培养和爱护，又要体现严格管理和严格要求。

（1）加强理想教育。优秀生一般都具有言行一致的健康人格，有积极向上的生活态度，有强烈的求知欲和创新精神。但是，班主任仍不能忽视对他们进行学习目的的教育，端正学习动机，树立为祖国、为人民发奋学习的志向，不断向他们提出新要求，引导他们向更高的目标奋斗。

（2）客观评价。优秀生不是完人，也需要一分为二地看待。班主任要看到他们优秀的主流，肯定成绩，创造条件扬其所长。同时，对优秀生的缺点及不良倾向，班主任也不能袒护、迁就，应及时教育引导。特别是优秀生优越感强，容易产生骄傲自满，处理不好与一般学生的关系。班主任要经常教育他们在成绩面前看到不足，在表扬中看到差距，能够正确地评价自己和他人，搞好同学间的人际关系。

2. 后进生的转化工作

后进生通常是指那些智力发育正常，有品德不良行为或学习成绩差的学生。后进生人数虽少，但对班级的消极影响大，如果不做好后进生的转化工作，班级正常教学秩序以及日常生活常规就会受到影响。

大量的研究和教育实践表明，后进生也是学生，是可教育好的对象。如何做好后进生的转化工作，是班主任工作能力的检验，也是职业责任感的高度体现。

转化后进生，首先要了解后进生。后进生的形成原因十分复杂，从外因看，主要有家庭和社会的不良影响，有学校教育的失误。从内因看，中小学生社会阅历浅，知识经验少，是非能力差，意志薄弱等，都很容易成为后进生接受消极影响的内部动因。针对这一点，班主任做好后进生的转化教育工作要注意三点：

（1）以爱动其心。无数转化后进生的教育经验表明，教师只有用一颗热爱学生的赤诚之心去对待后进生，与其建立起融洽的关系，才能感化后进生。后进生在自己的成长过程中，受排斥、被讽刺、遭冷眼的体验较多，他们内心更需要温暖，需要爱。班主任从思想上、学习上、生活上去关心和爱护，让他们感悟到教师的爱心和期待，从而点燃起希望之火，自觉将教师的爱转化为积极向上的内部动力。

（2）以理服其人。后进生除了具有一般学生的特点外，还有许多特殊之处，如自尊心特别强，思想、行为的情绪性色彩明显，意志和毅力薄弱，是非观念模糊，学习态度不端正等。作为后进生，他们自己也知道存在的缺点和不足，但他们不一定都清楚地意识到这些问题的性质和危害，更难独自找到摆脱这种处境的方法。班主任做后进生的转化教育工作，决不能一概地因事论事作简单处理，要针对问题引导学生去明察问题，分析根源，清楚性质，明白危害，改过自新。

（3）以智导其行。后进生形成原因错综复杂，可以说，后进生的转化教育工作，是集科学性和艺术性为一体的工作，它要求班主任既要注重科学性，又要注重艺术性。后进生的转化教育是一个渐进的教育过程，其中难免会有反复和冲突。对此，班主任在转化教育过程中，要利用教育机智，善于捕捉后进生身上的闪光点，及时给予表扬鼓励；对过错反复现象，要耐心说明，持之以恒，善于在反复中抓教育，帮助他们总结经验教训，增强与诱因作斗争的抵抗力。

后进生的转变往往需要一个较长期的过程。一个称职的班主任应当具有的重要品质之一就是对于后进学生工作的耐心与爱心。

（四）营造优雅的班级环境

班集体是学生在学校生活中的“小社会”，是社会影响学生、帮助学生进入社会的通道之一。在依靠集体、通过集体教育学生的诸因素里，班级环境建设仍然是一个重要的育人因素。班主任作为班集体的总设计师和管理者，如何创造性地构建富有个性的、生动活泼的班级环境，是其一项重要工作。

班级环境建设，首先要从教室布置开始。班训、班徽或者治学格言可悬挂在教室的醒目之处，精选的名人画像、名言警句、奖状奖旗可安排在教室两侧。其次要办好班报，班报是班级重要的传媒，在班集体建设中既有以正压邪的舆论宣传作用，又有交流思想、交流学习经验的沟通作用。再次是建好图书角、生态角。班主任可动员和鼓励学生将自己喜爱的书报拿到集体来与同学交流共享，班主任还要组织学生利用教室空闲地或者窗台栽种少量适宜室内生长的花草，用以调节教室气氛，美化学习环境。

（五）协调好各方面的教育力量

班级工作力量是由多方面教育力量构成的教育整体，除学校领导外，任课教师、少先队组织、学生家长也是十分重要的教育力量，只有协调并发挥好这些力量，才能保持教育方向的一致性，教育要求的统一性，教育活动的协调性。

1. 加强与任课教师的团结合作

任课教师是班级教育工作的重要力量。首先，班主任要尊重科任教师，虚心向他们学习；也要教育学生尊重科任教师，认真接受他们的教育。其次，要加强联系，班主任主动向科任教师介绍班级和学生的情况，广泛听取他们的意见；发挥科任教师的特长，让他们参与班级管理和重大活动。此外，还要注意及时处理任课教师与学生的矛盾，建立起和谐的师生关系。

2. 做好班级少先队工作

在小学，班主任一般都兼任着少先队中队辅导员的工作。因此，班主任要充分认识少先队组织在班集体中的核心地位和教育的助手作用；要尊重少先队组织的独立性，热情指导，为少先队活动的开展创设条件；要协调好教学工作与班级少先队工作的关系，协调好班委会与少先队组织的关系，要处理好良师与益友的关系。

3. 做好家长工作

班主任进行家长工作的内容主要有三项：① 向家长宣传国家的教育方针、教育法规以及小学的培养目标；② 向家长介绍学校和班级以及学生情况，争取家长的支持配合，同时也了解学生在家庭的表现，达到相互沟通，使学校教育与家庭教育协调统一；③ 向家长宣传家庭教育的理论和经验，帮助家长掌握科学教育子女的方法，特别是关于独生子女的教育方法。

班主任进行家长工作的形式和方法很多，如家庭访问，召开家长会也是联系家长互通信息的好方法。此外，建立书信联络制、成立家长委员会、举办家长接待日，等等，也是目前班主任联系家长经常使用的方法。

（六）做好班主任工作的计划和总结

班主任工作计划的制定和总结，是班级工作不可缺少的环节，是班主任工作达到预定目的的重要保证。

班主任工作计划的制定，要根据教育方针、中小学培养目标、教育政策和法规，要与学校工作计划和本班实际相联系。计划要全面，目的要明确，条理要清楚，阐述要简练，操作要可行。计划一般分为学期和月（周）计划。学期计划的内容包括班级学生基本情况分析，班级工作的指导思想和班级共同奋斗的目标，教育工作的内容、主要措施及时间安排等。月（周）计划是学期计划的细化，主要包括具体活动的内容、基本要求、组织措施和完成期限等。

班主任工作总结是班级工作过程的最后一个环节，它既是对工作计划执行情况的检查，也是对工作质量的全面评估，以便总结经验教训，不断改进工作方法，提高工作效率。要使总结客观反映真实，班主任应注意日常班级管理和活动资料的积累。总结也不是平时工作的简单复述，要有事实、有分析，善于把感性经验上升为理论，不断探索班级教育的规律，为今后进一步做好班主任工作打下良好基础。

阅读材料

中学德育的新领域——生命道德教育

一、问题的提出

（一）现实生活中生命意识的失落与渴求呼唤生命道德教育

中小学生正处在生命力最旺盛的成长时期，本应该是生龙活虎般，对一切充满惊奇、喜爱、憧憬。然而，实际上却很难得出此种结论：他们对周围事物漠不关心，对新鲜事物缺乏好奇心，一些不能适应学校生活或敏感的孩子，则更深深地陷入迷茫和痛苦之中，感受不到生命的意义，找不到生命存在的价值，甚至放弃了年轻的生命。近年来，学生轻生的报道屡见报端。与对自己生命的轻视相伴随的是对别人生命的轻视，对他人的生命缺乏尊重和宽容，敲诈、欺压，甚至流血等暴力事件时有发生。一桩桩血淋淋的惨剧令人震惊、痛心。孩子们何以如此漠视生命？笔者对所在学校296名初中生进行了生命意识问卷调查和访谈。在与孩子们探讨有关生命的各种问题时，他们的渴望、兴奋、欣喜和好奇之情让我激动和叹息，他们热切盼望着心灵的对话、情感的交流、人生的指引。我深深地感觉到关爱生命的教育是多么重要和必要。

（二）社会转型期对现代范式道德教育的反思

改革开放以来，整个社会结构发生了重大变革，多种经济成分以及多种文化价值取向并存的局面，强烈冲击着学校德育。反思当前我国学校德育实效性差的原因，尽管有方方面面，但究其根源，却是无“人”的教育，它无视或蔑视生命的需要，与学生的生活相脱节甚至相悖，采取简单化、灌输式的说教。

（1）现代范式道德教育内容的“理想性”。现代德育的“政治化”气氛太浓，脱离现实，强调整体性的社会制度、社会秩序与一切行为规范，将理想化的道德视为现实的道德，忽视对生命的现实关注，脱离每个个体生命成长的具体、现实的生命需要，并以此来评价个体生命的行为道德与否，可以说在道德教育中出现了生命的“空场”。这种做法造成学生不是为了道德而道德，也不是为了生命、生活而需要道德，道德对于生命个体变成一种教条，而不是主观上的接受。过分强调理想性的道德，忽视每个个体生命现实的生命困惑和当下需要就很难对学生产生真正的德育效果。

（2）现代范式道德教育过程的“无人性”。当今德育忽视学生作为生命个体的教育，重视书本，重视知识，将个体道德生命的形成与发展视为外塑的产物。而以传授知识为目标的德育，只能解决知与不知、会与不会的问题，却不能解决信不信、行不行的问题。因此，道德教育与学生的现实生活相割裂，忽视了个体生命的道德情感、道德信念和道德行为，导致知行不一致，形成个体生命人格的缺陷。

（3）现代范式道德教育手段的“说教与灌输性”。现代德育以“美德袋”的形式进行灌输教育，关注普遍的道德原则、规范、忽视或无视学生的生命经历、感受和体验、忽视个体生命所处的具体、现实的道德情境，以抽象、单一、绝对的“善”“正确”与“错误”为标准来要求和衡量个人的动机与行为。当然，在此笔者并不是简单否认外部道德灌输的必要性和作用，但在强调外部灌输的同时却必须很好地运用其他道德教育方式和方法，关注个体的生命存在，关注生命个体的主观性和情感体验，而不要片面地以固定的、一成不变的道德原则和规范去“塑造”下一代人。总之，反思现代范式道德教育，其目的、过程和手段都围绕着将生物学意义上的自然人塑造为人类学意义上的文化人，将一个自然性的生命体塑造为一个社会性的人而展开。正如朱小蔓教授所认为：这样的道德教育就必然将自己置于一个无视和贬低人的生物自然性和个体自然性的际遇，现实德育就变成了压抑人的正当自然性和个体性的外加于人的枷锁，这就从根本上稀释和消弭了德育的内在魅力。让我们从生命教育着手做起。

二、将生命教育纳入中学德育视野的依据

生命与道德息息相关，它们之间具有内在联系。道德规范并不是客观精神的体现，道德无论就其起源还是发展的动力而言，都来自于生命，这就促使人们从生命的源头找寻道德的意义，实现道德向人的生命的回归。

（一）道德的源头——生命的自爱

生命哲学家们从生命的源头来寻求道德的依据，认为道德有利于生命的充实而非戕害生命。世纪的启蒙主义者卢梭和爱尔维修强调，道德的起源在于自爱。爱尔维修认为自爱就是身体的感受性，它有着趋乐避苦的特性，这种情感使人寻求幸福，同情别人本质上是因为这种同情对自己有利。因此，从社会的角度来说，最重要的是要将公共利益与个人利益结合起来，以求达到两者的平衡；而卢梭认为，自爱是一种善的萌芽，自爱并非自私，“只要把自爱之心扩大到爱别人，我们就可以把自爱变成美德，这种美德，在任何一个人心中都是可以找到它的根底的”。

（二）道德的原则——生殖（生命）的原则

19世纪后半叶法国哲学家居友进一步揭示了生命与道德之间的本质联系。他认为，科学的伦理学建立的基础不是制裁与义务，而是现实的事实本身，我们自然本性的主要和基本的事实是，“我们是活生生的、富有情感并能进行思维的生命”，因此科学的伦理学应建立在生命的基础上，生命是道德的动力，“我们只能从生命中获取道德的原则”。生命需要营养，更需要扩张与繁殖；生命力产生行动与创造的欲望，或者生命力向其同伴扩散，便构成了“道德生殖”。所以，道德不是一种外在的行为规范的强制，而是生命的本能需求使然。道德义务

不是“应该如此，所以我能如此”，而是“我能如此，所以我必须如此”。因此，德育只能以生命为依托，顺着生命的轨迹逐渐发展，与生命融为一体，并不断发展变化。

（三）生命本身具有道德教育价值

生命本身具有最深层的道德教育价值，其突出表现为“死亡”的生命意义。① 有助于人们重新审视生活和探询生命意义。别尔嘉耶夫认为，“只有死亡的事实才能深刻地提出生命的意义问题。这个世界上的生命之所以有意义，只是因为有死亡，假如在我们的世界里没有死亡，那么生命就会丧失意义”。死亡使人意识到什么是自己真正想要的，在有限的生命过程中自己到底想成为什么样子；② 死亡易于唤起道德情感和道德行为。众多事例表明，当个体生命面对垂危的生命或逝去的生命时，会情不自禁地唤起他的道德情感和道德行为。这种道德情感主要有不忍之情、珍惜之情，它不仅唤起个体生命对他人、人类生命的关爱，而且也能够产生对他类生命存在的认同感，进而产生道德行为。总之，生命是一种最为有力的、有效的道德教育资源，也是道德教育之所以可能的根源所在。将生命纳入道德教育的视野，恰能实现生命本身的道德教育价值，也更有利于道德教育的“亲人性”与“有效性”的实现。无论是站在整个人类自身生存与发展的角度，还是从学校道德教育自身存在的实际问题思考，学校德育都必须摆脱一时的功利限制，把学校德育的主要目标和功能定位在发展学生的个体生命上，引导学生发现、培育人生的意义，向“以人为本”、踏着学生生命的节拍、和着学生生命的律动、促进学生生命健康发展的方向转型。

三、生命道德教育的内涵

所谓生命道德教育，就是在中学德育中关注对青年一代进行整体人生的塑造，帮助青少年从小开始探索与认识生命的意义，了解生命的有限性，欣赏生命、珍爱生命、体验生命，树立远大的人生目标与理想，最终实现自我人生价值。它绝不是单纯的生物学意义上的生命知识的教育，而是上升到人文关怀层面的伦理教育与道德教育，是对当今道德教育的超越与提升。除了让学生了解生命的存在形式之外，更多的是关注生命的伦理精神方面，即人生目标、人生价值和人生超越等，以实现学生人生境界的提升。

（一）传授生命知识

生命是人生最宝贵的东西，只有生命的存在才会有人的其他价值的创造、实现和评估。生命对于每个人来说都只有一次，失去了就不可复得，所以我们在学校德育工作中要对学生进行有关生命起源即人从何而来的教育，让学生了解迎接新生命的喜悦、成长、生病、衰老和死亡等知识，引导学生接受痛苦与困难是生命的一部分，协助学生用积极的方法去面对痛苦与失落，加强培养学生的生命意识，使每个学生都能正确地看待生命现象，既认识到生命的伟大与崇高，又认识到生命的渺小与脆弱，从而保持旺盛的生命意识与积极进取的人生态度，在相互关爱与友善的基础上发展其内在道德品质。这是生命道德教育的基础。

（二）优化生命关系

学校生命道德教育应提升到“以人为本”的人类社会领域。因为作为高等动物的人，他与动物最重要的区别就是人具有“社会性”，而人的“社会性”的实质就是“关系”。所以在学校生命道德教育中要引导学生学会与他人、自然、环境和谐共处，既珍视自己的生命，又珍视他人的生命和自然界中的其他生命，关注群体伦理，关心弱势群体和个体，关注自然和人文环境的可持续发展等。

（三）提升生命价值

这里所说的“生命价值教育”不同于传统的所谓的生命价值的教育。传统的生命价值教育把人当做认知的工具而非完整的有生命的人，它忽视人的生命特点和需要而“强迫”学生根据“伟人”的价值观来欣赏生命。基于“生命道德”基础上的“生命价值的教育”认识到生命意义的生成并不是空洞的说教，而是一个认识、实践和体验的过程；它并不推崇某种单一的价值观，而是尊重价值的多元化，主张多元价值观，反对强加给学生“大一统”的价值观；它强调根据生命的独特性、个我性，赋予不同的人不同的生命意义，培养学生对社会、他人以及自我的理解与认同，并促使学生实现和提高自我价值。

四、开展生命道德教育的实施策略

生命道德教育在中学德育中必须追求适切的实施形式，它应该主要通过直接教学还是间接教学的方式进行，是目前很有争议的问题。从现实来看，我们在中学德育中进行生命道德教育应树立理念为先，独立课程实施为主，学科渗透为辅，学校、家庭和社会三结合的全方位体系。

（一）转变德育观念

学校领导要做生命道德教育的发动者。作为学校领导者、决策者的校长要在生命道德教育中起关键作用，从思想深处认识到对学生进行生命道德教育的重要性，制定相应的教育政策进行配合，并将之纳入学校教育目标中，没有校长的发动与积极参与，很难相信一个学校能真正进行生命道德教育。学校各部门负责人和各学科教师要成为生命道德教育的倡导者和响应者。在生命道德教育实践中，学校领导、学校各部门负责人、各学科教师都应踊跃参加，不能互相推诿，要把生命道德教育和自己所从事的实际工作结合起来。教师应努力充实自己，启发自己的生命关怀和生命智慧，利用自己的优势地位去对学生进行生命道德教育。教师的言行具有强烈的示范和潜移默化的作用，师生交往中，教师不是在“讲”道德，而是在“行”道德，所以教师要以自己饱满的热情去热爱学生、关怀学生、赏识学生，建立师生之间民主平等的合作关系，创建一个温馨、和谐、充满生命活力的学生成长环境。另外，教师要努力培养自己的生命情怀，在教学实践中采取生命化的教育方式，对学生进行正确的生命价值引导，尊重学生人格与个性，注重联系学生实际生活中经常遇到的问题，教会他们如何解决提高他们的生活应对能力，形成自尊、自爱、自强的性格。

（二）开设独立的生命道德教育课程

这是进行生命道德教育的最主要途径，在这里，相关教材内容的设计质量非常重要。根据生命道德教育的内涵和目标，结合学生的身心发展特点，借鉴港台实践经验，中学生命道德教育的主要内容可包括以下几个方面：

（1）生命的历程：生命的起源；生命的足迹；在变迁中成长；努力的生命最美丽。使学生认识到生命是一个自然、客观的产生消亡过程；帮助学生认识生命，进而欣赏生命的可贵；协助学生如何珍惜与尊重生命，思考生命方向。

（2）揭开死亡的神秘面纱：死亡可怕吗；死亡不是终点站；积极地生活（做到“不后悔”，记住“不要紧”；常怀希望）；培养生命智慧和爱心，开展幸福人生。教育学生知道死亡的意义，建立正确面对死亡的态度，降低对死亡的恐惧和焦虑；理性分析对死亡的态度和情感；引导学生决定自己的人生价值观，并学习充实生命内涵的方法。

（3）生命的乐章：独一无二的我；生命的特色；尊贵的自己；美好的未来。帮助学生认识自己的独特性，引导学生努力从各方面找出真实的自我，从而开发自己的潜能，建立自尊与自信。

（4）生命的挑战：痛苦和困难的益处；面对逆境；走出伤痕；正确对待失败；活出意义来。使学生认识到疾病和灾难是人生的一部分，挫折对人是有益的，协助学生运用积极的方法去面对痛苦和失败，有能力面对挫折并能解决困难。

（5）人活在关系中：我是关系的起点；人我交融；以自然为家；爱使生命更有希望，建立美好人生。帮助学生了解个体与他人、社会的共存关系，认识群体的力量；让学生知道要活得有意义就必须与人群与环境维持良好关系，强调爱心的重要。

（6）成长与努力：强化做人的责任心；良心——终身的良伴；认真过好每一天；成为优质的自己。在工作中实现自我引导，培养学生的责任心；帮助学生认识良心的功用及培养方法；促进学生采取积极的态度和方法去实现自我理想，提升自己的生命意义与价值。

（三）在相关学科教学中进行有关生命知识的渗透

中学有很多学科教材内容中都蕴含大量的人文教育的素材，我们可引导教师充分利用现有教材，渗透生命知识，端正生命态度，善待自己的生命。人教版初中语文第二册就收有关于生命教育的文章，如刘白羽的《白蝴蝶之恋》、法国蒙田的《热爱生命》等；生物教学可通过知识讲解，帮助学生了解生命的萌芽、发育、成长的不易，感受生命凋零的痛苦；政治课教学可结合相关知识讲解引导学生认识生命的意义，提升生命的价值等。

（四）构建学校、家庭和社会三结合的生命道德教育的综合网络

现阶段，生命道德教育还处于待开发状态，它的实施与开展需要多方面配合，要发挥学校、家庭和社会的综合德育职能，创建良好的生命道德教育环境。生命是整体的、完整的，生命道德教育的实施不能只限于校内，整个社会环境是学生学习的大环境，社会应为开展生命道德教育创造有利的条件，纳入社区，营造对青少年甚至全社会进行生命教育的社会文化环境、家庭是塑造一个人品格的第一也是最重要的学校，每个人都在家庭中受到最好或最坏的道德熏陶，学校可协助家长了解生命道德教育的重要性，指导他们在家庭日常生活中教导儿童，使学生从小形成正确的生死观并学会尊重与关怀他人，珍惜我们所生存的环境，最终使每一个儿童都成长为生命的所有者与爱护者。

当然，我们在生命道德教育的课堂教学中要以学生的经验为基础，强调学生的体验和实践活动，重视课外活动的重要性，让学生在活动中真切地体悟人生，提升生命的价值。

（资料来源：章文丽．中学德育的新领域：生命道德教育．教育科学研究，2005（6）．）

复习思考题

1. 什么是德育？怎样理解德育的地位和作用？
2. 什么是德育过程？德育过程的基本规律有哪些？如何理解这些规律？
3. 什么是德育原则？常用的德育原则有哪些？
4. 常用的德育方法有哪些？
5. 班主任工作的主要内容是什么？主要采用了哪些方法？
6. 老师对学生晓之以理，动之以情，持之以恒、导之以行主要是遵循了德育过程的哪些规律？

第八章　中小学教育评价

【本章要点】

- 教育评价的概念、功能及类型
- 学生评价的原则、内容与方式
- 教师评价的原则、内容与方式
- 成长记录袋的特点、内容与制作

我是后进生行列中的一员，经受着和其他后进生一样的遭遇。然而我并不想当后进生，我也曾努力过，刻苦过，但最后却被一盆盆“冷水”浇得心灰意冷。就拿一次英语考试来说吧。我觉得学英语比上青天还难，每次考试不是个位数就是十几分。一次老师骂我是蠢猪，我一生气下决心下次一定考好。于是，我起早摸黑，加倍努力，不知牺牲了多少休息时间。好在功夫不负有心人，期末预考时，真的拿了英语第一名。当时我心里的高兴劲儿就别提了，心想老师这次一定会表扬我了吧！可是出乎意料，老师一进教室就当着全班同学的面问我：“你这次考得这么好，不是抄来的吧？”听了这话，我一下子从头凉到脚，心里感到一阵刺痛，那种心情真是比死还难受一百倍。难道我们后进生一辈子都翻不了身吗？

如果你就是文中的“我”，听了这位老师说的话你会怎么样？为什么？

如果你是文中“我”的老师，你会怎么做？为什么？

第一节　教育评价概述

一、教育评价的概念

教育评价思想起源于中国古代的科举制度，孕育于西方的教育测量。教育评价作为科学概念起源于20世纪30年代的美国。1929年爆发的世界资本主义危机，对各国的社会和教育产生了深刻影响。在美国，学校课程与社会、大多数学生的需要及社会要求发生了尖锐的矛盾。为改革中学的课程与教学，缓和学校与社会、学生之间的紧张，使学校教育更好地满足青年人的多种需要，实现更为广泛的教育目标，美国进步主义教育联盟成立专门的研究组织，设计了一套新的课程及评价方法，并在7所大学、30所中学进行了长达八年的大规模课程改革实验，史称“八年研究”（1933—1940年）。在这个实验中，由泰勒（R. w. Tyler）等教授组成的评价委员会，以新教育理论为依据，以全面发展人的才能为目标，结合实验研究的课程设计了一套评价办法，对实验学校与传统学校1 500名学生进行分析对照研究，证明实验学校学生在知识、兴趣、思考力、创造力、对社会态度、集体协作精神等方面都优于传统学校学生。“八年研究”的成果，形成了名为《八年研究报告》的总结。这个报告第一次提出了教育评价的科学概念，建立了教育评价较完整的思想和原理，认为教育评价就是衡量实际活动达到教育目标的程度。这个报告被称为“划时代的教育评价宣言”，标志教育评价理论的诞生，泰勒也因此被誉为“现代教育评价之父”。

评价是指主体按照一定的标准对客体的价值进行判断的过程。教育评价是指评价主体根据一定的教育价值观或教育目标，运用可操作的科学方法、手段，对与教育相关的评价对象进行价值判断的过程。

二、教育评价的功能

教育评价的功能主要表现在以下几个方面。

1. 导向功能

教育评价的导向作用，即评价在教育系统中所表现出来的动力作用和控制作用，是指教育评价像一根“指挥棒”，可以引导评价对象趋向理想的目标。合理的教育评价具有明确的评价目的、科学的评价指标、严密的评价程序和客观的评价结论，这些可以为教育行政部门提供更好的工作方向；帮助学校明确自己的办学方向和发展目标；帮助教师和学生发现教学过程中存在的问题，并提出改进措施等。

2. 激励功能

教育评价的激励作用是指教育评价的正确运用，能够激发评价对象的内在动力，挖掘他们的潜能，增进他们工作的积极性等。评价通常要区分出水平高低、评定等级。由于评价结论往往直接影响到评价对象的形象、荣誉和利益等，评价常能激发被评者的成就动机，使他们追求好的评价结果，激励他们全力以赴做好有关的各项工作，创造更大的教育成就。如果评价和其他一些管理措施结合起来，如在评价结论的基础上进行表扬、奖励、资助、批评、处罚等，评价的激励功能就会得到更好的发挥。在评价中，若能在肯定成绩和优点的同时，诚恳地、富有建设性地指出他们存在的缺点和问题，也会激励他们进一步改进和完善有关的工作。

3. 鉴定功能

教育评价的鉴定功能是指根据评价搜集的信息对评价对象的工作情况和结果作出某种定性、定量的裁定，判断其是否达到并在多大程度上达到所规定的标准。鉴定的对象可以是学生、教师，也可以是教育机构或教育方案。鉴定是教育评价的重要功能之一，但不是教育评价活动的根本目的。在评价实践中，切不可将评价与评优完全等同。评价的根本目的在于改进和提高教育工作质量，而不仅仅为了分出优劣高下。

4. 改进功能

改进功能即通过反馈机制，及时强化正确行为或纠正不良行为，使整个教育过程积极地向着更为完善的方向发展。教育评价的目的不在于评价自身，而在于改进教育教学工作，教育评价的改进功能是教育评价的主要功能。教育教学过程是一个不断发展不断变化的动态过程，为提高教育质量，这个过程应当不断完善和改进。教育评价本身就是改进教育教学活动的积极表现，同时，教育评价又是改进教育教学活动的重要手段。

三、教育评价的类型

教育评价的类型，就是以一定的标准为依据而划分出的教育评价的种类。明确教育评价的类型，有助于提升我们对教育评价的认识，更好地把握和运用评价的理论和方法，同时有利于我们根据实践情境选择和使用不同形式的教育评价，从而有效地发挥教育评价的作用。

由于划分的依据不同，教育评价的类型也不同。

（一）按照评价的对象分类

1. 学生评价

学生评价是指对学生个体成长发展情况的评价，既包括对学生个体学习情况的评定，也包括对学生的情感、态度、价值观及身体发育情况等的评价。学生评价是教育评价的重要内容，在教育评价活动中处于核心地位。良好的学生评价，既是教育评价的基本要求，也是做好其他评价工作的基础。学生评价的根本目的是优化学校的教育教学环境，促进学生全面而有个性地发展。

2. 教师评价

教师评价是对教师作为教学专业人员的评价，其目的在于增强教师的教学效能，促进教师的专业发展，不断提高学校的教育教学质量。现实中，由于教师的职责范围很难界定，教师评价的内容也十分广泛，因而对于应从哪些方面对教师进行相应的评价尚无定论。多数倾向于从教师的整体素质、教师的职责、教师的专业水平及教学绩效等几个方面来评价教师。

3. 课程与教学评价

课程与教学评价是指对于具有特定目标的一组连贯的教育教学活动的评价，包括对课程标准的评价、对整个学校课程体系的评价、对学校课程实施情况的评价、对具体教学科目及其是实施情况的评价以及对特定课堂教学活动的评价。评价课程，必然要对课程的实施情况尤其课程教学情况进行评价；评价教学，必然要以课程目标、课程标准及课程结构为依据。因此，课程评价常常与教学评价一起进行。

4. 学校评价

学校评价是以学校为评价对象，对学校的整体工作进行全面评价，评价的内容涉及学校的教学、管理、后勤等方面。通过这些方面的综合评价，可以了解学校的整体办学质量如何。

（二）按评价的功能分

教育评价是一项有目的的活动，根据评价的目的的不同，可把教育评价划分为诊断性评价、形成性评价和终结性评价。

1. 诊断性评价

诊断性评价又称准备性评价，它是一种在教育教学过程开始之前对学生在兴趣、爱好、知识储备、能力倾向、学习风格偏好、情绪情感特征、性格类型等方面已有准备状况所作的粗略评估。这种评价根本目的在于，摸清学生已有的基础、准备状况，确定学生的教育起点水平，在此基础上制订相应的教育教学计划，选择适中的教育教学内容，合理地安置学生。一句话，诊断性评价最终的目的是为了方便教师对学生进行因材施教。诊断性评价通常在新学年、新学期或新课程开始之前进行，它既可以通过较为正式的特殊测验来进行，也可以通过问卷、家长访谈、查阅学生个人成长档案、日常观察记录分析等非正式渠道进行。

2. 形成性评价

形成性评价又称过程性评价。它是一种伴随教学过程而进行的经常性评估。其根本目的是为了给教师的教育教学提供及时的反馈信息，帮助教师及时发现学生在学习过程中存在的困难与问题，从而调整、改进教学，包括调整教学的内容、方法与进度等。形成性评价往往以小测验、日常作业、课堂提问等经常性检查来进行。

3. 终结性评价

终结性评价又称结果评价。它是一种在某一相对完整的教学阶段结束后，为确定学生是否达成整个教学目标的程度而做的评价。这种评价具有两个基本功能：一是确定学生实际的学习水平，判断学生是否达到了事先规定的学习要求；二是为了给学生的学习成绩划分等级，供升学、评比、鉴定之用。终结性评价的主要特点是：概括水平较高，评价的内容范围较大，但运用的频率较低。它通常安排在一个相对完整的学习阶段结束之时进行，比如，学期、学年或课程结束之际所作的评价即是一种终结性评价。终结性评价往往是一种正式的外部评价，且独立于教学过程之外。

我国 2001 年颁发的《基础教育改革纲要》中对课程评价改革提出了新的要求：改变课程评价过分强调甄别与选择功能的现状，发挥课程评价促进学生发展、教师提高和改进教学实践的功能。这表明了新课程改革注重形成性评价与终结性评价相结合的价值趋向。

（三）根据评价的主体分类

评价总是由不同主体来主持操作的，根据评价主体的不同，可以把教育评价划分为他人评价与自我评价。

1. 他人评价

他人评价，是指除评价对象自身以外的任何评价者实施的评价。相对于评价对象而言，属于外部评价，包括领导评价、专家评价、行政评价、同行评价、社会评价等。他人评价结果一般比较客观、真实，可以为教育决策者提供信息，为社会选拔人才和个人求学、就业提供信息等。同时，评价结果可以促使评价对象努力工作、不断进步。当然，他人评价也会出现一些矛盾，如评价主体的偏见、评价者与被评价者之间的隔阂等。因此，在进行他人评价时应注意克服评价者的偏见，协调评价者与被评价者之间的关系，充分调动被评价者的积极性。

2. 自我评价

自我评价，也称内部评价，是评价者在组织内部对自身进行的评价。在自我评价中，评价主体与客体统一于一身。如学校对本校教育教学管理的评价，教师对自己教学科研的评价，都属于自我评价。自我评价有助于评价者自我认识、自我提高和自我完善；有助于提高自我评价的意识和能力。但自我评价由于缺乏外界参照标准，不易进行横向比较，主观性较强，在评价中容易出现偏高或偏低的倾向。因此，自我评价的结论一般只是作为他人评价的参考基础，不宜作为终结性评价使用。

（四）根据评价内容的复杂程度分类

评价总是有对象和内容的，由于评价内容的广泛性和复杂性，因此，可以从不同的角度对评价内容进行分类，从而形成不同类型的评价。根据评价内容的复杂程度，可将评价分为单项评价和综合评价。

1. 单项评价

单项评价是对评价对象的某一方面或某项因素所进行的评价。如对学校教学的评价，对学生某一学科学业成绩的评价，都属于单项评价。此类评价的优点在于评价范围小，内容单一，评价省时省力，易于经常进行，能及时发挥评价的调节、反馈作用。此外，单项评价有较强的针对性，分析具体，评价深入，有利于提高评价的可靠性。其缺点是难以把握评价对象的整体情况，容易出现“头痛医头，脚痛医脚”的现象。

2. 综合评价

综合评价是指在对评价对象进行分析的基础上，把多方面的因素和评价结果整合起来，对评价对象进行完整的、系统的、全面的评价。如目前学校新课程所倡导的实行学生学业成绩与成长记录袋相结合的综合评价方式，建立促进学生全面发展的评价体系，就是一种综合评价。综合评价的优点是能够全面了解评价对象，既有利于促进和改善工作，也有利于教育行政部门的决策与管理，其缺点是操作起来较复杂，费时费力。

单项评价和综合评价的区分是相对的，在一定条件下，二者可以相互转换。如办学条件评价，在办学水平评价中是单项评价，而对于师资、校舍、经费等评价来说，又是一种综合评价。实际上，综合评价都是以单项评价为基础的，二者结合使用可以相互取长补短，相得益彰。

（五）按照评价参照的标准分类

评价需要有参照标准，教育评价的参照标准通常有相对标准、绝对标准和个体标准。据此，可以将教育评价划分为相对评价、绝对评价和个体内差异评价。

1. 相对评价

相对评价是以评价对象群体的平均水平或其中某一对象的水平为参照标准，确定评价对象在群体中的相对位置或与群体中某一个体之间的差距的一种评价。具体而言，就是在一组评价对象内部进行相互比较，通过比较来确定每一评价对象在组中的相对应置。相对评价一般以团体常模作为参照标准，称作常模参照评价，如升学考试、选拔考试就是一种常模参照评价，考生能否被录取取决于其在整个考生群体中的相对位置。相对评价可以比较清晰地表示被评对象在整体中的位置。

2. 绝对评价

绝对评价（也称达标评价）基准不是在被评对象中产生的，是由评价者根据教育目标预先制定的参照标准，将每一个评价对象与这个参照标准进行比较而做出结论的评价。例如，成人高等教育自学考试属于绝对评价类型，其评价标准是教学大纲规定的教学目标，并明确考试大纲的要求。这个标准，可以在考试前就制定好。体育锻炼的达标考核，也是一种绝对评价。绝对评价的主要目的是了解被评对象是否达到标准和达到的程度。通过绝对评价，可以明确评价对象与客观标准的差距，激励被评者积极上进。

3. 个体内差异评价

个体内差异评价是以评价对象群体中各对象自身的发展变化为参照点的一种评价，即把评价对象过去和现在相比较或把某一对象的不同侧面进行比较的一种评价。这种评价从评价对象的实际出发，判断其发展状况，充分尊重个体差异，不会对评价对象产生过多的压力。这种评价可以比较明确地表示被评对象进步的程度和范围。

相对评价、绝对评价和个体内差异评价各有其优缺点和应用的范围，在评价工作中应根据实际情况选择或结合使用，以便取长补短，从而全面发挥评价的作用。

四、教育评价活动系统的结构

评价活动的实施是由有关评价活动的各种因素及运作过程所决定。如果将教育评价活动过程作为一个系统来看，则此系统由参与评价的各种要素以及评价运作的程序构成。在教育评价系统中，构成评价的结构要素如下。

1. 评价者

在教育评价中，评价者是依据特定的评价标准对教育活动的价值进行判断的人，即具体实施评价的人。当评价者以个人作为评价主体对教育活动进行评价时，其评价判断的是教育活动对个人的价值。当评价主体是阶级、国家或某一组织时，实施评价的人所要判断的是教育活动对阶级、国家或某一组织的价值。在后一种评价中，实施评价的评价者可以是个人，也可以是由个人组成的评价小组。根据不同目的，对不同对象进行评价时，评价者的构成也不同。对专业性强的教育活动评价时，一般聘请有关专家作为评价者进行评价。对教育管理情况进行评价时，常聘请行政管理人员作为评价者进行评价。进行综合评价活动时，往往聘请各类有关人员组成评价小组作为评价者进行评价。

2. 评价对象

评价对象是评价客体，是评价活动中被评价的部分。评价对象可以是人，也可以是行为、活动过程、制度、方案，等等。在教育评价中，教育活动涉及的方方面面，都可以作为教育评价的对象。评价对象的状态、活动过程及结果，直接受个体活动的影响。但评价对象并非独立存在于社会，而总是存在于某一空间或时间，所以评价对象的活动及状态也会受到来自外部及内部、显性及隐性等各种因素的影响。在教育评价中若忽略这些因素的影响，只将评价对象作为独立的、静止的个体进行评价，评价结果将会失之偏颇，所提出的改进意见也会有局限。

3. 评价标准

评价标准是对评价对象价值的衡量尺度，即评价主体用以衡量价值客体对价值主体需要的满足程度的尺度。在教育评价中，价值衡量的尺度与评价内容是相连的，即评价对象在某一方面达到了什么程度。评价标准是评价活动进行的逻辑前提，若评价标准不明确，评价标准不当，评价结果难以正确。评价主体有个人与群体之分，评价标准亦有个体性与社会性之分。可以说，作为社会中的人，每一个人作为评价主体，对客体的评价均有自己的评价标准。个人的评价标准的形成，既有对社会评价标准的吸收与选择，也有由个人在实践中形成并发展的。因而作为个人，人与人的评价标准多有不同之处。

当个人进行评价活动时，他可以依据自己的评价标准进行评价。而当个人作为群体或社会代表对评价对象进行评价时，他所依据的应是社会评价标准。教育评价中有很大一部分是社会评价，应采用社会评价标准。需要注意的是，在社会评价中，个人的评价标准在一定程度上会对评价产生影响，这是无法回避的。

4. 评价模式

评价模式是评价方法的类型化。评价模式是评价者依据一定的评价理念设计评价过程，获取评价信息，作出评价结论的这一完整过程的形式。评价模式决定一次评价的重点、获取信息的手段及类型，以及如何作出评价结论。不同的评价模式所遵循的评价理念、所关注评价对象的焦点是不同的。

长期来，人们创立了许多有效的教育评价模式，其中影响较大并对中小学适用性较强的，主要有行为目标模式、CIPP 模式、目标游离模式和对手模式。

(1) 泰勒的行为目标模式。20 世纪三四十年代，美国教育家泰勒提出了行为目标模式，至今仍然在教育评价中发挥着重要作用。泰勒认为，教育首先要把教育的总目标转化为可测量的学生行为目标，根据行为目标编制课程、编写教材和进行教学，然后根据行为目标进行评价。这种以教学目标为依据进行的目标评价模式，被称为教育评价的行为目标模式。这一模式强调目标在教育评价中的首要地位，目标是依据，并且是判断教育教学活动的标准。但这里的目标，是用学生的行为特征来表征的，是外显、可观察、可测量的。

(2) 斯塔弗尔比姆的 CIPP 模式。美国学者斯塔弗尔比姆（Stufflebeam，D.L.）1967 年在对泰勒行为目标模式反思的基础上提出了 CIPP 模型。他认为，教育评价不应局限于目标达到的程度，还要评价目标达到的背景、条件和过程，从而为教育决策提供更加全面的信息。CIPP 模式不同于以目标作为中心的泰勒模式，而是把“决策”作为评价的中心。CIPP 评价模式，把评价分成四个方面：背景评价、输入评价、过程评价和成果评价。背景评价具有诊断性，主要是检视社会要求与对象的实际情况，以确定原有工作目标是否恰当；输入评价是在原有目标修正后，对目标所需要的并能达到的条件进行评价，以确定目标达到的可行性；过程评价是在评价方案实施中，获得信息反馈，进行及时的处理和改进；结果评价是将教育工作目标也列为评价对象，重点在于判断目标的达成程度，并将评价贯穿于教育工作的全过程。

(3) 斯克里文的目标游离模式。CIPP 模式仍然是基于目标的，仍然没有考虑到教育过程中必然存在的“非预期结果”。基于这种反思，斯克里文（Scriven，M.）提出了目标游离模式。他认为，教育评价不能仅限于评价教育目标的达到程度，还应当考虑教育过程中产生的“非预期结果”，这种非预期结果有时是很大的。教育评价不仅要对照决策者的意愿来检查效果，还要收集民意，考察工作实际收到的效果。这一评价模式打开了评价者关注的视野，更具有真实性，也具有民主性要求的色彩。不过这一模式不能做极端化运用，即撇开目标去找所谓的实际效果。

(4) 欧文斯的对手模式。欧文斯（Owens，T）在20世纪70年代初期借鉴法庭判案的控辩对手模式，提出了教育评价中的对手模式。这种模式适用于在确定重大决策之前，听取两种截然不同的观点，也适用于听取对工作效果的两种截然不同的评价，并特别重视反对者的意见。它通常由评价者决定问题，由观点不同的两方评价人员进行辩论准备，最后进行听证并形成结论。这一评价模式经常被用于对争议性较大的工作的评价。

五、教育评价的步骤

教育评价的步骤就是进行教育评价的先后顺序，一般按以下五个步骤进行：

1. 确定评价的对象和范围

它要解决的是：① 评价的对象是什么，是评价教师、学生，还是教育行政人员；是评价办学水平，还是教学质量等。② 评价的类型是什么，是绝对评价，还是相对评价；是状况评价还是结果评价；是他评还是自评等。③ 评价的范围，即评价的人员、时间、地理位置，是局部评价，还是全面评价等。

2. 确定评价的目的

评价的目的是评价活动的出发点和归宿，它制约着评价活动的整个过程。它解决“为什么而评”的问题。在实际评价中，对任何一种对象领域的评价都是在一定的目的指导下进行的。评价的目的不同，具体的评价的目标和任务就不同，收集资料的范围和工具不同，对资料的处理和利用也就不同。教育评价的目的一般可分为：改善决策的目的；促进学习的目的；加强管理的目的；开发研究的目的等。

3. 设定并分解评价目标

设定评价目标就是确定具体的评价对象，解决“评价什么”的问题。分解评价目标是指在目标的指引下，对评价对象加以分解，建立指标体系的过程。各级各类学校要根据我国统一的教育目标制定具体的培养目标，然后再确定各门学科的目标。评价目标设定后，要针对评价对象，根据评价目的的要求，将评价目标分解成不同层次或级别，即对目标进行分类，并使之具体化。评价目标从大到小，从粗到细，越具体、明确，反馈结论才能越精细，矫正才能越准确、有效，既便于评价操作，又有利于目标管理。

评价目标分解后，应选择能反映对象的本质因素、有意义且直观的项目作为指标项目。各指标项目要求内涵明确，外延清晰，区分度高，表达简洁、严密、清楚，然后明确各指标项目的测量方法。

4. 收集和处理教育评价的资料

评价资料的收集是进行评价的依据，它是评价工作的一个实质性环节。在评价资料的收集上，最重要的工作是选择符合评价技术要求的最佳评价工具。评价者要根据评价问题的性质、评价的要求和资料的特征，选择科学的评价工具和方法。收集评价资料主要是根据方案确定的评价对象、内容和范围进行。评价者要根据指标体系，按照标准，逐项收集资料，全面掌握评价对象的情况。资料来源愈充分、愈真实可靠，评价的成功率也愈高。

对评价资料进行处理主要包括两方面的工作：首先是对评价资料的验证、核实和检查。其次，对评价资料进行过滤和分类。通过各种方法收集到的评价资料，大多是对评价对象现象特征的描述，这种现象或特征常因具体情况的变化而产生一定的偶然波动性。因此，要准确地反映出评价对象的内在本质，就要对这些波动进行过滤筛选，在确认资料的真实性和准确性后，按照问题的性质和技术处理要求进行适当的分类。

5. 评价结果的分析与处理

评价结果的分析与处理是评价活动的最后一个阶段。在这一阶段中，主要有四项活动：① 综合各种信息对被评对象的工作给出定量或定性的综合意见；② 在综合判断的基础上对得到的信息进行细致的分析，以帮助被评对象认识工作中存在的问题及症结所在，以便能有针对性地改进工作；③ 要充分地估计和评价本次评价活动的质量，以判断它是否可以作为决策的依据；④ 撰写评价报告并向领导部门、被评对象等进行反馈。

第二节　学生评价

学生是教育的对象，教育质量的高低主要体现在学生身上，因而学生评价是教育评价的重要内容。学生评价是指评价者依据一定的评价标准，对学生学习、思想品德、个性发展等因素进行系统分析和价值判断，以期达到教育价值增值的过程。主要包括对学生在知识、技能、方法以及情感、态度、价值观等方面发展状况的评价。

通过学生评价不仅可以了解学生自身的发展情况，也可以了解教师的教学质量、学校的管理水平、教育目标的实现程度、教育方针政策的贯彻情况和教育工作中存在的问题，从而为提高教育质量，改进教育工作，进行教育决策提供依据。

一、学生评价的基本原则

（一）创造适合学生发展的教育的原则

新课程的发展性学生评价思想，是以“创造适合学生发展的教育”为评价的根本目的。它依据新课程提出的培养目标，通过对学生学习过程和结果的系统分析、及时反馈，对学生的现实与未来发展状况作出价值判断，从而实现评价对象“增殖”的目的。新课程中关于学生评价，不仅要注重评价对象的过去与现实的表现，更要重视评价对象的未来发展；不仅关注学习结果，更要关注学习过程；不仅要对基础知识与基本技能掌握情况进行评价，更要对学习能力、科学探究精神以及情感、态度、价值观等方面进行全面评价，从而创造出适合学生发展的教育。总之，通过学生评价不仅仅是对学生的价值进行评价，最终目的是使我们的教育适合学生发展，创造适合学生发展的教育。

（二）改进与激励功能相结合原则

新课程提出了评价应关注学生学习过程，诊断学生成长中的问题，发现学生的特长，展示学生的才华，从而发挥评价的改进功能与激励功能。正如美国著名学生评价学专家斯塔弗宾所言:“评价的目的不在证明，而在改进。”因此，学生评价的目的不仅在于明确是非，区分工作的优劣程度，更重要的是分析问题，找出原因，作出选择，对教育实践活动予以指导，加以控制和调整，寻找改善教学行为的途径，从而保证教育教学质量的提高。

学生评价的改进与激励功能，具体表现在以下几方面。

1. 反馈调节

反馈调节即倡导教师与学生在平等、尊重的基础上，通过协商、讨论、辩论等沟通方式，将评价结果以具有建设性的方式反馈给被评价者，使其最大限度地接受，从而促进其改进提高。

2. 展示激励

在学习过程中，成绩的优劣、效果的好坏，始终是学生最关心的问题。这种渴望了解自己学习结果的心理趋向，本身就具有激励作用。一般来说，得到正评价（奖赏、肯定的评价）时，积极性比较高，得到负评价（惩罚、否定的评价）时，积极性比较低。因此，在学生评价过程中，如何重视这一心理反应，调动的内部动机，让其看到自己的进步和成绩，具有十分重要的意义。新课程中的学生评价要求把评价活动当作为学生提供一个自我展示的平台和机会，鼓励学生展示自己的努力和成绩，因而具有改进与激励功能。

3. 记录成长

发展性学生评价倡导多元化的评价内容，以及灵活使用不同的评价方法和手段，尤其重视质性评价方法，如成长记录袋等，而且强调评价的日常化，所以可以清晰、全面地记录下个体成长中的点点滴滴。这对于以发展的眼光来客观评价个体的发展具有深远的意义，同时也是发展性学生评价注重过程这一特点的具体体现。

4. 积极导向

新课程中的学生评价将评价看作一个与教学过程同等重要的过程，并且重视评价过程本身等新思想，将随着评价具体的实施过程渗透到新的课程改革的其他各个环节，如教学方式的转变、教师自身成长等方面，从而建构促进教师、学生、学校发展的课程发展模式与框架。

（三）注重综合评价与关注学生个体差异原则

社会的发展客观上要求人的发展必须是全面的。不仅要求在智能上的广泛适应性，而且要求在身心素质等方面也必须协调发展。因此，评价内容不仅要涉及各科知识的掌握情况，更重要的是要突出学生积极的学习态度、创新精神、分析与解决问题的能力，以及正确的人生观、价值观等。从考察学生学到了什么，到对学生是否学会做人、学会认知、学会健体、学会劳动、学会生活等进行考察和综合评价。与此同时，多元智力理论和成功智力理论的风行，再一次使学生评价深刻地认识到尊重个体发展的差异性和独特性的价值，于是在综合评价的基础上提出评价指标的多元化，以适应社会对人才多样化的要求。

（四）质性评价与评价方法的多元化相结合原则

新课程要求学生评价以质性评价为主，强调多元化的评价方法。质性评价是指在特定背景下，通过现场观察甚至亲自参与，或者是与有关人员进行深入交谈，以及查阅有关局面材料等方式，对评价对象的属性在概念或程度上作质的规定，然后进行分析评定，以说明评价对象的性质和程度。质性评价的方法以其全面、深入、真实再现评价对象的特点和发展趋势而受到欢迎，成为近30年来世界各国课程改革倡导的评价方法。例如，美国《国家科学课程》课程中提供的评价方法除了纸笔测试以外，还包括平时的课堂行为记录、项目调查、局面报告、作业等开放性的方法。美国各著名高校在录取学生时不仅要求学业成绩，通常还要求学生提交一份短文（选题通常极具开放性）、有关人士的推荐信和面试等。

质性评价从本质上并不排斥量化评价，它常常与量化的评价结果整合起来应用，从而实现评价方法的多样化。因为人的行为个性，许多时候不能用单一的模式去评价，必须发展和利用多角度、多层次的评价方法进行综合评价。近年来国外发展起了许多新的方法，如表现性评定、代表作选集法、成长记录袋法、小组协议评定法等。只有综合运用这些方法，才能全面、客观、公正地评价学生的发展，更清晰、更准确地描述学生的现状和进步。

（五）强调参与和互动、自评与他评相结合的原则

新课程倡导学生评价是一种发展性评价，它以评价对象为主体，注重评价对象的个人价值，重视提高评价对象的参与意识和主体意识，发挥其积极性。这是教育过程逐步迈向民主化、人性化进程的体现。在学生评价中，评价目标和个人计划可由学生和教师协商制定，双方认同后方可实施；注重多渠道交流信息，鼓励学生之间相互评价；提倡由学生选择评价者，即学生从被动接受评价逐步转向主动参与评价。学生还可就教师对自己作出的评价结果发表不同意见、进行申诉等。这样，将评价活动变成了学生主动参与、自我反思、自我教育、自我发展的过程。同时在相互沟通协商中，增进了双方的了解和理解，易于形成积极、友好、平等、民主的评价关系。

二、学生评价的内容及指标体系

（一）一般性的发展目标评价指标

1. 道德品质

学生应具备的道德品质主要包括：爱祖国、爱人民、爱劳动、爱科学、爱社会主义；遵纪守法、诚实可信、维护公德、关心集体、保护环境；自信、自尊、自强、自律、勤奋；能对个人的行为负责，表现出公民所应具有的社会责任感等。

2. 学习能力

有学习的愿望与兴趣，能承担起学习的责任；能运用各种学习策略来提高学习水平，能对自己的学习过程和学习结果进行反思；能把不同的学科知识联系起来，运用已有的知识和技能分析、解决问题；具有初步的探究与创新精神等。

3. 交流与合作

能与他人一起确立目标并努力去实现目标；尊重并理解他人的处境和观点，能评价和约束自己的行为；能综合地运用各种交流和沟通的方法进行合作等。

4. 个性与情感

对生活、学习有着积极的情绪情感体验，拥有自尊和自信；能积极乐观地对待挫折与困

难。表现出勤奋、独立、自律、宽容和自强不息等优秀的个性品质。

（二）学生学业成就评价

学生学业成就评价包括知识的掌握与智能的发展两个方面。

1. 知识掌握的评价

关于知识的评价可以从以下四个方面进行：

（1）学科知识评价。主要评价学生对学科知识掌握的程度，这是人的全部素质的基础，也是知识领域的基础。

（2）意会知识评价。主要评价学生的生活经验，关于对周围社会（社区）背景的认识，生活的技能和适应环境的能力等。

（3）能力知识评价。在能力知识评价中对学生学力的评价是一个重要内容。学力包括态度、能力、知识的集合。主要评价三个方面的学力：① 基础学力，由认知要素、情感要素、技能要素三部分构成；② 发展性学力，指具有发展性的观念和意识，有自学能力、生存能力、自我调节能力、具有发展性的基础知识和知识结构；③ 创造性学力，指有强烈的事业心、自信心、独立自主、积极进取精神，有坚强的意志和毅力、创造性思维能力和创造性解决问题的能力，了解尚未解决的问题，并对问题有不同的看法。

（4）信息知识评价。主要包括获取信息的技术与方法的知识。

2. 智能素质评价

智能又称智力，或称为一般能力。是指人认识、理解客观事物，并能运用知识、经验解决问题的能力的总和。它包括观察力、注意力、记忆力、思维力和想象力等因素。对智力活动而言，这些智力因素的作用是，观察力是起点，注意力是组织、维持，记忆力是基础，思维力是核心，想象力是发明创造的条件。发展学生的智力比单纯让学生接受知识更重要。

评价学生智能素质发展的要点主要有以下几个方面：

（1）是否有敏锐、深刻的观察能力。

（2）是否有稳定、持久、广泛的注意力。

（3）是否有准确的、巩固性的记忆力。

（4）是否具有主导性、流畅性、逻辑性、敏捷性、批判性和创造性的思维能力。

（5）是否具有丰富和新颖的想象能力。

如果一个人具备了上述五种智力并加以综合运用，他就具备了较强的创造力。

三、学生评价的方式和实施程序

（一）学生自我评价

传统的教育评价，片面强调和追求学业成绩的精确化和客观化，忽视了学生的主体性和能动性，学生的自我评价经常被忽略。发展性学生评价将改变过去学生被动接受评判的状况，发挥学生在评价中的主体作用，鼓励学生自评和互评，通过“协商”达成最终评价结论。通过学生对评价过程的全面参与，使评价过程成为促进学生反思、加强评价与教学过程相结合的过程，成为学生自我认识、自我评价、自我激励、自我调整等自我教育能力不断提高的过程。

（二）学生交互评价

学生交互评价指学生之间以一定的形式，对其他学生各方面发展状况进行评价。这种评价方法有较为客观的实践基础。学生天天生活在一起，一起上课，一起活动，一起上学放学，每一位学生的表现大家都清楚，可以真实地反映被评者的现实表现。互评法一般建立在学生自评的基础上。

让学生参与对他人的评价，不仅能让他们清楚地认识到自己的优势和不足，提高批判性思维能力，同时能让他们学会交流、合作与分享，而且也能改变教师一“评”定音的僵化局面，让不同层次的学生都拥有主动参与和主动发展的机会。

交互评价方式一般有以下几种。

1. 个体形式的交互评价

个体形式的交互评价，即个体在学习过程中相互肯定、交流。这种评价方式灵活性强，操作方便，但只是个体间互动，评价主体有局限性。个体形成的交互评价有两种基本形式：① 生生互评。指两个个体学生之间互相评价，一般适用于同桌互评，其形式为 A→B。② 生生循环评价。指多个个体间以一定顺序进行循环、流动评价，它更具开放性，参与评价的主体范围扩大。这种评价一般适用于学习小组内的评价，其形式为 A→B→C→D→A。

2. 小组形式的交互评价

小组形式的交互评价，即一定的学生群体间的相互肯定、指正、交流。这种评价是个体评价的延伸和发展，能在较大范围内进行评价，提高评价质量。小组形式的交互评价有两种基本形式：① 组组互评。两个学习群体经过各自充分讨论，达成群体共识后，进行相互评价。这种评价中，群体内部的讨论是基础，它决定着评价质量。其形式为 A 组→B 组。② 小组循环评价。多个学生群体的观点、意见进行相互间循环评价。这种评价方式既能提高评价质量，又能够使全体学生都参与到评价中来，但需要较好的组织。其形式为 A 组 →B 组→C 组→D 组→A 组。

3. 集体个人交互评价

集体个人交互评价，即学生个体与学生群体间的相互评价。这种方式有助于扩展评价角度，使评价更全面。它的基本形式：① 群体评价个体。指群体学生多角度，多侧面对个体学生的学习进行评价，使评价更全面、准确，其形式为（A、B、C、D）→E。② 个体评价群体。指个体对不同群体或群体中不同个体进行评价。这种评价可以横向比较，从评价比较中发现差异，有利于学生对所学内容的进一步巩固。其形式为：E→（A、B、C、D）。

学生交互评价是一个主动、活泼的学习过程。在评价过程中要遵循评价原则，根据不同的教学环境，灵活机动地采用合理的评价方式，同时引导学生客观、公正地评价，使学生之间的交互评价收到满意的效果。

（三）教师对学生的评价

教师对学生的评价无时不在，考试的分数是评价，作业的批语是评价，集体活动的小结是评价，学期的评语是评价，个别谈话是评价，家访也有评价。教师对学生的评价在学生学会学习、学会做人、学会生活的发展过程中起着至关重要的作用。

当教师在对学生各方面发展情况下结论、写评语时，要符合以下特点。

1. 评语要有情感性

传统评语僵化、呆板、趋同，是一种刻板的鉴定模式，不能与每个学生的自身特点很好地结合起来，因此难以达到预期的教育效果。教师只有带着爱心、富有情感地写下评语，才能充分表露关心、尊重和爱护，才能得到学生的呼应，增强育人效果。因此，评语写作中，须将宣判式的“第三人称”改为谈心式的“第二人称”。

2. 评语要有针对性

传统操行评语千篇一律、千人一面，是普遍化的评价方式。评语只有根据学生的性别、年龄等生理特点，根据学生的个体和社会心理特征，根据学生特殊的兴趣、爱好、习惯，才能表现出学生的个性，才能给学生以针对性的指导。

3. 评语要有具体性

评语要根据学生已经发生的事情或可能发生的事情作出评价，才能引起学生的共鸣。这就要求教师平时要注意关注学生的行为和言语,从中捕捉起关键作用的教育事件进行适时的、合理的评判。具体性的评语，让学生感觉到教师从来都没有忽略过自己，也能使学生从具有针对性的评价意见中获得有益的教诲，促进他们的成长。

4. 操行评语要有激励性

评语的目的，是调动学生学习的积极性、主动性、创造性。利用评语独特的沟通作用和语言的色彩魅力，对成绩多给予赞许，对进步多给予肯定。指出学生不足时，也要充满爱护的感情，做到以情动人，这样才能产生激励效应，才能获得学生的认可和接受，才能赢得信赖与理解，才能调动学生进步的积极性、主动性和创造性。

5. 评语要有即时性

操行评语不应被看做是终结性的，而应视为一种常规工作。所谓即时性就是根据现实出现的情况对学生进行适时、适度的评价，这种及时的强化可以把握住最佳的教育机会。即时性与过程性是相辅相成的，只有在日常的点滴中对学生加以细致的关照，才能给学生以客观的、合理的评价。把所有的评价都放在期末，很可能会失去其应有的教育意义，同时过多的工作量也可能使教师对学生的评价不能深入。

（四）家长评价

随着社会民主步伐的加快，人们的民主意识越来越强，学校评价由教师说了算的评价方式受到了挑战。特别是现在独生子女成了学生主体之后，家长对孩子的期望更高了，家长对孩子的成长更关心了。新课改提出，在评价学生时，要注意将教师、学生、家长的评价结合起来，家长评价就是一种很有效的方法。家长评价可以分为两个方面，第一个方面，可以通过家访了解学生情况，这实际上是一种家长的口头评价方式。第二个方面，教师还可以请家长以书信的方式对自己的孩子做出全面评价。教师也可以邀请家长到班级里开“家长学生联谊评价会”。家长、老师、学生进行面对面、心与心的交流。这种评价是最好的教育过程，对孩子的成长有着积极的意义。

四、成长记录袋评价

改变以往将纸笔测验作为唯一或主要的评价手段的现象，运用多样化的评价方法对学生进行评价，已成为学生评价改革的一大特色。当前，广大中小学教师在学生日常评价实践中使用较多的几种方法有：① 作业。作业已经在形式和内容上发生了很大的变化，除了传统的纸笔作业外，口语交际作业、综合实践作业、实验操作作业等注重学生在真实情境中实际表现能力的表现性任务开始进入学生的生活，同时也是教师对学生进行评价的依据。② 测验。包括随堂测验、单元测验和阶段性测验等。教师通过平时测验检查和督促学生的学习，诊断学生对知识与技能的掌握情况，考查学生学习能力的发展状况，在测验内容与形式上也作了很多有益的尝试。下面重点介绍一种不同于传统评价的新方法——成长记录袋法。

成长记录袋是从国外引进的一种新兴评价方式。成长记录袋在英文中是“portfolio”，有“文件夹”“公事包”“代表作选辑”等意思。最初使用这种形式的是画家及后来的摄影家，他们把自己有代表性的作品汇集起来，向预期的委托人展示。后来，成长记录袋被作为一种评价方法应用到教育领域中。成长记录袋是指收集、记录学生在学习过程中一连串表现、作品、反思，自己、同伴或教师作出评价的有关材料以及其他相关记录和资料，以反映学生在特定领域的努力、进步或成就。一般来讲，成长记录袋是由学生和教师共同完成的。通过收集表现学生发展变化的资料，能够反映学生成长的轨迹。

（一）成长记录袋的特点

1. 主要内容是学生作品以及对这些作品的反思

成长记录袋提供给学生展示成就、发表意见和对作品进行反省的机会。因此，其基本成分是学生作品，而且数量很多。但同时也包括对学生完成作品过程的描述或记录，还包括学生本人、教师、同伴和家长对作品的评价。成长记录袋中学生作品可以展现学生的成就与进步，描述学生学习的过程，反映学生学习的态度与情感，这是它与传统评价方式的最大的不同，也是它的一个特色。

2. 反映学生在特定领域的努力、进步或成就

学生成长记录袋作品的收集与选择，不是简单地汇集学生作品，而是根据目的有意识地收集与学生成长和发展相关的材料。比如，如果创建成长记录袋的目的是展示学生的最优成果，那么收集的内容应是学生认为最满意或最重要的作品；如果创建成长记录袋的目的是评估学生学习与发展的水平，那么收集的内容就要结构化或半结构化，也就是说，其中有些东西是统一要求的，以便在不同学生之间进行比较。

3. 关注学生学习与发展的过程

传统评价过分注重甄别与选拔，过分强调终结性评价，导致评价的发展性功能难以充分地发挥出来。而成长记录袋收集学生在学习过程中产生的质性资料，关注学生学习与发展的过程、学习的策略与方法、发展的优势与不足、能力的培养等。成长记录袋中学生作品及相

关资料的收集是在教学过程中动态进行的，评价活动与教学过程是有机结合的。

4. 每一个学生都能体验成功

成长记录袋的内容主要是学生根据资料收集的目的自行选择装袋，入袋的内容主要反映学生某方面的进步、成就、某方面的长处、特色等。因而这种评价不仅避免了与他人比较可能遭受的失败、打击、挫折，使每一个学生都能体验成功，而且能增强学生的自信心，提高学生自我评价、自我反省的能力。

5. 有助于家长用发展的眼光看待自己的孩子

家长看待孩子的学习，很重要一部分来自于学校对学生学习的评价。成长记录袋主要反映学生的优点、兴趣、学习态度、方式及进步，对学生的评价，是以定性为主。家长通过翻阅孩子的成长记录袋，能用发展的眼光综合地看待自己的孩子，看待孩子的潜力，从而能使家长树立正确的教育观。

（二）成长记录袋的类型

成长记录袋的基本成分是学生作品，它主要收集学生在学习过程中生成的各种作品，用以展现学生的成就与进步，描述学生学习的过程与方法，反映学生学习的态度与情感。根据不同的功能，可把成长记录袋分为：展示型、文件型、评价型。

(1) 展示型。主要是学生选择出来的最好和最喜欢的作品的汇集。鼓励学生考虑作品选择的理由，相关的反省记录也可以装进去。其内容是非结构化的，每个学生的成长记录袋可以不相同。

(2) 文件型。根据一些学生的反映以及教师的评价、观察、考查、轶事、成绩测验等得出的学生进步的系统性、持续性记录。以学生的作品、量化和质性评价的方式，提供一种系统的记录。它既可能包括最佳成果，也包括虽然不是最佳但具有典型性的成果。

(3) 评价型。用于评估学生学习与发展水平的成长记录袋，主要是由教师、管理者、学区所建立的学生作品集。评价的标准是预定的，向家长和管理者提供学生在作品方面所取得成绩的标准化报告。这种成长记录袋可以作为学生升级，留级的参考，也可用于一定时期的总结报告。

实际上，评价实践中产生的成长记录袋类型还有很多。比如美国南卡罗来纳大学的格雷德勒（Gredler）就以成长记录袋的不同功能为标准把成长记录袋分为理想型、展示型、文件型、评估型和课堂型五种。对于中小学教师而言，究竟哪种分类方法更科学更合理，并不十分重要。重要的是科学认识各种类型成长记录袋的构成及优势，能根据自己的教育教学需要，合理高效地应用成长记录袋。

（三）成长记录袋的制作

1. 明确使用成长记录袋的目的

不同的学生成长记录袋是与不同的评价目的相联系的，目的不同，收集的材料就不同，所以，制作成长记录袋的第一步就是明确评价目的。

2. 确定需收集的材料

明确成长记录袋的目的后，接下来的工作就是收集与目的相关的材料。如成长记录袋的目的是为了展示，那么学生就只收集最好的作业样本即可，学生进步过程中的作业就不需要收集；如果成长记录袋的目的是反映学生的进步，那么，就应收集那些能表现学生进步的材料，如观察记录、轶事记录、作业样本（包括进步过程中的作业样本）、测验分数等。

在确定成长记录袋的具体内容时，要避免片面追求“大、全、美”。成长记录袋内容的收集应能充分体现学生的学习与发展，与评价目的有关，能激励和促进学生的发展。

3. 调动学生参与

学生的积极参与是成长记录袋评价的一大特点。教师应向学生详尽介绍成长记录袋的作用，激发学生的兴趣。具体的办法很多，例如，教师事先精心制作一个反映自己或他人某一方面发展过程或发展水平的非常漂亮的成长记录袋（如记录教师参加某一活动全过程的成长记录袋），提供给学生浏览，引导激发学生的创作欲望。

一般来说，在学生成长记录袋评价过程中，学生可能参与的活动主要有：选择将什么作品放入成长记录袋；撰写成长日志；对自己成长记录袋中的部分内容进行评价和反省；对他人的表现和作品进行评价；与他人（包括教师、同学、家长）交流和分享自己的作品和进步。为此，教师要事先制订指导方案，尤其要对学生的自我反省加强指导。同时为自己的成长记录袋设计美观、大方的记录袋封面。

4. 确定评分的方法

成长记录袋的评分包括两个方面。一是给成长记录袋中所收集的材料评分，即分项目评分。一般在收集材料时进行，与日常教育教学评价的方法相同。二是对成长记录袋进行总体评分，即综合评分，是在成长记录袋中所需的材料全部收集完以后进行。

5. 制定评价结果交流与分享的计划

成长记录袋评价结果的交流与分享是成长记录袋评价全过程中的一个重要步骤，是发挥成长记录袋发展性功能的关键环节。正是在不断的交流与分享过程中，学生可以体验到成长发展的快乐、被人悦纳的幸福、受到赞赏的自豪和奋发向上的冲动。因此，一定要事先制定详细的评价结果交流与分享的计划。

第三节 教师评价

教师评价也叫“教师考评”，是对教师工作现实的或潜在的价值作出判断的活动。它的目的是促使教师的专业发展与提高教育教学效能。实施教师评价，对提高教师素质，改进教师工作，多快好省地培养人才都有着十分重要的意义。

一、教师评价的基本原则

（一）促进教师专业发展的原则

新课程倡导教师评价以促进教师专业发展为根本目的，要求建立发展性的教师评价体系。发展性教师评价是一种形成性教师评价，主张面向评价对象的未来、面向评价对象的发

展。它由形成性教师评价发展而来，但不是原始意义上的形成性教师评价。原始意义上的形成性教师评价强调对工作的改进，而发展性教师评价更加强调对评价对象人格的尊重，强调以人的发展为根本的思想。

（二）强调展示成就与改进激励相结合的原则

新课程倡导教师评价要发挥展示、改进、激励的功能，把评价看成是教师展示才华、追求卓越、完善自我、不断发展的过程。这种评价重视人的因素，把人看作有进取性的人，激发人的内在动力，自觉地发挥能量达到组织的目标。因此，在对教师作评价时，首先要肯定教师的成绩和进步，发现和发展教师的特长，激发教师的成就欲望。其次，要为教师改进工作提供明确的标准，评价者应把国家、社会对教师的要求体现在评价准则中，并根据教师的实际情况加以具体化和操作化。最后，要提供教师改进工作的反馈信息，帮助教师反思和总结教学中的优势和不足，分析产生问题的原因，探讨解决问题的途径和方法。第四，帮助教师确立自我发展的目标和未来专业发展方向，引导教师以社会主流价值为导向，将个人价值与社会价值融为一体。

（三）突出综合素质与重视个体差异相结合的原则

新课程观下的教师评价强调对教师进行综合评价，把单项评价与综合评价结合起来。单项评价是对教师在某一工作方面的评价，如课堂教学、师生关系等，或者是指对教师在某一时间范围内的评价，如一堂课，一次家长会等。单项评价是教师综合评价的基础，没有单项评价，就会导致综合评价的表面化、简单化。综合评价就是用动态的、发展的眼光，对教师工作的各个环节进行系统的、全程的、反复的评价。教师从事的教育活动是一个长期复杂的过程，工作中的任何成绩都是日积月累的结晶，绝非一朝一夕的产物，仅仅依靠一两次的单项评价，不可能真实反映教师工作的整个发展过程，也必然导致评价结论与教师实际工作表现的偏差。缺少综合评价，就无法全面了解评价对象的工作表现，无法把握教师的发展倾向和发展需求，也无法修正评价过程中的晕轮效应、趋同效应等引起的各种偏差。因此，必须强调对教师进行综合评价。

同时，新课程观下的教师评价也注重教师的个体差异。由于教师在个性心理、职业素养、教学风格、交往类型和工作背景等方面都存在较大差异，因此评价应根据这种差异，确立个性化的评价标准、评价重点以及选择相应的评价方法，有针对性地对每位教师提出改进建议、专业发展目标和进修计划等。只有这样，才能充分挖掘教师的潜能，发挥教师的特长，更好地促进教师的专业发展和主动创新。

（四）注重质性评价与主张自我反思相结合原则

新课程要求教师评价以质性评价为主，主张教师自我反思。由于教师劳动是一项复杂的劳动，具有任务的多样性、教学过程的复杂性、劳动的集体协作性、劳动手段的特殊性和灵活性、劳动成效的长期性和教师言行的示范性等特点，需要评价者通过现场观察甚至亲自参与，或者是与有关人员进行深入交谈，以及查阅有关书面材料等方式，对评价对象的属性在概念或程度上作质的规定，然后进行分析评定，以说明评价对象的性质和程度。因此，新课程评价的方法应在质性评价与量化评价相结合的基础上，注重质性评价。在开展质性评价时应特别注意三个关键要素：一是“背景”，即人的行为要素要放在特定背景下评价才能得到真正理解；二是“个人感受”，质性评价必须理解评价对象个人丰富多彩的经历、愿望和想法；三是“定性资料”，不去寻找个人行为之间的定量关系，而是在纯自然的条件下观察、收集评价信息。

与此同时，新课程也主张通过教师自我反思的途径开展评价活动，要求教师学会制定个人专业发展计划，记录有关事件以及建立自我剖析档案，并与其他教师交流、分享与合作，最终养成反思的习惯和形成良好的反思技能。教师自我反思不仅有利于收集到准确的评价信息，作出客观正确的判断，而且有利于被评教师本人发现问题并主动地改进和提高，还有利于消除被评教师和评价者之间的对立情绪，使被评教师能自觉地接受和理解评价结论。

（五）自评与各方协同参与相结合原则

新课程倡导教师评价是一种发展性评价，它以评价对象为主体，注重评价对象的个人价值，重视提高评价对象的参与意识和主体意识，发挥其积极性。这是教育过程逐步迈向民主化、人性化发展进程的体现。作为个人，教师希望并且能够掌握自己的发展方向和未来前途，在组织的目标范围之内评价自己的优点和缺点，决定和实现自己的发展需求。具体而言，在评价开始时，评价者应与被评教师沟通协商，根据教育教学实际和教师本人的情况，形成个体化的评价目标和评价方法。在收集评价信息时，选择恰当的渠道和方式，鼓励教师自主提交评价资料，给教师提供表现自己能力和成就的机会。同时，创设宽松的氛围，鼓励教师反思教育教学过程中遇到的困难和存在的疑惑，并与教师一起分析和探索。在分析评价资料和数据信息时，要与教师进行充分的交流与沟通，注重资料的背景和影响因素。达成评价结论的过程要与教师一起进行讨论，对教师存在的优势、不足和进步尽量形成清晰一致的认识，注重引导教师分析现象背后的原因，提高教师自我反思和总结的能力，并且与教师一起寻找出改进教育教学实践的建议。

同时，新课程主张实施领导、同事、学生、家长的多元评价，使被评教师从多渠道获得反馈信息，更好地反思和改进教育教学工作。从某种意义上说，同事、学生和家长都是教师的工作伙伴，他们不但直接或间接参与了教师的教育教学活动，而且能够从不同的侧面反映教师的工作表现，对改进、提高教师工作质量都会产生积极影响。因此，新课程强调为同事、学生和家长创设积极参与评价的氛围，同时被评教师要端正态度，认识到他人评价所提供的信息对于自己改进和发展的重要作用，以积极的态度和宽广的胸襟接受他人的评价。

二、教师评价的内容

确定教师评价的内容，应符合有关教育法规和教育行政机构对教师工作的要求，应符合教师培养、激励和发展的大方向，应符合本地区和本校的实际情况，本着全面考虑，突出重点的原则。教师评价的内容主要包括以下三方面。

（一）素质评价

教师专业要求教师具有一定的心理、能力、思想素质以及较高的知识水平。良好的素质是教师完成教育教学工作的基础，也是教师今后提高和发展的潜在因素。《教师法》第十条规定：“中国公民凡遵守宪法和法律，热爱教育事业，具有良好的思想品德，具备本法规定的学历或者经国家教师资格考试合格，有教育教学能力的，经认定合格的，可以取得教师资格。”这就从政治思想、文化水平、业务能力等方面对教师的基本素质提出了明确的要求。

需要说明一点，从实践来看，较高的素质只是指出了人具有取得较大成果的可能性，要将这种可能性转化为现实性，还有赖于被评价人主观的努力和客观的条件。这是人们在广泛地进行素质评价时要正确认识并尽力解决的问题。

（二）职责评价

这是对教师履行工作职责和完成工作任务的状况所做出的衡量和价值判断。一个具有良好素质的教师只能说明他具备了完成教育教学职责的可能性，无法反映出他在实际工作中的表现。教师的主要职责就是教育和教学工作，人们对教师的评价又更强调教师教学行为的评价，试图在建立优秀教师的教学行为模式的基础上，根据教师理想的教学行为来评价教师的工作。因此，职责评价主要从备课、课堂教学、作业与辅导、开展教育科学研究、出勤情况以及工作量等方面进行综合考查。

在教师职责评价中，课堂教学评价是对中小学教师进行职责评价的重要内容。由于教师课堂教学的理念及方式等的不同，对教师课堂教学的评价也会有所不同，下面列举两个不同的课堂教学评价方案。

方案一：课堂教学常规评价

课堂教学常规评价主要包括以下六个方面的内容：

(1) 教学目标评价。目标的确定，能根据教学大纲、教材内容和学生的实际把素质教育的要求具体化为课堂教学目标，整个教学围绕着教学目标来展开。

(2) 教学内容评价。知识的传授能科学、准确、完整地把握教材的内容；对教学重点、难点处理得当，教学内容充实；技能的训练目标明确、内容具体、方法得当、要求合理；能根据学科特点，加强对学生进行能力培养，尤其是重视学生自学能力和学习习惯的培养；在思想道德教育方面，能根据学科特点，在教学中渗透思想道德教育。

(3) 教学方法的评价。教学方法的选用，要体现启发式教学思想。教学方法灵活多样，运用得当，讲究实效；具有个人鲜明的特色和创造性；注意教给学生科学的学习方法和思维方法；合理使用现代化教学手段，多媒体教学手段等，操作得法。

(4) 教学结构评价。具备课堂教学必要的环节。步骤清晰、衔接紧凑、过渡自然，时间分配合理；教学过程合理，教学进度适宜，与学生思维合拍；重视信息反馈，及时调整教学；有较强的教学组织能力。

(5) 教学技能评价。教学语言标准、清晰、简明、流畅、形象、生动；板书设计合理、使用恰当，书写正确、工整，具有概括性、提示性；教态自然，亲切，精神饱满，仪表端庄，示范规范、熟练。

(6) 教学绩效评价。是否面向全体，实现预定的教学目标，确保绝大多数学生能达到基本教学要求，在原有基础上有提高并完成了教学任务；是否将对学生进行了主体意识的培养，调动学生学习积极性并贯穿于整个教学过程的始终；课堂教学气氛是否活跃，充分体现了民主、平等、相互尊重、相互协作的师生关系；教学内容的容量、教学活动的密度、教学进程的速度；学生当堂掌握知识、技能的情况以及练习的质量等，也是教学绩效评价的内容。

方案二：创新学习课堂教学评价。

1. 评价原则

（1）导向性原则，即在评价时重点评价教师在课堂教学中是否坚持教为主导、学为主体、疑为主轴、动（练）为主线的四为主的教学原则，教师是否以学生发展为本，充分调动了学生学习的主动性和积极性。

（2）全面性原则，即在课堂教学评价中不仅从教师“导”的角度，而且从学生“学”、“做”的角度对教师进行评价。

（3）主体性原则，即强调评价学生在课堂上的主体地位是否充分体现。主要从学生对教学活动的参与度、课堂气氛是否活跃、学生自主学习等方面进行评价。

（4）创新性原则，紧紧抓住“疑”和“思”两个关键。评价教师是否善于引疑、导疑、设疑，创设“疑”的环境和空间。同时评价学生在教师的引导下是否善于质疑。在质疑、释疑的过程中师生之间、生生之间相互合作，拓宽思维，思维品质和创新精神在“疑”和“思”中得到培养。

2. 评价方法

（1）导学结合评价法，即遵循创新学习理念，在评价中不仅注重评价教师讲得是否精彩，而且也注重学生“学（做）”的状况，把二者结合起来考虑。

（2）性量结合评价法，即评价结论既有定性的评语和等级，也有定量的分数，等级视分数而定。

（3）教、学、管结合评价法，即评价人员由“教、学、管”三方面组成，最后的评价结果按权重的方式进行核算。一般而言，教师自评占10%，学生代表评价占20%，管理者（评课者）评价占70%。

（三）成果评价

这是对教师工作所取得的成绩和效果做出的价值判断。教育教学成果是教师工作的出发点和归宿，也是教师的基本素质和工作状况的综合体现，它是教师评价的核心内容。教师的工作成果主要是从教育效果、教学成绩和科研成果这三个方面来考查，主要是通过教师所教学生的学习进展与行为变化来反映的。成果评价是判明教师工作有无价值以及价值大小最有权威的评价。

通过成果评价，可以鼓励教师不断追求和改进教育教学的效果和质量，引导教师在本职工作中作出更大的贡献。当然，由于教育教学成果的综合性与教师工作考核要求的全体性的矛盾，以及教育教学成果的迟效性与教学反馈信息要求的及时性的矛盾，使教师成果评价在实践中受到了较大限制。

三、教师评价的方法

评价的视角不同，评价的方法也就不同。评价教师的视角是多维的，评价方法也就多种多样。常用的教师评价方法有下列几种。

1. 学生成绩信息反馈法

教师教学质量总要反映在学生学业质量上，从某种意义上讲，学生的学习成绩是教师教学质量较为客观的测量指标（假如采用的测量工具科学可靠）。把学生成绩作为评价教师教学质量的要素之一是合理的。但是，教学质量并不是由教师单方面决定的，还有学生自身的因素、教学条件和环境氛围等要素影响学生的学业成绩。因此，学习成绩不能作为衡量教师教学质量的唯一标准。

2. 教师能力、技艺检验法

该法是先制定一套评价教师应具有的知识、能力、技艺的标准，然后对教师考核评价。但由于脑力劳动者的劳动能力及所付出的劳动量，与所获得的成果并不完全一致，教师的智能水平并不一定与有效的教学完全相关。所以，这种能力、技艺检测难以预测教师的表现与教学效果，可能将复杂的教师评价过分简单化。

3. 工作环节控制法

该法是对教学各个环节（诸如备课、上课、辅导答疑、实验实训指导、批改作业等）的活动制定一些规范，在教学过程中，通过随机的或定期的检查、督导和信息反馈，对教学过程进行调控。

4. 评议法

评议法即按一定的评价标准，组织评价者进行评议。常用的方式有：

(1) 教师自评。教师采用已规定的标准，对照其教学目标、教学内容、教学策略、教学技艺及其实施情况，教学效果等反馈信息，进行自我检查，自我评价，肯定成绩，找出差距，不断更新教学观念，更新教学内容、教学设计和教学策略、教学技艺，从而不断改进教学，提高质量。在一定意义上可以说，教师自我评价的过程就是教师自我激励与自我提高的过程。但有的教师往往过高估价自己的水平、能力和成效。因此，应把教师自评与其他形式的评议结合起来考虑。

(2) 学生评教。在教师评价中，学生评教自20世纪70年代以来一直为世界许多国家所重视。因为，学生既是教师劳动的对象，也是教学过程的主体。一方面由于受到教师教学效能因素的影响，能更细致周全地观察教师的教学态度，教学水平和教学效果；另一方面，对教学目标是否达成，师生关系是否良好，都能亲身感受。同时，学生参与评教有利于师生沟通，进而有助于提高教学水平。另据研究表明，与教师评价的其他方法相比，学生评教不仅比较方便，而且在统计的意义上具有较大的稳定性。

(3) 同行评议。在评价教师能力方面同行具有较大的发言权，对课堂教学、教材以及对教师的要求都比较熟悉，对教师的提高及工作的改进都能提出有价值的建议。

在具体评价时主要通过教案诊断与课堂听课的形式进行。教案诊断是从教法的角度，对教学目标是否清晰具体、内容是否得当、重点是否突出等进行分析并提出建议。课堂听课是同行评议中用得较多的形式，可以由学校组织同学科教师相互听课，在现场观察的基础上，按一定的指标对教师课堂教学进行评分。

同行评议的重点一般放在教师对本学科内容及其发展前沿的掌握程度、完成教学任务的情况等方面。一般而言，在教师教学质量评价方面，同行评议最具权威，但如果组织不当，也会存在评价失真的情况。在同行评议中，还存在“同行是冤家”或“同病相怜”的心理。这些都是在组织教师同行评议中需要注意的问题。

（4）领导评价。领导评价是一种自上而下的、由校长或学校上级领导实施的评价。校长一般都是较为优秀的教师，他在听课基础上对教师的教学做出的评价，一般具有较大的权威性。不少学校校长一般都有经常听课的习惯，经常性地听课使得校长在教学管理方面有较大的发言权。在听了各个不同教师的课后，校长可以相互比较，发现各个教师在教学上的长短之处。校长在听课的基础上，再结合听取学生与同行教师的意见，然后做出建议，这种建议往往更全面，对教师改进工作的帮助就更大。当然，领导评价要实事求是，不能凭主观印象，否则不仅不能收到良好效果，而且会引起教师对评价的不满心理。

（5）专家评价。在中小学校，专家评价往往是学校教师评价中的一种补充方法。通过聘请一些教育教学专家到学校听课，在此基础上对教师的教学进行诊断性评价，可以帮助教师发现问题，提高教学水平与质量。专家评价由于克服了囿于一校的局限和较为客观的立场，往往能开阔学校评价教师的视野，更客观地对教师教学做出判断。实践证明，专家评价有助于校内教师形成新的教学风格。

四、教师评价的指标体系

教师评价的指标体系是根据评价的目的，由若干个主要评价目标及一系列具体的、可操作的指标所构成的集合或整体。通过教师评价体系中各项指标的设立，可以统一评价人员的价值观念，避免教师评价中可能出现的主观随意性，使评价的内容和结果更趋合理化和科学化。下面我们设计了一个教师评价指标体系，供作参考。（见表 8.1）

表 8.1　教师评价指标体系表

评价指标	评价标准				满分	权数	评价结果	
	优（1.0）	良（0.8）	中（0.6）	差（0.4）			等级	得分
	完全达到	基本达到	大部分达到	大部分达不到				
思想品德（15%）	1. 坚持四项基本原则，热爱社会主义祖国，拥护党的路线、方针、政策				2	0.17		
	2. 忠诚人民教育事业，为培养社会主义人才努力工作				3	0.2		
	3. 全面贯彻教育方针，全面提高教育质量，热爱全体学生，全面关心学生				3	0.1		
	4. 遵守国法和教师道德规范，以身作则，堪为学生表率				3	0.2		
	5. 服从工作需要，顾全大局，有奉献精神				2	0.17		
	6. 团结互助，为人正派，不弄虚作假				2	0.16		

续表 8.1

评价指标	评价标准				满分	权数	评价结果	
	优（1.0）	良（0.8）	中（0.6）	差（0.4）			等级	得分
	完全达到	基本达到	大部分达到	大部分达不到				
知识能力（30%）	1. 精通所教学科知识，熟悉学科体系结构，掌握重点、难点、关键				5	0.17		
	2. 懂得教学规律，掌握教学原则、教学方法及电教手段，并能运用于教学实际				4	0.13		
	3. 知识面广，熟悉与所教学科有关的知识，运用恰当				3	0.1		
	4. 能运用正确的思想教育方法，作好学生的思想教育工作，促进学生身心健康发展				4	0.13		
	5. 善于创造教育教学环境，因材施教，应变能力强				4	0.13		
	6. 善于了解学生，熟悉学生，启发学生思维，开发智力，培养学生的观察力、想象力				4	0.13		
	7. 具有较强的表达能力，板书能力好，有实验操作能力				4	0.13		
	8. 取得专业合格证书				2	0.08		
工作状况（30%）	1. 认真、踏实、不辞劳苦地进行育人工作				3	0.1		
	2. 有学期教学工作计划、学期教学进度计划和课时计划				2	0.07		
	3. 备课努力，钻研教材深入，了解学生彻底，选用方法恰当				4	0.13		
	4. 教学思想正确，教学目标明确，符合学生实际和教学大纲要求				4	0.13		
	5. 课上得好，绝大多数学生当堂掌握讲授的基本知识和基本技能，学生的学习方法得到培养，思维得到发展				4	0.13		
	6. 注意挖掘教材中的教育因素，寓德育于教学之中				4	0.13		
	7. 批改作业认真，热心辅导学生和组织指导学生课外活动				2	0.07		
	8. 按要求对学生的学习质量定期评价，利用评价信息及时改进教学，促进学生提高学习质量				2	0.07		
	9. 积极开展教育科研活动，探索教育教学规律，不断提高教育教学质量				3	0.1		
	10. 勇于承担社会工作，积极参与学校组织的活动				2	0.07		
工作绩效（25%）	1. 学生对所教学科的兴趣增强，思想品德也有提高				6	0.24		
	2. 绝大部分学生能达到教学目标的要求，合格率、优秀率、平均分都有所提高				7	0.28		
	3. 教育科研论文或经验在市、县（区）大会上交流，或在刊物上发表				6	0.24		
	4. 完成工作量，课堂教学及教研活动出全勤				6	0.24		
评价结论	各指标分	1	2	3	4	总分		
	等级		简单评语					

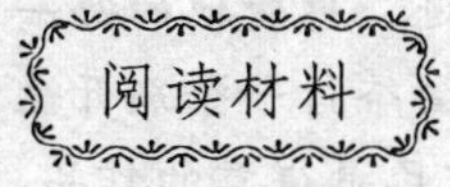

淮安市淮师附小成长记录袋评价动员大会

今年，我们淮安市淮师附小全面启动了第一轮课改。其中的一项重要举措就是：改变学生评价制度。在高海军校长的领导下，国庆前期，全年级 11 个班级的成长记录袋已经投入运用。我将不定期地向大家汇报我们的进展，请大家给予关注、帮助！家长们，请听我说：中国的学生解题能力很强，可成功与快乐的体验很少，自信心不足，可持续发展能力弱。这与我们目前评价孩子的方法不无关系。教育家告诉我们：人不是为了被打败而来到这个世界的，而是为了得到赏识来到人间。被人肯定、认可、欣赏所带来的成功，满足他被尊重的需求，就像枯萎的庄稼见到了阳光，能迅速引爆人的潜能。今年，我们就将引爆孩子的潜能！感谢您选择了淮师附小，也恭喜您的孩子赶上了我校“课改”的第一班车！今年，我们淮师附小一年级的小朋友将比他们的大哥哥大姐姐们多一个神奇的“袋子”——“成长记录袋”，也叫“快乐成果袋”。在每个教室的墙壁上，在那最醒目的地方，我们将和学生一起把成果袋布置起来。在这里，每个学生都有一个位置，没有谁占的位置特别多，只有成果的多少，袋子的厚薄。而在老师的心目中，在同学的心目中，这是平等的，不分轻重的。我们的初步设想是这样的：袋子由学校提供，封面背景由家长协助学生共同设计自己喜欢的图案，第一页是孩子的个人档案（姓名、性别、性格、爱好、电话等，让人一看就知道主人是谁）；接着是老师送给学生的一句或激励或欣赏的话语；成长记录袋里面内容可就丰富了，放着孩子们各个阶段获得的成果，德育、智育、体育、综合教育……它将比以往发给孩子任何一份成绩报告册更有人情味、更令人感动甚至震动。这里面有一份优秀的试卷、一份有了进步的作业、一本精美的日记、一张奖状、小表扬条、朗诵课文的录音，表演课本剧的剧照、创作的第一首诗歌、自制的树叶画和小书签，等等。这样，一个学期下来，孩子的记录袋一定变得鼓鼓的。当然，要想获得最佳的教育效果，还少不了您的配合和帮助。比方，孩子在家帮您做了一次家务、改正了一个错误等，您就可以写一张表扬条，由学生交给老师，我们会鼓励学生保持，签名后放入袋内；再比如在某节课上，孩子表现特别好，发言特别积极，我们就会记录下来，让孩子带回家，您可以就这件事表扬他，并鼓励他继续努力、前进。这也是我们的最终目的，帮助学生不断认识自我，建立自信，促进学生已有认知水平的提高，充分发挥评价的教育功能和激励功能，促使孩子不断进步。记录袋里藏着他掌握知识的快乐，获得成功的喜悦，还有动手创造的自豪。我想，午间、课余，学生一定喜欢在这里逗留、欣赏。从此，期末对于他们，将是一个真正收获的季节，他们会满心欢喜地去采摘自己的学习和劳动果实。看到自己一天天的进步轨迹，心里一定特别高兴。过去横向和别人比，越比越自卑；现在是纵向和自己比，越比越带劲，越比越有信心。这不仅是学生自信、勇气和成功的见证，更是他经过努力而获得的进步与成绩，让他骄傲、自豪！其实，成长记录袋的主要意义正在于使学生通过自己的全程参与，学会反思和判断自己的进步与努力。因为学生有权决定成长记录袋的内容，特别是在作品展示或过程记录中，由学生自己负责判断提交作品或资料的质量和价值，从而拥有了判断自己学习质量和进步、努力情况的机会。当他们翻看厚厚的成果袋时，除了欣赏奖状和作品，一定也会记起每一份作品背后的故事——为了这些成果他们付出了多少辛

苦与努力。我们在学期中将设档案袋开放日，您既可以看到孩子成长的足迹，感受他的每一分成功与喜悦；也能找到他的不足，以期在下半学期改正。期终时，我们会举行一个别开生面的家长会——综合汇报会，向您展示改革的成果。每个孩子们都将选择自己最得意的作品，最出色的本领，最突出的进步，准备在汇报会上展示给您。老师学生们一起设计活动内容，排练节目，布置会场，在策划、准备、练习的过程中，孩子成了主人，老师则是帮助者、指导者和参与者。我想，那时您一定会怀着兴奋、期待的心情走进我们的教室；孩子们也一定跃跃欲试，要把自己最成功最闪光的方面展示老师和家长；会场上一定是充满欢声笑语，孩子们有的表演课本剧，有的展示口算本领，有的唱英文歌，有的做游戏……大家共同分享孩子的进步和发展的潜能，也享受着评价改革带来的轻松与快乐。尤其是家长会时，当您看到自己孩子的成果时，眼睛一定会一亮：原来我的孩子这么棒、他有这么细腻的心思啊！这不是分享孩子幸福的最美好的时刻吗？实行新课程和新的评价方式，我们的老师一定更辛苦，但不会感到沉重，因为他们的心灵是轻松的；学生们会付出更多努力，但他们是自主而快乐的。为了孩子那愉悦的笑脸和成功的体验，让我们携起手来，共同努力吧！谢谢合作！ 对孩子们说： 亲爱的小朋友们，今年，你们可真幸运！因为，你们将比高年级的大哥哥大姐姐们多一个神奇的“袋子”——名字叫“成长记录袋”！也叫“快乐成果袋”。你瞧，老师已经为你们每人准备好了一个漂亮的袋子。封面啊，可以请爸爸妈妈帮忙，画上自己最喜爱的图案；第一页是你的小档案，上面写上你的姓名、性别、性格、爱好、电话，还可以贴上你最漂亮的照片，让别人一打开就知道小主人是谁；老师呢，还会对你们说一句悄悄话，写在下一页；里面的内容可就更多了，有你最满意的试卷、作业、日记、荣获的奖状、表扬条、语文课上创作的小诗、朗诵课文的录音，美术课上自制的树叶画和小书签……总之，只要你觉得自己这周有了进步、改正了一个缺点、帮妈妈做了一件家务……都可以写下来告诉老师，再把他们放进袋子里。我们来比比看，一个学期下来，哪个小朋友的记录袋里面东西最多，收获最多，进步最大。这个纪录袋，老师会和你们一起把它挂在教室墙壁最醒目的地方，每个小朋友都会有一个位置。期终时，我们还会把爸爸妈妈请来，让他们看看我们小朋友在这个学期取得的成绩。他们啊，一定是笑眯眯的，眼睛亮晶晶的：原来我的孩子这么棒啊，她学会了这么多本领啊！真好啊！加油啊！对老师们说： 第斯多惠说过，“教学的艺术不在于传授的本领，而在于善于激励、呼唤、鼓舞”。苏霍姆林斯基说过，“学校的精神生活的意义就在于：要在每一个学生身上都唤起他个人人格的独特性”。今年，我们筹备使用成长记录袋，就是为了这些——也是为了改变“半分之差决胜负，一张考卷定终身”、对分数战战兢兢，俯首听命的局势！成长记录袋是从国外引进的一种新兴评价方式。成长记录袋的基本成分是学生作品。这是它与传统评价方式的最大不同。它主要收集学生在学习过程中生成的各种作品，用以展现学生的成就与进步、描述学生学习的过程与方法、反映学生学习的态度与情感，以鼓励其进步。成长记录袋包括展示型、描述型、评估型等几种类型。展示型指收集学生最优秀或最满意的作品，而描述学习过程的作品不包括在内；学生有选择作品的权利，教师不能用自己的标准代替学生选择作品；每个学生的成长记录袋可以不相同。描述型指所收集的学生作品不仅指结果性作品（如作文的终稿），还包括学生在完成这一作品过程中所产生的过程性作品（如作文的草稿和修改稿）。所收集的资料必须是在教学过程中自然产生的，这样才能真实地反映学生的学习过程。评估型指用于评估学生学习与发展水平的成长记录袋，其内容通常是标准化的，就像其评分过程一样。学校、教师可以根据实际情况、目的先定下类型。前两种用得较多。成长记录袋可以说是记录了学生在某一时期一系列的成长“故事”，是评价学生进步过程、努力程度、反省能力及其最终发展水平的方式。通常，成长记录袋的形成包括几个方面的步骤如明确目的；确定评价的内容和技能；确定评价的对象及在什么年级水平；确定要收集的内容和收集的次数、频率；调动学生参与；确定评分程序；向每一个人介绍成长记录袋；制订交流计划和保存、使用计划。根据具体情况可以自定袋中内容。例如，自我介绍、老师送给学生的一句话、每学科一份最好的作业、自己最满意的一份美术作品和两份书法作品（一份汉字书法，一份英语书法）、一篇最好的作文或日记、老师写给的生日贺信、记忆深刻的操行评语、歌唱、朗诵或演讲磁带、部分同学的手工小制作等。但是，成长记录袋的应用也存在很多问题。如增加了教师的工作量。对于这个问题我们应该明确几个方面。首先，成长记录袋内容的收集、编排和保存等工作主要应由学生自己来完成，教师主要负责指导学生如何去操作，并监控整个过程，而不是具体介入到学生操作的每一个环节和每一项内容之中。其次，成长记录袋鼓励的是学生的自省与反思，教师主要负责定期主持召开成长记录袋的反思、交流与评分会议。建议教师在这样的会议中，发动学生自评、互评，充分发展学生的自省意识和能力，必要时还可引入家长的参与。这样，教师就可以只在必要时对个别学生加以指点，或者以抽查的方式监控学生的发展状况，指导学生的改进行为。至于是否每个学科都要运用成长记录袋的方法就取决于评价的目的、教师的工作安排和学生的精力等因素。不要滥用成长记录袋的方法，使成长记录袋成为学生和老师的负担。可以创造性地使用成长记录袋，如将成长记录袋集中应用于某一学习阶段、专题或具体技能，而不必贯穿整个一学期或学年，这样无疑既达到目的，又减轻了学生的负担。所以，最终的目的不是记录袋是否好看，而是看它是否真正促进了学生的发展。让我们共同努力！

复习思考题

1. 教育评价有哪些类型？各有什么作用？
2. 学生评价应遵循哪些基本原则？
3. 根据评价目的制作一份学生评价表。
4. 教师评价应遵循哪些基本原则？
5. 根据评价目的制作一份教师评价表。
6. 带领学生一起制作成长记录袋。

参考文献

[1] 中华人民共和国义务教育法（2006 修订）.
[2] 中华人民共和国未成年人保护法（2006 年版）.
[3] 班华. 中学教育学[M]. 北京：人民教育出版社，1994.
[4] 蔡勇强，黄清，李建辉. 基础教育学[M]. 厦门：厦门大学出版社，2006.
[5] 陈桂生. 教育原理[M]. 上海：华东师大出版社，2000.
[6] 陈健. 流动人口子女义务教育边缘化问题的对策[J]. 贵州教育，2005（8）.
[7] 陈平.教育学基础[M]. 贵阳：贵州人民出版社，2006.
[8] 陈伟军. 教育学[M]. 北京：科学出版社，2009.
[9] 陈文成，曾武成. 教育公平与建设和谐社会[J]. 当代教育论坛，2005（13）。
[10] 陈旭远. 课程与教学论[M]. 长春：东北师范大学出版社，2002.
[11] 成万方. 教育理论[M]. 天津：南开大学出版社，2005.
[12] 恩格斯. 自然辩证法[M]. 北京：人民出版社，1956.
[13] 冯文全，冷泽兵，卢清. 教育学[M]. 成都：电子科技大学出版社，2004.
[14] 冯文全，冷泽兵，卢清，李赐平，徐东. 现代教育学新论[M]. 成都：电子科技大学出版社，2007.
[15] 傅道春. 教育学——情景与原理[M]. 北京：教育科学出版社，1999.
[16] 傅道春. 教育学（高教版）[M]. 北京：高等教育出版社， 2000.
[17] 扈中平. 现代教育理论[M]. 北京：高等教育出版社，2005.
[18] 高红艳，翁永电. 中学德育低效成因分析及对策[J]. 上海教育科研，2005（8）.
[19] 耿德英. 教育学[M]. 成都：西南交通大学出版社，2006.
[20] 郭晓青. 论当前中小学德育存在的问题及对策[J]. 凯里学院学报，2007（4）.
[21] 郭瞻予. 教师心理健康与自我调适[M]. 西安：陕西师范大学出版社，2005.
[22] 韩志伟，王文博. 高职教育教学评价[M]. 北京：兵器工业出版社，2006.
[23] 胡德海. 教育学原理[M]. 兰州：甘肃教育出版社，2008.
[24] 黄甫全，王嘉毅. 课程与教学论[M]. 北京：高等教育出版社，2002.
[25] 黄济，劳凯声，檀传宝. 小学教育学[M]. 北京：人民教育出版社，2007.
[26] 黄健. 叩问德育低效的原因[J]. 江苏教育研究，2005（1）.
[27] 黄育云，张继华，冯文全. 教育学教材教法研究[M]. 成都：四川人民出版社，2002.
[28] 贾春明，王晓芹. 教育学[M]. 沈阳：辽海出版社，2006.
[29] 教育部师范教育司. 教师专业化的理论与实践[M]. 北京：人民教育出版社，2003.
[30] 靳玉乐. 现代教育学[M]. 成都：四川教育出版社，2005.
[31] 康德，瞿菊农，译. 康德论教育[M]. 北京：商务印书馆，1926.
[32] 勒图尔诺. 教育的起源//教育学文集 · 教育与教育学[M]. 北京：人民教育出版社，1993.
[33] 李秉德. 教学论[M]. 北京：人民教育出版社，1991.
[34] 李剑萍. 教育学导论[M]. 北京：人民出版社，2006.

[35] 李兴仁. 教育学[M]. 昆明：云南大学出版社，2004.
[36] 李星云，杨帆. 中小学德育低效的原因分析及对策[J]. 江苏教育学院学报，2002（5）。
[37] 李泽. 新编素质教育概论[M]. 厦门：厦门大学出版社，2006.
[38] 栗洪武，杨建华. 现代教育学学习指导[M]. 北京：中国社会科学出版社，2004.
[39] 梁俊. 试论当前学校德育工作低效的原因及对策[J]. 四川教育学院学报，2003（9）。
[40] 列宁选集. 第四卷[M]. 北京：人民教育出版社，1971.
[41] 联合国教科文组织国际教育发展委员会. 学会生存：教育世界的今天和明天[M]. 北京：教育科学出版社，1996.
[42] 陆亚松. 教育学简明教程[M]. 上海：上海科学普及出版社，1992.
[43] 马勇，高福贵. 教育学教程[M]. 东营：石油大学出版社，2000.
[44] 庞玲庆. 探析中学德育低效的原因及对策[J]. 科教文汇，2007（1）.
[45] 沛西·能. 教育原理[M]. 王承绪，等，译. 北京：人民教育出版社，1992.
[46] 全国十二所重点师范大学联合编写. 教育学基础[M]. 北京：教育科学出版社，2007.
[47] 任兰香. 当前我国德育低效的缘由及对策研究[J]. 当代教育论坛，2007（1）.
[48] 施良方，崔允漷. 教学理论[M]. 上海：华东师范大学出版社，1999.
[49] 史小力. 普通教育学[M]. 武汉：武汉大学出版社，2003.
[50] 睢文龙，廖时人，朱新春. 教育学[M]. 北京：人民教育出版社，2004.
[51] 唐爱荣. 高校思想道德教育应坚持以学生为本[J]. 教育与职业，2005（11）.
[52] 唐先文. 素质教育理论与实践[M]. 北京： 经济科学出版社，2006.
[53] 王策三. 教学论稿[M]. 北京：人民教育出版社，1985.
[54] 王道俊，王汉澜. 教育学[M]. 北京：人民教育出版社，1999.
[55] 王家奇，李艳敏. 教育学基础与应用[M]. 哈尔滨：哈尔滨工业大学出版社，2004.
[56] 王家云，张启树. 现代教育学基础[M]. 合肥：安徽大学出版社，2004.
[57] 王景英. 教育评价理论与实践[M]. 长春：东北师范大学出版社，2002.
[58] 王少非. 新课程背景下的教师专业发展[M]. 上海：华东师范大学出版社，2005.
[59] 王水玉，徐晓光. 教师专业成长策论[M]. 北京：中国大地出版社，2004.
[60] 王伟宜，王晞等. 考试与评价[M]. 福州：福建教育出版社，2008.
[61] 王毓殉，王颖. 学校德育中存在的问题与对策探寻[J]. 江西教育科研，2005（5）.
[62] 魏青. 教育学[M]. 成都：西南交通大学出版社，2006.
[63] 吴华钿. 教育学教程[M]. 广州：广东高等教育出版社，2005.
[64] 吴立岗. 教学的原理、模式和活动[M]. 南宁：广西教育出版社，1998.
[65] 武玉鹏. 语文教师专业技能训练与教育实习[M]. 北京：高等教育出版社，2007.
[66] 熊川武，等. 实践教育学[M]. 上海：上海教育出版社，2001.
[67] 徐传德. 用实践为素质教育求解[M]. 南京：南京师范大学出版社，2006.
[68] 徐厚道. 教育学通论[M]. 北京：北京工业大学出版社，2003.
[69] 闫运珍，贾利娴，康艳珍. 教育教学理论[M]. 上海：华东师范大学出版社，2008.
[70] 杨小微著. 中小学教学模式[M]. 武汉：湖北教育出版社，1990.
[71] 杨兆山. 教育学[M]. 长春：东北师范大学出版社，2007.
[72] 叶澜. 教育概论[M]. 北京：人民教育出版社，1999.

[73] 叶上雄．中学教育学[M]．北京：高等教育出版社，1993．
[74] 于新建．素质教育探讨[M]．天津：古籍出版社，2006．
[75] 袁振国．当代教育学[M]．北京：教育科学出版社，2004．
[76] 袁振国．教育均衡发展：构建和谐社会的基础[J]，//教育发展研究,2005（4B）．
[77] 曾庆春．教师与学习指导[M]．北京：中央民族大学出版社，2007．
[78] 张华．课程与教学论[M]．上海：华东师范大学出版社，1999．
[79] 张乐天．教育学（新编本）[M]．北京：高等教育出版社，2007．
[80] 张蕾．教育学[M]．青岛：青岛出版社，2001．
[81] 张明卓．当前中小学德育实效性探微[J]．教学与管理，2002（2）．
[82] 张祥明．当代教育学概论[M]．福州：海风出版社，2006．
[83] 张祥明．教育评价的理论与实践[M]．福州：福建教育出版社，2001．
[84] 张忠华，张典兵．学校教育学[M]．青岛：中国海洋出版社，2001．
[85] 章荣庆，吕福松．教育学[M]．武汉：武汉大学出版社，2003．
[86] 赵鹏程，冯文全，赵正，傅林．教育学[M]．重庆：西南师范大学出版社，1998．
[87] 郑金洲．中国教育研究新进展·2005[M]．上海：华东师范大学出版社，2007．
[88] 郑金洲，瞿保奎．中国教育学百年[M]．北京：教育科学出版社，2002．
[89] 支敏．教育评价的基本原理与运用[M]．贵阳：贵州人民出版社，2006．
[90] 钟启泉，张华，崔允漷．为了中华民族的复兴，为了每位学生的发展〈基础教育课程改革纲要（试行）〉解读[M]．上海：华东师范大学出版社，2001．
[91] 周宏．课程改革发展[M]．北京：中央民族大学出版社，2002．
[92] 周金浪．教育学[M]．上海：上海教育出版社，2006．
[93] 周起岳．中小学实用教学论[M]．哈尔滨市：黑龙江科学技术出版社，1990．
[94] 邹群．教育学原理[M]．大连：辽宁师范大学出版社，2006．